Par P. Quesnier. Voy. l'avis de l'Éditeur à la fin.

Lk⁷ 6070

à conserver

DESCRIPTION
HISTORIQUE
DES CURIOSITÉS
DE
L'EGLISE DE PARIS,

CONTENANT

Le détail de l'Edifice, tant extérieur qu'intérieur, le Trésor, les Chapelles, Tombeaux, Epitaphes, & l'Explication des Tableaux, avec les noms des Peintres, &c.

Par M. C. P. G.

Ornée de Figures.

A PARIS,

Chez C. P. GUEFFIER, Pere, Libraire, Parvis Notre-Dame, à la Libéralité.

M. DCC. LXIII.

AVIS
DE L'EDITEUR.

L'Ouvrage que je présente au Public, est entiérement différent de celui qui parut en 1752, sous le titre de *Curiosités de Notre-Dame de Paris*, qui n'étoit qu'une explication simple de ce que cette Métropole renferme de plus curieux, dont l'Edition est épuisée depuis plus de quatre ans; mais dans celle-ci, j'ai joint les faits historiques qui ont quelque rapport avec cette Eglise, dont j'ai fait les recherches avec la derniere exactitude: j'ose me flatter que le Public indulgent voudra bien épargner le style, déja assez ingrat par lui-même dans une pareille matiere, & jetter seulement la vue sur mon objet avec assez de complaisance, pour distinguer que je n'ai eu pour but que de lui être utile, en lui donnant cette Description, comme l'esquisse d'un grand Ouvrage qu'un sçavant Historien pourroit entreprendre avec la certitude de l'agrément du Public, qui le désire depuis long-tems, & encouragé par le zèle de Messieurs du Chapitre, qui employent tout depuis plusieurs années pour l'embellissement de leur Eglise, & qui procureroient avec plaisir tous les titres & les matériaux nécessaires pour laisser à la postérité l'Histoire générale de ce respectable Chapitre & de son Eglise.

LES CURIOSITÉS
DE L'EGLISE
DE PARIS,

Avec l'Explication des Tableaux, Monumens, Tombeaux, &c.

───────────────

ANTIQUITÉ DE L'EGLISE
de Paris.

LA premiere Eglise du Diocèse a-t-elle été fondée hors ou dans la Cité de Paris? Dans quel endroit? Quels noms a-t-elle porté d'abord & successivement depuis ? Ce sont toutes questions assez difficiles, sur lesquelles les Sçavans ont beaucoup écrit & sont encore partagés. Les uns veulent que cette premiere Eglise ait été celle de S. Marcel, située au Fauxbourg de ce nom; & se fondent principa-

A iij

lement sur ce que S. Marcel, Evêque de Paris, qui y fut inhumé, y alloit de son vivant célébrer les saints Mystères tous les Dimanches. D'autres, en très-petit nombre, considérent, comme la premiere, une ancienne Eglise, sous le titre de la Sainte Trinité, remplacée aujourd'hui par celle de S. Benoît. Comme ces sentimens ne sont point appuyés sur un assez grand nombre de raisons ou de vraisemblances, il n'est ni possible, ni nécessaire de les discuter. Tout le monde conviendra sans peine que le Christianisme ne tarda pas à être autorisé ou du moins toléré dans le Parisis, bientôt après le martyre de son Apôtre S. Denis & de ses Compagnons, & que c'est du moment de cette tolérance ou de cette autorisation, qu'on peut dater l'origine de la premiere Eglise. Alors on ne sçauroit nier que cette premiere Eglise n'ait été fondée dans la Cité même. Mais quelle Eglise? Sous quel nom; dans quel lieu de la Cité? Nouveau partage d'opinions. La plûpart donnent la prérogative à la petite Eglise de S. Denis-du-Pas, lieu où il est très-vraisemblable que l'Apôtre de Paris fut décapité. Quelques-uns donnent la primauté à une ancienne Eglise de S. Etienne, premier Martyr. Les autres veulent qu'il y ait eu dès-lors une Eglise Mere, consacrée à la Sainte Vierge. Les défenseurs de ces trois sentimens s'opposent des raisons ou des probabilités presqu'égales en nombre & en poids. Il est certain que l'Eglise de S. Denis-du-Pas est de la plus haute antiquité Ecclésiastique. Il est probable que les premiers Chrétiens n'auront pas manqué de construire, suivant la coutume, quelqu'Oratoire au lieu du Martyre & sur le tombeau de leur Apôtre. Grégoire de Tours parle de ce tombeau comme existant à Paris en l'Eglise de ce Saint. Le nom même que porte cette Eglise rappelle à la mémoire les souffrances de S. Denis. L'éclat de la grande Eglise affectée depuis tant de siécles au culte spécial de la Mere de Dieu; bien plus, la réputation de la célébre Eglise de S. Denis en France, n'ont point jusqu'à nos jours affoibli, ou du moins ce qui est beaucoup, n'ont point détruit la vénération & la dévotion particuliere des Fidéles pour la petite Eglise de

S. Denis-du-Pas. Observons encore que l'Image de S. Denis a toujours été placée dans la Banniere de la Cathédrale.

Ceux qui soutiennent que la premiere Eglise a toujours porté le nom de Notre-Dame ne manquent pas non plus de preuves. Ils remarquent avec fondement que plusieurs Chartres des premiers Rois de la seconde Race, de Charlemagne, de Louis le Débonnaire & de Charles le Chauve, sont accordées aux Evêques de Paris, comme siégeans dans l'Eglise de Sainte Marie ; ou sont accordées aux Chanoines, appellés les Freres de Sainte Marie. Les biens de cette Eglise sont ordinairement dits les biens & possessions de Sainte Marie ; par exemple, le Pont de Sainte Marie, aujourd'hui, le Pont Notre-Dame, *l'Isle de Sainte Marie*, aujourd'hui l'Isle de S. Louis, & ainsi du reste. Or, disent-ils, il est certain que l'Eglise de Notre-Dame, telle qu'elle est, a été rebâtie depuis la seconde race de nos Rois. Il en existoit donc une autre de même nom avant celle qui existe, & cette autre ne paroît pas différente de celle que

Childebert I, fils de Clovis, fit conftruire avec magnificence vers l'an 522.

Il n'eft pas moins certain que fous la premiere race de nos Rois il a exifté, fous l'invocation de S. Etienne, premier Martyr, une très-ancienne Eglife, voifine de celle de Notre-Dame que nous voyons, ou même qui a pu en faire partie. En voici quelques preuves: Dom Mabillon rapporte dans fa Diplomatique une Charte de Vandemir & d'Ercambert de l'an 690, où il eft mention d'une Eglife de S. Etienne, fans dire, il eft vrai, fa fituation; mais une Charte de Louis le Gros, de l'an 1114, en parlant des bornes de la Juftice Epifcopale avec celle du Roi, conftate que celle de l'Evêque s'étend entr'autres depuis le chevet de l'Eglife de Saint Chriftophe, jufqu'aux murs de l'ancienne Eglife de S. Etienne. Dans un Cartulaire de l'Eglife de Paris, nommé petit Paftoral, on trouve pag. 120, une note très-ancienne, écrite en marge d'un acte y inféré de l'an 1085; & cette note très intéreffante ayant pour objet de déterminer l'époque d'un Comte, nommé Odon, nous

A v

certifie qu'alors l'Eglise de Sainte Marie étoit déja dans l'Isle, hors & au pied de la muraille ou enceinte de Paris, & non au lieu & place de l'*Eglise S. Etienne*; voici les termes: *Et jam erat Ecclesia Beatæ Mariæ in Insulâ, infrà murum Parisii & non in loco S. Stephani.* Enfin il existe aux Archives du Chapitre un acte très-solemnel de l'an 1331, par lequel cette Compagnie, en érigeant en titre de dignité la Chefcerie de S. Etienne-des-Grez, motive cette faveur sur la vénération qu'elle a pour S. Etienne, premier Martyr, & pour son Eglise, que nos Regîtres, dit le Chapitre lui-même, démontrent très-évidemment avoir été la plus ancienne, & le premier Siége de l'Evêque. Les termes sont trop formels pour ne les pas rapporter. *Contemplatione dictæ Ecclesiæ S. Stephani, quæ antiquissima existit, & ubi fuit prima Sedes Episcopalis, pro ut in Regiſtris nostris manifestissimè comperimus.* Ajoutez à cela que l'Image de S. Etienne a toujours été portée dans la Banniere de l'Eglise de Paris, & qu'encore le Portail méridionnal de l'Eglise de Paris, représente en détail la vie & le Martyre de S. Etienne : circonstances qui rapprochées de l'énonciation de la Charte de 1114, mentionnée ci-dessus, donne lieu de croire que cette très-ancienne Eglise pouvoit être située du côté méridional de l'Eglise actuelle, ou même occupoit une partie du terrain que celle-ci occupe.

La nature des preuves que nous venons d'exposer rapidement, & la maniere dont nous l'avons fait, font entrevoir assez ce que nous pensons; c'est qu'à la rigueur, l'Eglise de Saint Etienne aura été la premiere, parce que S. Denis lui-même s'étant choisi & proposé S. Etienne pour Patron, aura élevé quelque part quelqu'Oratoire sous cette invocation, ou du moins ses Successeurs immédiats, suivant son exemple, auront élevé cette premiere Eglise de S. Etienne, & en même-tems à côté un Oratoire sur le tombeau de leur premier Evêque & Apôtre. Ensuite Childebert ayant vers l'an 522, élevé une troisiéme Eglise plus magnifique à l'honneur de la Sainte Vierge, l'éclat de la nouvelle Eglise, le culte & le nom de la Mere de Dieu auront prévalu bientôt sur le culte & sur les noms, tant de S. Etienne que de S. Denis. Nous n'en dirons pas davantage sur ces Antiquités. On feroit un volume assez considérable si l'on s'engageoit dans le détail. Mais on ne veut point grossir le petit Ouvrage que l'on présente au Public comme un Abregé historique des objets curieux & incontestables, concernant l'édifice qui porte le nom de Notre-Dame.

* On croit que les premiers fondemens de l'Eglise de Notre-Dame, tel qu'on la voit aujourd'hui, furent jettés en l'année 1010, sous le regne du Roi Robert, qui faisoit alors son séjour à Paris, Prince si connu dans l'Histoire par sa sagesse, & sa piété, & qui succéda en 996, à l'âge de vingt-quatre ans, à Hugues Capet son pere. Mais n'ayant regné que trente-six ans, le bâtiment ne fut élevé qu'au rez-de-chauffée jusqu'en 1165, sous le Roi Philippe II, surnommé Auguste, & sous l'Episcopat de Maurice de Sully. Ce Prélat qui fut le soixante & dixiéme Evêque de Paris, étoit libéral & magnanime, d'un génie trèsélevé, & sur-tout rempli d'un saint zèle pour son Eglise. Il fut le principal

* Bâtiment de l'Eglise tel qu'il existe à présent.

auteur de ce vaste édifice, tel qu'on le voit aujourd'hui, & pour lui donner plus de grandeur du côté de l'occident, il fit abattre l'ancienne Eglise de Notre-Dame jusqu'aux fondemens qui furent conservés. On démolit aussi l'Eglise de S. Etienne qui étoit à côté, dont le bâtiment qui subsistoit depuis six cens ans, auroit nui à l'élévation de l'aîle du côté méridional.

Ce digne Prélat fit élever avec diligence ce superbe édifice dont la premiere pierre fut posée par le Pape Alexandre III, alors réfugié en France ; & en 1181, le grand Autel ayant été construit, il fut consacré la quatriéme fête de la Pentecôte par Henry, Legat apostolique, & Maurice de Sully. Ce dernier mourut la même année, & fut enterré dans l'Eglise de S. Victor, où l'on voit aujourd'hui son Epitaphe.

Odon de Sully, parent du Roi Philippe Auguste & de Henri Roi d'Angleterre, ayant succedé à l'Evêque Maurice, & étant rempli du même zèle que son prédécesseur, fit continuer l'ouvrage jusqu'en 1208, qu'il mourut, & fut enterré le 13 Juillet sous une tombe de cuivre, où l'on voyoit sa figure en bosse avant la derniere réparation faite au Chœur.

Pierre de Némours, nommé le Chambellan, lui ayant succédé, fit aussi continuer ce vaste édifice jusqu'à sa mort, qui arriva le 13 Novembre 1220 : les Evêques qui lui succéderent, acheverent ce grand ouvrage tel qu'il existe aujourd'hui.

Il y a apparence que le grand Portail ne fut achevé que sous le regne de Philippe Auguste, parce que l'image de ce Roi est la derniere de celles que l'on voit rangées au-dessus des portes.

L'Inscription qui est gravée sur les pierres du Portail méridional du côté de l'Archevêché, prouve qu'il ne fut commencé que beaucoup plus tard, c'est à-dire le 12 Février 1257. *Anno Domini M. CC. LVII. mense Februario, Idus ij, hoc fuit incœptum Christi Genitricis honore. Kallensi Lathomo vivente Johanne Magistro.*

Ce Portail fut commencé en l'honneur de la Mere du Christ, du vivant de Jean de Chelles, Maître *Maçon* ou *Architecte*.

Comme ce Portail, ainsi que nous l'avons observé, représente la vie de

S. Etienne & semble avoir fait partie de l'emplacement de l'ancienne Eglise de ce premier Martyr, on peut croire que ce fut alors que cette Eglise primitive fut démolie.

Rien n'empêche de croire que les aîles du côté septentrional sont encore moins anciennes que les méridionales ; du moins si l'on en juge par les actes de fondation de plusieurs Chapelles, notamment de celles des SS. Ferreol & Ferrution, par Hugues de Besançon, Chantre, en 1324, ainsi que par la sculpture de plusieurs statues qu'on voit encore, tant incrustées sur les murs en bas-relief, que dans des niches, qui sont du quatorziéme siécle.

Enfin, à ne faire commencer la bâtisse de Notre-Dame, que sous le Pontificat de Maurice de Sully, c'est-à dire en 1160 ; on peut assurer que cette bâtisse, revêtue de tous ses ornemens, aura coûté plus de deux siécles de peine & de constance.

Sauval soupçonne que ce qu'on appelle aujourd'hui le Terrein, appellé autrefois la Mote des Papelards, s'est formé des matériaux & des décombres de la construction.

Le Pere du Breuil dans son Histoire de Paris, compare avec assez de justesse la Cité de Paris à un navire enfoncé dans la vase & échoué au fil de l'eau vers le milieu de la Seine. La poupe, dit-il, qui regarde le midi, est ronde, large & couverte de l'Eglise Cathédrale & de son Cloître, & attachée à l'Isle de Notre-Dame par un Pont de bois, & par le Pont de l'Hôtel-Dieu à l'Université.

Il n'est pas besoin de dire que depuis le dixiéme siécle, il ne s'est point fait encore en France, d'Eglise plus magnifique, plus majestueuse & plus accomplie que celle de Notre-Dame. Ce Temple a passé long-tems pour le plus grand & le plus admirable de toute la Chrétienté, & même il a semblé si beau à Robert Cœnalis qu'il a bien osé le comparer au Temple de Diane d'Ephese, qui épuisa la plus grande partie des richesses immenses que les Rois de Perse avoient eu de la peine à amasser en 220 ans. L'Eglise de S. Paul de Londres, la plus grande de l'Angleterre, porte plus de longueur, mais qui n'est pas proportionnée à la largeur, & ainsi paroît défectueuse aux Architectes & aux Connoisseurs qui estiment que Notre-Dame de Paris considérée dans son genre, ne voit rien au-dessus d'elle que S. Pierre de Rome.

Description générale de l'Eglise de Notre-Dame.

Cette Eglise, qui est la Métropole de Paris, est sans contredit une des plus anciennes de la France : son architecture quoique gothique, a quelque chose de si singulier & de si délicat, qu'elle a toujours passé pour la plus belle Eglise du Royaume ; elle est remarquable par la hardiesse de sa structure, par sa grandeur, & par la commodité de sa distribution.

La proximité de la Riviere a fait croire que ce vaste Bâtiment étoit entiérement fondé sur pilotis ; mais ce sistême a été refuté toutes les fois qu'on a eu occasion de creuser plus bas que les fondemens.

Ce fait a été vérifié de nouveau dans le mois de Mai de l'année 1756. lorsqu'on a fait la fouille pour les fondations du Bâtiment du Trésor : on a été deux pieds au-dessous des fondations de l'Eglise, qui avoient vingt-quatre pieds de profondeur ; & on a reconnu que lesdites fondations sont posées sur un gravier ferme sans pilotis, construites par le haut au-dessous du rez-de-chaussée avec quatre assises de pierre de taille dure d'une égale hauteur faisant retraite les unes sur les autres, posées & taillées proprement, & le surplus au-dessous de gros moëlons & mortier de chaux, & sable plus dur que la pierre, sans aucun vuide.

Cette Eglise est bâtie en croisées, ayant en dedans soixante-cinq toises de long, vingt-quatre de largeur, & dix-sept toises deux pieds sous voûte ; le tout soutenu par cent vingt gros piliers : on y compte cent huit colonnes, chacune d'une seul pierre.

Les deux tours ont chacune trente-quatre toises de hauteur, suivant une inscription gravée sur une plaque de cuivre qui étoit anciennement attachée proche la figure colossale de S. Christophe, où on lisoit :

Si tu veux sçavoir comme est ample
De Notre-Dame le grand Temple,
Il y a dans œuvre, pour le seur,
Dix & sept toises de hauteur,

Le Portail de Notre Dame

de l'Eglise de Paris.

Sur la largeur de vingt-quatre ;
Et soixante-cinq sans rabattre,
A de long ; aux Tours haut montées
Trente-quatre sont bien comptées ;
Le tout fondé sans pilotis,
Aussi vrai que je te le dis.

Toutes ces mesures se trouvent entiérement conformes à celles dont on a parlé ci-dessus.

EXTERIEUR DE L'EGLISE.

Le grand Portail & les Tours.

LE grand Portail de cette Eglise est remarquable par son élévation, & par ses trois grandes Portes qui sont faites en enfoncement, & ornées de quantité de figures de pierre travaillées en relief & historiées du nouveau Testament.

Au haut de la grande porte du milieu est représenté le Jugement universel, les Justes sont d'un côté & les Réprouvés de l'autre : l'Ange Gardien est au milieu qui tient la balance de la Justice divine ; vis-à-vis de lui, on voit le Démon qui pose le doigt sur un des bords de la même balance pour la faire pancher de son côté : il y en a un autre petit à ses pieds qui avec un crochet, fait ses efforts pour la tirer à lui, mais la balance reste toujours juste du côté de l'Ange.

Plus bas on voit deux Anges, dont un à chaque bout sonne de la trompette, au son de laquelle les Morts sortent de leurs tombeaux ; au-dessus est notre Seigneur assis dans son trône de Justice, accompagné de deux Anges dont l'un tient la Croix, & l'autre la lance & les cloux qui ont servi à sa Passion ; d'un côté on voit la Sainte Vierge à genoux, & de l'autre S. Jean l'Evangeliste : le contour des arcades est orné d'Anges, de Prophétes de l'ancien Testament, de Saints & autres Bienheureux ; plus bas sur la droite sont représentés les tourmens que les Démons font souffrir à ceux qui sont condamnés aux peines éternelles. Au pilier du milieu, on voit notre Seigneur tenant d'une main le Livre de la vérité, & de l'autre donnant sa bénédiction ; à ses pieds sont des Prophétes de l'ancien Testament, & plus bas des Anachoretes. Sur les plates-bandes, d'un côté sont les Vierges sages tenant leurs lampes allumées, de l'autre côté, les Vierges folles les tenant renversées.

Les grandes figures de pierre qui sont des deux côtés, représentent les douze Apôtres foulant sous leurs pieds des Rois payens; & dans les coins, le symbole des quatres Evangélistes; au-dessous dans des niches, les douze mois de l'année sous des figures allégoriques; plus bas dans des cartouches sont les vertus & les vices représentés par des massacres : au bout sur la droite, le sacrifice d'Abraham; & de l'autre côté, le bon homme Job assis sur le fumier : sur les quatre grands pilastres sont représentées en grandes figures deux femmes couronnées, dont l'une représente la Religion, & l'autre la Foi; du côté de l'Archevêché, S. Denis; & du côté du cloître, S. Etienne.

La porte que l'on nomme *Sainte Anne*, qui est à la droite du grand Portail, représente sur le pilier du milieu S. Marcel, neuviéme Evêque de Paris, qui terrasse un Dragon avec sa crosse : au-dessus on voit la représentation du nouveau Testament en petites figures ; entr'autres le mariage de la Sainte Vierge avec S. Joseph ; son voyage de Galilée en Bethléem, la naissance de Jesus-Christ, la visite des Anges & des Bergers, l'adoration des trois Rois, la fuite en Egypte ; & plus haut, la Sainte Vierge assise tenant son fils Jesus sur ses genoux, & deux Anges qui l'accompagnent ; & à leurs côtés sont deux Rois, qu'on croit être David & Salomon son fils. Dans le contour des arcades, le Pere éternel est dans sa gloire entouré de Prophétes ; plus bas, l'Agneau pascal ; & au-dessous, Jesus-Christ environné d'Anges & de Saints.

Les grandes figures qui sont aux deux côtés de S. Marcel, représentent S. Pierre & S. Paul, deux Rois, & au milieu d'eux une Reine ; on pense que ces Rois & Reine sont de l'ancien Testament, & les plus notables des Ancêtres de la Sainte Vierge ; on y reconnoît David avec sa harpe ; Salomon son fils y doit être avec Bethsabée sa mere, & la Reine de Saba.

Sur le pilier du milieu de la porte à gauche du côté du Cloître, on voit la représentation de la Sainte Vierge tenant son Enfant; sous ses pieds, Adam & Eve dans le Paradis terrestre, qui paroissent se cacher de honte d'avoir mangé du fruit défendu, & que l'Ange du Seigneur chasse du Paradis : plus haut on voit six Prophétes ; & au-dessus le trépassement de la Sainte Vierge en présence des Apôtres, qui l'ensevelissent pour la mettre au tombeau : plus haut encore, on voit son couronnement par un Ange, & notre Seigneur assis à côté d'elle : aux côtés sont deux Anges à genoux portant des chandeliers garnis de cierges allumés, l'ignorance du Sculpteur ne lui ayant pas permis de sçavoir que cette cérémonie se fit dans le ciel. Le reste de l'arcade est orné d'Anges & de Bienheureux qui paroissent y assister. Les grandes figures des deux côtés du bas, représentent sur la gauche S. Denis entre deux Anges, & une Reine sur la droite, S. Jean-Baptiste, S. Etienne, Sainte Genevieve, & S. Germain d'Auxerre ; ces figures peuvent être du treiziéme siecle, & avoir été réunies en cet endroit, comme les Patrons des deux petites Eglises adjacentes de S. Jean & de S. Denis;

Au bas des pieds de ces figures, on remarque une tentation du Démon, qui promet à un jeune homme qui est à côté de lui un Château qu'il lui montre, au cas de la jouissance d'une fille qui est à ses côtés, laquelle semble s'éloigner de la proposition du Démon.

Dans les niches qui sont au-dessous, on voit dans de petits cadres, la représentation de plusieurs massacres; & sur les plates-bandes des deux côtés qui accompagnent la porte, on y distingue les signes du Zodiaque des douze mois de l'année, avec les Saisons & autres attributs allégoriques.

Au-dessus de l'enfoncement des trois Portails de cette façade, il y a une galerie appellée la galerie des Rois, elle est ornée de figures de quatorze pieds de hauteur, représentant vingt-huit Rois des trois races. Il y en a treize de la premiere, sçavoir, Childebert I, Clotaire I, Cherebert, Chilpéric I, Clotaire II, Dagobert I, Clovis II, Clotaire III, Childebert II, Thierry I, Dagobert II, Chilperic II, Thierry II.

Huit de la seconde race, le premier est Pepin le Bref, monté sur un un Lion, tenant son épée à la main, non par rapport à sa petite stature, qui étoit de quatre pieds de haut, mais comme le symbole de sa valeur & du grand courage qu'il fit paroître dans un combat de bêtes féroces, au Château de l'Abbaye de Ferrieres, en presence de plusieurs Seigneurs de sa Cour, qui le railloient souvent sur sa petite taille: ce Roi, ayant apperçu un Lion fort acharné sur un Taureau, leur demanda qui d'entr'eux se sentoit assez de courage pour aller séparer ces terribles animaux; & voyant qu'aucun d'eux ne s'offroit & que la seule proposition les faisoit frémir, j'y vais donc moi-même, leur dit-il: aussitôt il descend de sa place, court sur le Lion, & d'un seul coup du revers de son épée lui coupe la tête. A son retour, regardant fiérement les railleurs, il leur dit: Suis-je digne d'être votre Roi? Apprenez, ajouta-t-il, que la taille n'ajoute rien au courage, & que je sçaurai terrasser les orgueilleux qui oseront me mépriser, comme le Roi David terrassa le géant Goliath. Le noble courage de ce Roi l'a fait représenter monté sur un Lion. Après lui, sont l'Empereur Charlemagne

B

son fils, Louis le Débonnaire, Louis le Bègue, Charles V, dit le Simple, Louis IV, dit d'Outremer, Lothaire, Louis V, dit le Saignant.

Sept de la troisième race ; sçavoir, Hugues-Capet, Robert son fils, Henri I, Philippe I, Louis VI, dit le gros ; Louis VII, dit le jeune ; Philippe, surnommé Auguste ; qui est le dernier de ces vingt-huit Rois. Les effigies de ces Rois paroissent assez uniformes, & leurs Portraits assez fidéles, à la différence près de leurs âges, que l'on distingue aisément par les têtes qui ont plus ou moins de barbe, ou par celles qui n'en ont point.

Au-dessus de ces Rois, il y a trois autres Galleries ; celle immédiatement au dessus de la Gallerie des Rois, s'appelle la Gallerie de la Vierge ; elle est au niveau de la grande Rose qui est au-dessus de l'orgue, & elle communique d'une Tour à l'autre.

La plus élevée sert aussi de passage d'une Tour à l'autre, elle est remarquable par les Colonnes d'une seule pierre, travaillées très-délicatement, qui la soutiennent. Au bas de cette Gallerie, entre les deux Tours, sont placés deux Réservoirs de plomb, qui contiennent environ quatre-vingt muids d'eau chacun, pour s'en servir en cas d'incendie dans cette Eglise.

Enfin, cette façade est terminée par deux grosses Tours quarrées, qui sont dans les deux angles, & ont chacune trente-quatre toises de hauteur, sur quarante pieds en quarré; on y compte trois cens quatre-vingt marches pour arriver sur leur plattes-formes, qui sont couvertes de plomb; c'est de là qu'on voit avec plaisir l'étendue & la beauté de Paris, & d'où l'on jouit d'une vue des plus agréables sur tous les environs de cette charmante Ville.

Les quatre portes ferrées des deux côtés du grand Portail, méritent l'attention des Curieux, par l'art avec lequel le fer y est employé & appliqué: les plus habiles dans l'art de la serrurerie croyent que ce fer a été fondu; ils ne peuvent même comprendre comment ces portes ont été suspendues sur des gonds d'une ferrure admirable, dont ils en croyent le fer limé & fondu: on y remarque, dans plusieurs bandes, des têtes ayant des cornes, ce qui fait croire à bien des gens, relativement à ces têtes, que c'est l'ouvrage du démon qu'ils appellent *Biscornet*, & en

B ij

font le conte suivant ; ils disent qu'un Garçon Serrurier s'étant présenté pour être reçu Maître, on lui donna pour son chef-d'œuvre les Portes de Notre-Dame à ferrer ; un pareil ouvrage étant hors de sa portée, & cherchant le moyen de l'éxécuter, le Démon se présenta à lui sous la figure d'un homme, & s'offrit à faire son chef-d'œuvre, s'il vouloit se donner à lui dans un certain tems ; ce que l'ouvrier ne manqua pas d'accepter ; que le lendemain ces quatre Portes se trouverent ferrées, à l'exception des deux du milieu, que le Démon ne put faire, parce que le S. Sacrement passe par-là, de sorte que le Serrurier se trouva dégagé par ce moyen de la promesse qu'il avoit faite au Démon, & fut reçu Maître. Et pour preuve, ajoutent-ils, que c'est l'ouvrage du Démon, c'est qu'il y a mis son portrait sur plusieurs bandes de fer qui couvrent ces Portes. Voilà ce que pensent les personnes crédules : n'est-ce pas un abus bien grand de croire aussi aveuglément à l'industrie du Démon ? Ne doit-on pas plutôt présumer que le nom de *Biscornet* étoit celui d'un habile Serrurier, qui avoit le secret d'employer le fer différemment que ses Confreres, & que pour conserver à la postérité la mémoire de son nom dans son propre ouvrage, il aura mis dans les ornemens plusieurs têtes d'animaux ayant des cornes, comme armes parlantes, & faisant l'anagrame de son nom. Mais on demandera pourquoi *Biscornet*, si habile dans son art, n'a pas ferré les deux Portes du milieu? La réponse est toute simple : on voit tous les jours de sçavans Artistes mourir au milieu de leur entreprise, qui reste imparfaite, faute d'ouvriers en état de l'achever : ce qui peut être arrivé par rapport à *Biscornet* : on peut tirer une autre preuve de ceci de la différence de la ferrure des Portes collatérales, tant du côté du Cloître, que de celui de l'Archevêché, dont le travail du fer appliqué est des plus simples & sans ornemens ; ce qui aura empêché de faire ferrer les Portes du milieu du grand Portail, dans la crainte de défigurer les autres : cette idée doit suffire pour désabuser ceux qui croyent à une pareille fable.

On prétend, que sous le regne de Louis XII, pour entrer dans Notre-Dame, on montoit treize marches de pierre qui regnoient le long du grand Portail, & qui se trouvant enterrées sous le pavé du Parvis, en a rendu l'entrée de plain pied.

Le Portail méridional du côté de l'Archevêché.

Le Pilier du milieu de la porte colatérale du côté de l'Archevêché, appellée la porte S. Marcel, représente S. Etienne ; à sa gauche S. Denis & ses Compagnons ; de l'autre côté S. Marcel, S. Denis & S. Germain d'Auxerre ; au-dessus on voit S. Etienne avec l'Histoire de sa vie & de son martyre ; ce qui est encore répété en grand dans des niches au dedans de l'Archevêché, en mémoire de ce que son ancienne Eglise étoit de ce côté là ; & c'est pour la même raison, qu'il y a, au même endroit, dans le tour des Chapelles du Chœur, une Chapelle du titre du même S. Martyr, c'est aujourd'hui celle de la Maison de Harcourt. On voit sur les deux grands pilastres qui sont des deux côtés de la porte dans des niches fort élevées, d'un côté Moïse, & de l'autre Aaron, & sur le tympan qui est au-dessus de la porte

S. Michel terrassant le dragon. On lit aussi cette Inscription gravée sur les pierres de ce Portail méridional. *Anno Domini M. CC. LVII, Mense Februario, Idus 11, hoc fuit incæptum Christi genitricis honore, Kallensi latomo vivente Johanne Magistro* ; c'est-à-dire, que le 12 Février de l'an 1257, ce Portail fut commencé en l'honneur de la Mere du Christ, du vivant de Jean de Chelles, Maître Maçon, ou Architecte.

On voit aisément par les dates que cette Eglise a été près de deux cens ans à finir, mais que l'on n'a pas tant attendu pour y célébrer l'Office divin. La simple Bénédiction du lieu & des Autels, fut trouvée suffisante pour pouvoir le faire, & pour des raisons inconnues, on a toujours retardé jusqu'à présent la cérémonie de la Dédicace solemnelle.

Le Portail septentrional du côté du Cloître.

Sur le pilier du milieu de la Porte septentrionale du Cloître, on voit la représentation de la sainte Vierge ; du côté droit, les trois Vertus théologales, & de l'autre les trois Rois Mages. Au-dessus sont différentes Histoires, & particulierement la naissance de Jesus-Christ, l'adoration des Mages, la fuite en Égypte, & le massacre des Innocens. En plusieurs niches au-dehors, en tirant vers la porte rouge, il y avoit des Statues représentans les vertus & les vices, que le tems a détruit, & dont il ne reste que la Reine Esther, Assuerus, David & Goliath. Ces ouvrages sont du quatorziéme siécle.

En continuant depuis la porte rouge jusqu'à la porte de S. Denis-du-pas, on voit sur le mur environ à six pieds d'élévation, sept bas-reliefs sculptés, dont voici l'explication.

Le premier représente la Sainte Vierge mourante, ou morte, administrée, ou visitée par les Apôtres & Disciples debout & consternés.

Le second représente les Funérailles de la Sainte Vierge. Le tombeau est figuré comme une Arche que les Apôtres & Disciples soutiennent sur leurs épaules. Le trait le plus remarquable, est une main qui, détachée d'un corps, semble être restée attachée à l'Arche, en punition de la témérité de quelque profane qui aura osé la toucher sans en être digne.

Le troisiéme représente la Sainte Vierge debout, une palme à la main, dans une niche, en forme de coquille oblongue, soutenue & arrêtée par des Anges. Voilà sa gloire ou apothéose, célébrée aujourd'hui sous le titre d'assomption.

Le quatriéme représente l'humanité glorieuse de Jésus-Christ son Fils, debout, aussi environné d'Anges.

Le cinquiéme est une allégorie en l'honneur de la Sainte Vierge, pour montrer le crédit qu'elle a auprès du Roi des Cieux, représentée par Salomon couronné, qui invite & reçoit avec affection la Reine sa mere.

Le sixiéme représente encore la Sainte Vierge désolée aux pieds de son Fils, souffrant sous la figure d'un *Ecce Homo*, assistée de deux Anges consternés.

Pour entendre l'explication du septiéme, il est à propos de partager le Tableau en trois parties.

La premiere qui est à la droite du Spectateur, est formée de trois figures, dont l'une représente une Femme qui se donne au Diable ; la seconde représente le Démon, qui reçoit des mains de la Femme un Contrat d'où pend un sceau ; & la troisiéme un Magicien, portant un bonnet pointu, qui semble être le Ministre & le Médiateur de cet engagement.

La seconde partie du Tableau qui est celle du milieu, contient deux Figures; l'une supérieure, est celle de la Sainte Vierge, l'autre qui est au dessous, représente un homme vêtu comme un Moine de S. Benoît, à genoux, priant la Sainte Vierge en faveur de la Femme possédée.

Enfin, la troisiéme partie du Tableau représente encore la Sainte Vierge, & le Diable tremblant à ses genoux, qui lui rapporte, & lui rend à regret le Contrat d'engagement de la possédée.

Arcboutans & Galleries.

A L'EXTÉRIEUR de ce vaste Edifice il y a vingt-huit grands Arcboutans, qui prennent leur naissance sur l'extrémité des piliers butans de l'Eglise, & vont se terminer au-dessous de la balustrade du grand comble, & trente-deux petits qui vont se terminer au-dessous de la seconde balustrade.

De ces grands arcboutans il y en a sept de chaque côté dans la partie de la Nef, qui ont, depuis le pilier butant jusqu'au-dessous de la balustrade du grand comble contre lequel ils sont appuyés, quarante pieds de long ; & six petits de chaque côté dans la partie de la Nef, qui ont, depuis le pilier butant jusqu'au-dessous de la seconde balustrade, dix-huit pieds de long.

Autour du Chœur il y a quatorze grands arcboutans, qui ont pareillement quarante pieds de long, & vingt petits qui ont dix-huit pieds de long.

Les piliers butans qui sont autour du Chœur, & qui ont depuis le rez-de-chaussée de l'Eglise jusqu'au haut soixante-douze pieds, sont terminés par des pyramides ou obélisques.

Autour de cette Eglise il y a trois Galeries ; la premiere est au-dessus des Chapelles ; la seconde au-dessus des Galeries de la Nef & du Chœur ; la troisiéme est au-dessous du grand comble, & sert à aller tout autour de l'Eglise en dehors. Ces Galeries, autour desquelles il y a une infinité de canaux & tuyaux en forme d'animaux, travaillés très-artistement, pour écouler les eaux, sont couvertes de grandes & belles Dalles de pierre.

Au-dessous du grand comble, aux

quatre coins de la croisée, il y a quatre petites tourelles de pierre, terminées en forme d'obélisques.

A l'extrémité de l'Eglise, au dessus du Chœur, est une grande croix de fer, terminée au bout des croisillons par des fleurs de lys, ayant depuis le dessous du comble, jusqu'au bout de la fleur de lys, vingt-huit pieds.

Charpente.

LA charpente des voutes qu'on appelle *la Forêt*, par la quantité de bois de Châtaignier dont elle est composée, soutient toute la couverture de plomb de cette Eglise. Elle n'est posée que sur les quatre gros murs, de même que celle du petit Clocher, qui est au-dessus du milieu de la croisée, bâti sur un fort tronc de bois, soutenu par quatre poutres qui posent sur les quatre principaux piliers de cette croisée.

La Forêt contient depuis le commencement de la terrasse des réservoirs, trois cens cinquante-six pieds de long, sur trente-sept pieds de large, & la croisée cent cinquante-trois pieds de long sur trente-sept pieds de large.

de l'Eglise de Paris. 37

Du dessous de la voute, au haut du faîtage, il y a trente pieds.

Cloches & petit Clocher.

Dans la Tour, du côté de l'Archevêché, il y a deux grosses Cloches qu'on appelle *Bourdons*.

La plus grosse, qu'on appelle *Emmanuël*, a été refondue en 1686. Elle pèse trente-six mille livres, & a de diamètre huit pieds.

Elle fut donnée, en 1400, par Jean de Montaigu, frere de Gérard de Montaigu, 9e. Evêque de Paris, qui la nomma *Jacqueline*, du nom de sa femme de la famille de la Grange. Elle pesoit pour lors quinze mille, mais s'étant trouvée dissonnante des autres cloches, le Chapitre la fit refondre & augmenter de quinze mille pesant. Louis le Grand la nomma Emmanuël avec la Reine Marie-Therese d'Autriche son épouse ; enfin elle fut refondue & augmentée de poids en 1686, de sorte qu'elle pèse près de trente-six mille. Et pour conserver la mémoire de l'honneur que le Roi & la Reine lui avoient fait de lui donner leurs noms en 1681, on mit la même inscription sans y changer autre chose que le millésime, quoique la Reine fût morte en 1683.

Je m'appellois autrefois *Jacqueline*, & j'avois été donnée à cette Eglise par Jean, Comte de Montaigu ; je pesois quinze milliers : présentement mon poids ayant été augmenté du double, je m'appelle Emanuel-Louise-Therese, & j'ai été ainsi nommée par Louis XIV, & Marie Therese d'Autriche, son épouse, & bénie par François de Harlay, le premier des Archevêques de Paris, qui a été décoré de la qualité de Duc & Pair de France le 29 Avril 1686.

Voici l'Inscription qu'on y lit : *Quæ priùs* Jacquelina *Joannis Comitis de Monte acuto donum ponderis XV. M. nunc duplo aucta,* Emmanuel Ludovica Theresia *vocor, à Ludovico Magno & Mariâ Theresia Austriacâ ejus conjuge nominata, & à Francisco Harlæo primo ex Archiepiscopis Parisienfibus, Duce ac Pari Franciæ benedicta, die 29 Aprilis* 1686. Et au bas, Florentin le Guay, natif & Maître Fondeur de Paris, m'a fait.

N. Chapelle, J. Gillot, C. Moreau m'ont fait en 1685.

La seconde, qu'on appelle *Marie*, a été refondue le premier Octobre 1472, & bénie le 27 Octobre. Elle pese vingt-cinq mille & a de diametre sept pieds cinq pouces.

Dans la Tour du côté du Cloître il y a sept cloches.

La premiere, qu'on appelle Gabriel, a été refondue au mois d'Août 1641, & pese douze mille.

Voici l'inscription qu'on y lit. *Je fus nommée Gabriel, qui porta bonne nouvelle, & fut faite l'an mil six cent quarante & un au mois d'Août, & poise douze mille.*

Et au bas, *j'ai été faite par Jean Chapelier, & Nicolas Chapelier son fils.*

La deuxieme, qu'on appelle *Guillaume*, a été refondue en l'année 1729, & pese huit mille.

Voici l'Inscription qu'on y lit : *Quæ priùs Guillemus, deindè Ludovica, nunc Maria vocor; à Mariâ Franciæ Reginâ nominata; & à Domino Jacobo Alano de Gontaut, Decano, & Canonico Parisiensi benedicta anno 1729.*

Et au bas, *Jean-Baptiste Sautray, Commissaire-Général de l'Artillerie de France, m'a fait.*

Les Curiosités

La troisième qu'on appelle *Pasquier*, a été refondue en l'année 1684, & pèse six mille.

Voici l'Inscription qu'on y lit : *Cette Cloche a été nommée* Pasquier, *& a été refondue au mois d'Octobre 1684, par Nicolas de Nainville, & Claude Drouart, son gendre, Fondeurs à Amiens.*

La quatrième, qu'on appelle *Thibault*, a été refondue en l'année 1684, & pèse environ cinq mille.

Voici l'Inscription qu'on y lit : *Cette Cloche a été nommée* Thibault, *& a été refondue au mois d'Octobre 1684, par Nicolas de Nainville, & Claude Drouart, son gendre, Fondeurs à Amiens.*

La cinquième, qu'on appelle *Jean*, a été refondue en 1708, & pèse environ quatre mille.

Voici l'Inscription qu'on y lit : *Cette Cloche est nommée* Jean, *& a été refondue au mois d'Août 1708, par Jean Taupin, Maître Fondeur à Paris.*

La sixième, qu'on appelle *Claude*, a été refondue en l'année 1714, & pèse environ deux mille.

Voici l'Inscription qu'on y lit : *L'an 1714, j'ai été bénite & nommée* Claude, *comme auparavant, par* ordre & sous l'Intendance de Messieurs le Noir & Passart, Chanoines & Fabriciers de l'Eglise de Paris; Mre. Charles Aumont, Prêtre, étant lors Trésorier de ladite Fabrique; & refondue par Jean Taupin, Maître Fondeur à Paris.

La septiéme, qu'on appelle *Nicolas*, a été refondue en l'année 1714, & pese dix-neuf cent.

Voici l'Inscription qu'on y lit: *J'ai été nommée* Nicolas, *& refondue par les Brocards, Fondeurs à Brevanne en Lorraine, le 17 Mai 1714.*

Outre toutes les Cloches dont nous venons de parler, il y en a six autres dans le petit Clocher, qui est au milieu de l'Eglise.

De ces six Cloches, il y en a quatre qui sont très-estimées par leur sonnerie harmonieuse; sçavoir, *Anne*, dite *la Babillette*, *Barbe*, dite *la Muette*; *Magdelaine*, dite *Matiphas*, & *Catherine*, dite *l'Extrême-Onction*. Les deux autres sont la Cloche du Chapitre, & la Cloche pour avertir le grand Sonneur de la célébration de l'Office divin. Ces six Cloches sont si anciennes, qu'il est impossible de sçavoir le tems où elles ont été fondues.

Le Clocher, ou autrement dit la

Fléche qui les renferme, est de toute beauté. Elle est toute couverte de plomb, ainsi que tout le comble de ce vaste édifice, sur lequel on compte douze cens trente-six tables de plomb de trois pieds de haut, sur dix pieds de long, de l'épaisseur de deux lignes. Chaque table pese trois cens quarante livres, ce qui fait la quantité de quatre cens vingt mille deux cens quarante livres de plomb, sans y comprendre le petit Clocher, les Galeries, Gargouilles, Arcboutans, Tuyaux de descentes, & quantité d'autres endroits. La hauteur du petit Clocher du dessus du comble jusqu'à tête du Coq, est de cent quatre pieds. La voute qui est au-dessous de ce Clocher menaçant ruine, M. le Cardinal de Noailles la fit refaire à ses frais & dépens, en l'année 1729.

Intérieur de l'Eglise.

Avant que de faire la description de ce vaste Temple, il est, ce me semble à propos de parler d'une découverte qui y fut faite en 1711.

Le 16 Mars 1711, en creusant dans le Chœur pour faire un Crypte propre à la sépulture des Archevêques de Paris, on trouva à six pieds au-dessous du pavé, deux anciens murs appliqués l'un à l'autre, qui traversoient le Chœur dans toute sa largeur, dont le moins large avoit deux pieds & demi d'épaisseur, dans le massif duquel on trouva neuf pierres, dont cinq avoient des bas-reliefs avec Inscriptions, presques toutes gauloises sur les quatre faces.

Le prix des Inscriptions qui peuvent encore se lire, augmente le regret qu'on a de ne pouvoir, ni lire les autres, ni déchiffrer celles qui ont été maltraitées par le tems, ou par le marteau des ouvriers qui les ont mis en œuvre ; la plûpart ayant été sciées en deux, de sorte que de ces neuf pierres déterrées, portant des ornemens qui expriment quelques Mysteres de la Religion des Gaulois, il y en a à peine trois qui ont conservé leurs reliefs assez marqués pour pouvoir être déchiffrés.

Ces Monumens antiques trouvés dans les Fondemens de l'Eglise de Notre-Dame de Paris, furent à peine sortis de terre, que plusieurs Savans eurent la curiosité de les voir ; ce qui excita les plus habiles d'entr'eux à les expliquer & les faire graver : entr'autres Messieurs *Baudelot*, *Eccard*, *Mo-*

Les Curiosités

reau de Montour, le Baron de Leibnitz, D. Bernard de Montfaucon, & D. Lobineau qui donnerent, chacun en leur particulier, une Dissertation sur ces morceaux d'antiquité. La diversité de leurs sentimens sur cet objet, fait assez connoître qu'on n'est point encore parvenu à une explication claire & certaine de ces Monumens antiques.

Voici les explications les plus vraisemblables, & qui ont été gravées.

Sur l'une des faces de la premiere pierre, on lit N° 1, cette Inscription.

TIB. CÆSARE
AUG. JOVI OPTŪM
MAXUMO.   M
NAUTÆ PARISIACI
PUBLICE POSIERUNT.

La lacune qui est entre le mot *Maxumo* & celui de *Nautæ*, étoit sans doute originairement remplie par le mot *Aram*, dont il ne reste que la derniere lettre, d'où on a prétendu que cette Inscription signifioit que sous l'Empire de Tibere, Cæsar Auguste, les Nautes ou Bateliers de Paris avoient consacré solemnellement cet Autel à Jupiter très-bon & très-grand.

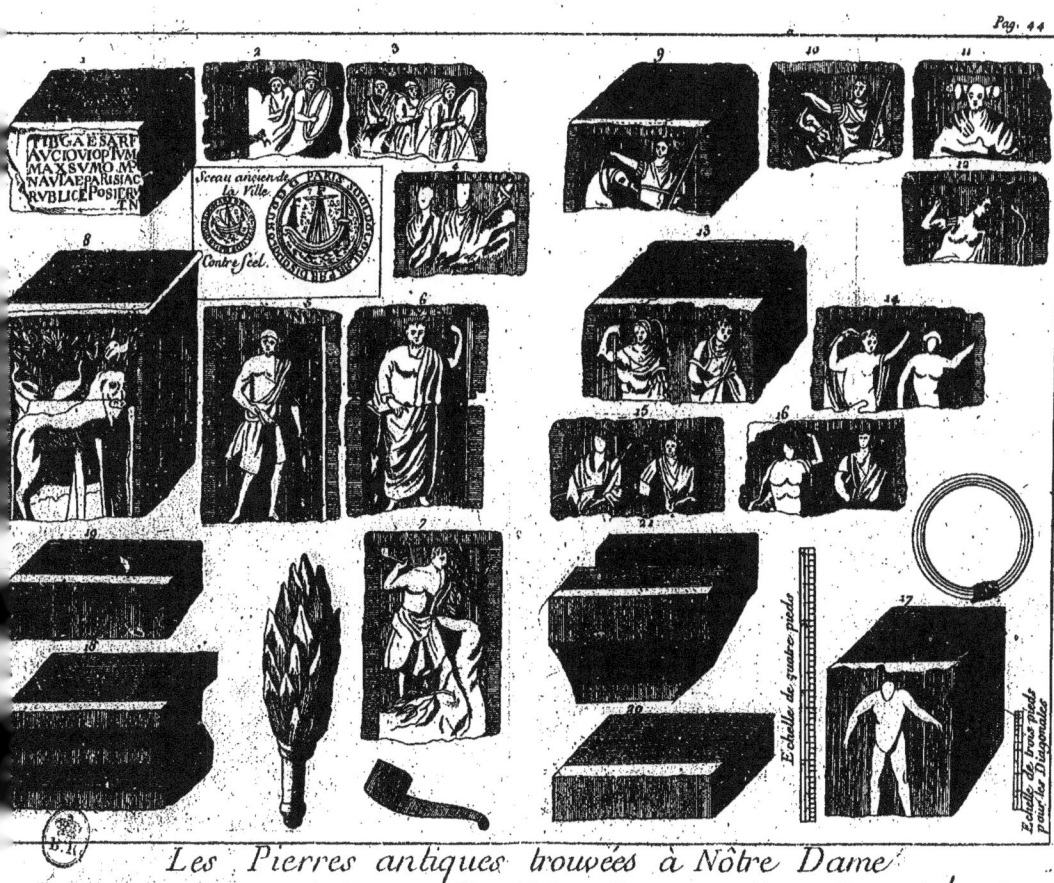

Les Pierres antiques trouvées à Nôtre Dame.

Le Pere Dom Lobineau a remarqué que le mot de *Nautæ* qu'on y lit, ne doit pas être rendu en notre Langue par celui de Bateliers, mais plutôt par celui de Henfes, ou Affociations de Négocians par eau de Paris; mais la raifon ne permet pas de croire qu'une populace & des gens d'une profeffion fervile, ayent fait dreffer cet Autel au Pere & au plus grand des Dieux.

L'Hiftoire, les Infcriptions & plufieurs Loix des Romains nous prouvent que la qualité de *Nautæ* a été donnée à des Conquérans, tels que les Argonautes, & à des Compagnies de Négocians par eau, dans lefquelles des Sénateurs, des Chevaliers Romains, des Quefteurs, des Décurions, des Prêteurs, des Décemvirs, des Arufpices & des Sévirs Auguftaux, ne dédaignoient pas d'entrer.

Les Bas-reliefs qui font ci-deffous expliqués prouvent affez que ce font des Perfonnes de diftinction, & non pas de fimples Bateliers, qui ont fait ériger cet Autel à Jupiter, & qui s'y font fait repréfenter.

Les trois autres faces qui fuivent l'Infcription, repréfentent une efpéce de Procession, composée d'Hommes qui paroissent de trois âges différens.

La première de ces trois faces N° 2, représente de jeunes Gaulois armés d'une pique & d'un bouclier oblong & hexagone, dont le nombre est maintenant réduit à deux, quoiqu'il paroisse y en avoir eu davantage, que le tems où le marteau des Ouvriers a fait disparoître, ainsi que l'Inscription.

La seconde face N° 3, ayant été plus ménagée, on y distingue trois Gaulois armés & équipés comme les précédens, ayant de la barbe & des moustaches: le premier tient un grand cercle, & marche à la tête de tous comme le plus qualifié; les deux autres qui le suivent, paroissent attentifs à l'action: au-dessus de leurs têtes, on lit ce seul mot *Eurisses*, terme de la Langue Celte, qui est composé d'*Eur*, bonheur, & de *Reiser*, Bateliers: delà on augure que ces gens armés, qui paroissent animés du même esprit, & occupés du même objet, sont les Nautes Parisiens, qui vont faire la Dédicace de l'Autel qu'ils ont voué à Jupiter. Les armes qu'ils portent, annoncent que les Gaulois ne faisoient aucun acte de Religion, ni aucunes affaires d'état, que les armes à la main, Le grand cercle que porte celui qui marche à leur tête, est sans doute une Couronne en forme de Diadême, dont ils veulent ceindre la tête du Pere des Dieux.

La face suivante N° 4, est la plus considérable de toutes, elle représente des Druides suivis des Gaulois dont on vient de parler; ce qui fait croire que cette quatriéme face pouvoit être la seconde, en commençant à droite & finissant à gauche, sur laquelle, quoique presqu'entiérement détruite, on apperçoit encore un reste de personnages sans armes, (privilége attaché à leur profession), couvert d'habits majestueux, & portant un air de gravité, la tête même d'un Druide, moins endommagé que les autres, fait voir qu'ils étoient couronnés d'un espéce de Diadême, & non de feuilles de chêne, selon quelques Auteurs.

C'est une vraie perte pour nous, que ce Relief soit si maltraité, sur lequel on lit encore ces deux mots, *Senani Veilo*; le premier signifie respectable ou ancien Seigneur, le second, le nom que les Gaulois donnoient au Gui de chêne.

La seconde Pierre N° 5, a aussi sur les quatre faces, autant de bas-reliefs, qui représentent quatre Dieux; sur la premiere, on voit *Vulcain*, tenant de la main droite un marteau, & de la gauche des tenailles; sa robbe lui descend à peine jusqu'aux genoux; il a sur la tête un bonnet, & au bas est écrit *Volcanus*.

On voit sur la seconde face N° 6, une autre Dieu dans l'attitude que l'on donne ordinairement à Jupiter, il est revêtu d'une toque, il appuie la main droite & le bras sur quelque chose, qu'il est difficile de distinguer: de la gauche, qui est élevée, il tient une espéce de pique; au-dessus de sa tête, il paroît écrit *Jovis*.

Sur la troisiéme face N° 7, est un homme sans barbe, vêtu aussi courtement que *Vulcain*; il a l'épaule & le bras droit nuds de même que le genouil gauche, qui est appuyé contre le tronc d'un arbre, & le pied droit à terre; sa main gauche empoigne une branche feuillée, & la droite est élevée & armée d'une hache ou doloire, & semble vouloir couper cette

cette branche. Au-dessous de sa tête, est écrit sur une platte-bande *Esus*; nom qui n'étoit point d'abord celui d'un Dieu particulier, mais un terme qui signifioit le Dieu que les Athéniens adoroient comme un Dieu inconnu; chez les Samaritains, le Dieu sans nom; chez les Juifs, le Dieu ineffable, mais plus connu des Druides, que du commun des Gaulois. La maniere dont *Esus* est représenté, sent tout-à-fait son Dieu Gaulois.

La quatriéme face N° 8, représente un Taureau au milieu d'une Forêt, portant trois Grues, une sur la tête, l'autre sur le dos, & la troisiéme sur la croupe: la tête est tournée vers la queue; sur la platte-bande, on lit *Tarvos Trigarannus*, c'est-à-dire, le Taureau à trois Grues; cet animal étoit en grande vénération chez les Gaulois.

La troisiéme Pierre est aussi chargée de reliefs sur les quatre faces: la premiere N° 9, représente un Homme armé & cuirassé, avec une clamide ou manteau équestre par-dessus: il appuie la main droite sur la tête d'un Cheval, & tient une lance de la gauche; sur la platte-bande est écrit

C

Castor N° 10 : sur le côté qui suit est une semblable figure, où l'Inscription quoiqu'effacée paroît être *Pollux*, nom de deux Freres, demi-Dieux, fort connus & souvent invoqués par ceux qui fréquentoient la mer & les rivieres, comme Patrons tutélaires des Navigateurs ; delà on a auguré qu'ils étoient du nombre des Nautes Parisiens qui alloient célébrer la Dédicace de l'Autel dressé à Jupiter ; d'autres pensent que les Chevaux qu'ils tiennent, annoncent que c'étoit peut-être en qualité d'Athletes, qu'ils recevoient cet honneur, & que les Gaulois avoient choisi ces Héros demi-Dieux, pour présider aux exercices palestriques, dont ils vouloient relever la Cérémonie de cette Fête N° 11. La troisiéme face représente un Homme barbu ayant le front chauve, & à la tête deux oreilles de Satyre, placées au-devant ; & au-dessous deux cornes de Cerf, qui ont chacune deux anneaux ou couronnes, autour desquels il paroît quelque chose d'entortillé : dans la platte-bande est écrit *Cernunnos*, ancien mot Celte ; d'où on présume que les Gaulois invoquoient cette Divinité dans l'exercice de la chasse, qui étoit si fréquent, si noble & si merveilleux, consistant toujours à forcer les Elands, les Cerfs, les Daims, & autres bêtes féroces, dont les vastes Forêts des Gaules étoient remplies. Sur la quatriéme face N° 12, on voit un Homme nud, attentif à mesurer un coup qu'il veut porter à un serpent qui s'éleve droit sur sa queue, & qui est prêt à s'élancer sur lui: on y lit ces mots *Sevi Ri os*: le reste est effacé. Le Pere Lobineau est celui des Antiquaires qui paroît les avoir expliqués avec le plus de succès; il a rempli les lacunes de cette Inscription par ces mots *Sevir Riparios*; ce qui désigne un Collége de six Magistrats chargés du soin de la Riviere, de ses Rivages, & de la Navigation. Il prétend que ce qu'on prend dans ce bas-relief pour une massue, est une espéce de goupillon qui peut avoir servi à faire l'aspersion d'eau lustrale, sur l'assemblée qui a dressé l'Autel à Jupiter, & que le Serpent marque les détours de la Riviere de Seine qui serpente beaucoup aux environs de Paris.

La quatriéme Pierre n'a aucune

Inscription sur les quatre faces Nº. 13, 14, 15 & 16, les Reliefs sont trop détruits, pour en pouvoir former des conjectures raisonnables; on voit seulement sur chacune un Homme & une Femme; ainsi, comme on ignore si ce sont des Dieux, des Romains, ou de principaux Habitans de Paris, aucun Antiquaire n'a pu rien décider : & même quand on rencontreroit par hazard la vérité, il n'y auroit jamais de fondement assez légitime pour en supposer la certitude.

Outre ces quatre Pierres, il y en a encore cinq autres qui furent trouvées au même endroit, & qui paroissent avoir une liaison essentielle avec les quatre premieres : celle qui est numérotée 17, n'a qu'une seule figure, qui est si effacée, qu'on n'en peut rien dire. Le Nº. 18, représente un Autel : le Nº. 19, est d'une figure à faire croire qu'elle a été placée sur l'Autel, & qu'elle en fut le foyer; car le trou qui est au milieu, paroît avoir contenu du feu & de l'encens : le Nº. 20, étoit une de celles sur lesquelles se faisoient les immolations des Victimes, où on ouvroit le ventre pour considérer les parties qui servoient à la divination : le Nº. 21, a peut-être servi de base à la précédente.

Ceux qui ont vû l'endroit où ces Pierres ont été trouvées, ont conclu que l'Eglise de Notre-Dame avoit été élevée sur les ruines d'un Temple consacré à Jupiter : le Pere de Montfaucon a assuré que cette Eglise a servi de Temple à cette Divinité, suivant une Inscription qu'il a trouvée dans les derniers tems.

Mais cette conjecture est fort douteuse, car il n'y a pas d'apparence que l'endroit où ces Pierres ont été trouvées fût celui de leur premiere assiette ; il est plus naturel de croire que cet Autel consacré à Jupiter, ayant été renversé par les premiers Chrétiens, après la destruction de l'idolâtrie dans Paris, par les progrès de la Prédication de l'Evangile par l'Apôtre S. Denis, les débris en furent dispersés & donnés à ceux qui voulurent s'en servir comme pierres de libage : Ces Morceaux d'Antiquité ont été transportés à l'Académie des Inscriptions.

Ce vaste Temple, comme nous

avons déja dit, a soixante-cinq toises de longueur, ce qui forme trois cent quatre-vingt-dix pieds ; vingt-quatre toises de largeur dans la croisée, ce qui forme cent quarante-quatre pieds; d'un mur à l'autre hors des Chapelles dix-huit toises cinq pieds, ce qui forme cent treize pieds, sur dix-sept toises deux pieds de hauteur du dessous de la voûte, ce qui fait cent quatre pieds.

Il est soutenu par cent vingt grosses colonnes qui forment deux bas côtés qui regnent dans tout le tour, sans y comprendre l'espace des Chapelles, & l'épaisseur du mur. Il y a au-dessus de grandes galeries ou voûtes espacées par cent huit colonnes chacune d'une piéce, bordées sur le devant d'une belle balustrade de fer qui a été faite aux dépens du Chapitre. Ce lieu est très-commode pour voir les grandes cérémonies dans les fêtes extraordinaires. On y monte par trois escaliers deux qui sont à l'entrée de la Nef, & l'autre qui est à la droite du Chœur du côté de la Chapelle de la Sainte Vierge. C'est à ces galeries ou tribunes que pendant la guerre sont attachés les drapeaux

& étendarts pris sur les Ennemis de la France, mais où les ôte en tems de paix.

Cette Eglise est éclairée par cent treize vitreaux, dont il y en a trente-neuf grands qui ont trente-trois pieds de haut sur neuf pieds de large, sans y comprendre trois grandes Roses, dont une au-dessus de l'Orgue, & les deux autres au-dessus des deux Portes collatérales qui ont chacune quarante pieds de diametre, & sans y comprendre aussi les deux vitreaux qui occupent la totalité de la croisée de la Nef au dessous des deux Roses.

La construction du Chœur.

LE Roi Louis XIII. ayant fait vœu de faire élever un Maître-Autel qui fût digne de sa piété & de sa magnificence, en laissa l'accomplissement à Louis le Grand son Fils. Ce Prince est allé au-delà des intentions de Louis XIII. son Pere, & a fait cet Autel & le Chœur, avec des ornemens & une magnificence sans égale.

Avant la construction du nouveau Chœur, on voyoit autour de l'ancien Chœur & en-dedans les histoires de l'Evangile, & des Actes des Apôtres en statues de pierre isolées avec des inscriptions au bas, & au-dessous l'histoire de la Genèse en bas-relief. A côté étoit un Chanoine à genoux dont la mort arriva en 1303. Aussi ce bas-relief avoit cette Inscription derriere lui, Messire Pierre Fayet Chanoine de Paris a donné deux cent livres, pour aider à faire ces histoires, & pour les nouvelles voieries qui sont sur le Chœur de céans; mais depuis la construction du nouveau Chœur, on a mis sa statue à la porte collatérale vis-à-vis la porte rouge. Autour du Chœur en-dehors on voit une partie de l'histoire du nouveau Testament, & au-dessous avant les nouvelles réparations on lisoit le nom des Sculpteurs qui avoient fait ces figures; & auprès étoit la statue d'un homme à genoux ayant les mains jointes, au dessous duquel étoit gravé en lettres: c'est Maître Jean Ravy qui fut Maçon de Notre-Dame de Paris l'espace de vingt-six ans, & commença ces nouvelles histoires; & Maître Jean Bouthelier son neveu les a parfaites l'an 1351.

La nouvelle fondation du grand

Autel a dix-huit pieds de profondeur, & contient toute la largeur du Chœur entre les anciennes fondations sur six toises de longueur. Elle est construite avec pierres dures piquées, & posées par assises avec mortier de chaux & sable jusqu'au rez-de-chaussée de l'Eglise, & dessus deux assises de pierre de taille dite d'Arcueil.

Le lundi sept Décembre 1699 après-Midi, entre Nones & Vêpres, M. le Cardinal de Noailles revêtu de ses habits Pontificaux, accompagné de Messieurs les Vénérables Doyen & Chanoines, & des autres Officiers de cette Eglise, fit la bénédiction de la premiere pierre de l'Autel qu'il posa, & mit par-dessus une lame d'airain quarrée où étoient gravés ces mots.

LOUIS LE GRAND,
Fils de Louis le Juste, & petit-fils d'Henri le Grand,
Après avoir dompté l'Hérésie,
Rétabli la vraie Religion dans tout son Royaume,
Terminé glorieusement plusieurs grandes guerres,
Par terre & par mer,
Voulant accomplir le vœu du Roi son pere,
Et y ajouter des marques de sa piété,
A fait faire, dans l'Eglise Cathédrale de Paris,
Un Autel, avec ses ornemens d'une magnificence
Au-dessus du premier projet,

C v

Et l'a dédié au Dieu des Armées, maître de la Paix & de la Victoire,
Sous l'invocation de la Sainte Vierge, Patrone & Protectrice de ses Etats.
L'an de N. S. 1699.

On mit dessus cette lame du charbon broyé, & par-dessus quatre Médailles; une d'or, pesant un marc un gros, faite par Besnard, représentant d'un côté le Roi Louis XIII, en Buste, avec cette Inscription autour : *Ludovicus XIII Fr. & Nav. Rex*, & sur le revers est une Notre-Dame de Piété, tenant Notre-Seigneur sur ses genoux, & le même Roi prosterné à ses pieds, qui lui présente son Sceptre & sa Couronne, avec ces mots au bas : *Aram vovit M. D. C. XXXVIII.* & autour, *Se & Regnum Deo sub B. Mariæ tutela consecravit.*

La seconde Médaille d'or, pesant un marc, faite par Rouscel, représente d'un côté Louis XIV, en Buste, avec cette Inscription autour : *Ludovicus Magnus Rex Christianissimus* : de l'autre, l'Autel comme il devoit être accompagné de quatre colonnes Corinthiennes torses & cannelées, posées en demi-baldaquin, avec ces mots, *Aram posuit M. D. C. XCIX,* &

autour *Votum à Patre nuncupatum solvit.*

Les deux autres Médailles sont d'argent représentant les mêmes sujets, dont l'une de Louis XIII, pése cinq onces un gros ; l'autre de Louis XIV. pese cinq onces. Celles d'or furent posées du côté de l'Evangile, & celles d'argent du côté de l'Epitre ; ensuite on les couvrit de charbon broyé, par-dessus on mit une plaque de plomb carrée sous un lit de ciment, sur lequel on posa la premiere pierre, de l'épaisseur d'un pied & demi sur sept de long & trois & demi de large, sur laquelle M. le Cardinal de Noailles jetta de l'eau-benite, & après avoir tourné autour, s'en alla au Chœur avec Messieurs les Chanoines, où l'on dit les Vêpres. Les quatre Pseaumes de cette Cérémonie qui sont, *Quam dilecta*, *Nisi Dominus*, *Miserere*, & *Fundamenta* furent chantés en Plain-chant, & leurs Antiennes en contre-point, pendant quoi on sonna les cinq coups de Vêpres : & pour rendre cette Cérémonie plus solemnelle, on sonna toutes les Cloches & on bourdonna. Louis XIV, pour en conserver la mémoire, fit présent au Chapitre de huit Médailles, dont quatre d'or & quatre d'argent de la même valeur & du même poids, représentant les mêmes choses : elles sont en dépôt dans le Trésor de cette Eglise.

Les Curiosités du Chœur.

On ne peut disputer à la Ville de Rome la prérogative d'avoir eu chez elle les plus habiles Maîtres de la Sculpture, de l'Architecture, & de la Peinture ; l'Europe a vû fleurir dans toutes ses parties les dignes éleves qu'elle a fait ; c'est à leurs soins qu'on doit les Chefs-d'œuvre qui ont embelli la Ville de Paris. Pour en convenir, il ne faut que jetter les yeux sur les Piéces rares & curieuses dont le Chœur de notre Métropole est enrichi depuis son rétablissement, par les soins des plus célébres Ouvriers de notre siécle, qui l'ont mis dans l'éclat & le lustre où on la voit aujourdhui : tout y est si régulierement observé, & si délicatement travaillé, qu'on peut dire que les Ouvriers s'y sont montrés Maîtres de l'art : aussi rien n'est plus digne de l'attention des Curieux, que ce sa-

Autel de Notre Dame de Paris

cré monument de la piété de nos Rois.

Ce Chœur fut commencé en 1699, sur les desseins de Jules-Hardouin Mansart, mais le dessein fut changé en 1708, & depuis parfaitement exécuté sur les desseins de M. Coste le Pere, premier Architecte du Roi, & fini sur ceux de M. Coste le fils, en 1714. Il a été redoré depuis aux dépens de Louis XV.

On admire particuliérement la magnificence du grand Autel, qui est isolé & placé presque au centre de la Coquille, ou rond-point du Sanctuaire : le massif ou coffre est de marbre d'Egypte, & taillé en forme de tombeau antique.

Le devant d'Autel est de bronze doré en or moulu, & représente notre Seigneur au tombeau : il a été fait sur le modéle de Vassé le pere & exécuté par Vassé le fils ; les côtés sont de porphire, décorés de Chérubins & autres riches ornemens de bronze dorés au feu, & pour accompagnement deux Anges, aussi de bronze doré en attitude d'adoration, portés par des nuages, & placés sur des piedestaux de marbre blanc, qui ont été jettés d'après les modéles de Cayot, habile Sculpteur. Sur l'Autel est un gradin ovale de marbre blanc, fait par *Vassé*, sur lequel on voit une grande Croix de sept pieds trois pouces, & six Chandeliers de quatre pieds trois pouces de bronze doré, d'un travail admirable, faits par Philippe Caffiery, fameux Sculpteur-Ciseleur en 1760, pour remplacer ceux d'argent, qui étoient du dessein de Bastin, célébre Orfévre, que le Chapitre a donnés au Roi, pour les pressans besoins de l'Etat.

Le Maître-Autel est élevé sur trois marches circulaires de marbre de Languedoc, qui forment un marche-pied en demi-ovale fait en marqueterie de marbre de diverses couleurs, représentant au milieu un Chiffre de Marie couronné d'étoiles. Ce travail est surprenant, de même que le Marche-pied qui est au bas de l'Autel des Féries, représentant un Chiffre du Roi, & celui qui est dans le milieu du Sanctuaire, représentant les armes du Roi. Tout le reste du pavé du Chœur est incrusté de grands compartimens de marbre de diverses couleurs.

On monte au Sanctuaire par quatre marches de pareil marbre, bordées de deux riches baluftrades en demi-rond, dont les appuis font d'un marbre tres-fin d'Egypte & veiné d'or, foutenus par des Piliers de bronze doré au feu & cizelés avec beaucoup de foin, portés auffi par un marbre de diverfes couleurs fymétrifées. Cet ouvrage eft de *Tarlay* Pour accompagner le Maître-Autel, on a incrufté de marbre blanc, veiné de gris, fix arcades qui forment le rond-point du Sanctuaire, de même que les jambages qui font pofés fur des foubaffemens de marbre de Languedoc. Ces Arcades font féparées par des efpéces de pilaftres ou montans en faillie dont les impoftes fervent de chapiteaux; & fur ces mêmes montans s'élevent d'autres pilaftres Attiques, terminés d'une corniche ou platte-bande en reffaut, fans amortiffemens. Ces pilaftres ont leurs ravallemens de marbre de Languedoc, chargés de trophées de métail doré; les Anges en bas reliefs, qui font placés dans des tympans de marbre rouge au-deffous des archivoltes des arcades, font auffi de métail doré, de même que les ornemens.

Aux pieds des arcades sont six Anges de bronze, de hauteur d'homme, tenant chacun un instrument de la Passion de Notre Seigneur, de l'invention de *Chavanne*, posés sur des culs-de-lampe aussi de bronze, ornés de feuillages, de chiffres & des armes du Roi, du dessein de *Vassé*: les deux plus proches de l'Autel, ont été jettés en fonte par *Vancleve*: les deux du milieu, c'est-à-dire, celui qui tient l'éponge, est de *Hurtrelle*; l'autre qui tient les clous, de *Poirier*, les deux autres, dont l'un porte l'Inscription, est de *Magnier*; & l'autre qui tient la lance est de *Anselme*, Flamand; ces quatre derniers ont été fondus par *Roger Schabol*, de Bruxelles.

Au-dessus des arcades sont douze Vertus, avec leurs attributs.

A la droite, près de l'Autel.

LA Charité & la Persévérance, par *Poulletier*.

La Prudence & la Tempérance, par *Fremin*.

de l'Eglise de Paris.

L'Humilité & l'Innocence, par *le Pautre*.

A la gauche de l'Autel.

La Foi & l'Espérance, par *le Moine*.
La Justice & la Force, par *Bertrand*.
La Virginité & la Pureté, par *Thierry*.

Sur les huit Piliers qui soutiennent les arcades, il y a des trophées & des bas-reliefs, faits par de très-habiles Maîtres, & dont l'éclat est relevé par la dorure qui y brille de toutes parts.

Le premier, en commençant par la porte collatérale du Chœur du côté de la Sacristie, représente la Descente de Croix.

Le second, Jesus-Christ au Tombeau.

Le troisiéme, la Flagellation.

Le quatriéme, l'Ascension de Notre-Seigneur.

Le cinquiéme, J. C. dans le Jardin des Olives.

Le sixiéme, J. C. tenant un Roseau à la main.

Le septiéme, J. C. portant sa Croix.

Le huitiéme, J. C. élevé en Croix.

L'Autel des Féries, qui est derriere le grand Autel, est fait en niche occupée par un groupe de marbre blanc, composé de quatre figures : la Vierge est au milieu assise, ayant les bras étendus & les yeux élevés au Ciel : la douleur d'une Mere & sa parfaite soumission à la volonté de Dieu, sont exprimées de la maniere la plus vraie & la plus sublime ; elle soutient sur ses genoux la tête & une partie du corps de son Fils descendu de la Croix : le reste du corps de J. C. est étendu sur un suaire : un Ange à genoux, dont les ailes sont à demi déploiées, soutient une main du Sauveur, pendant qu'un autre tient la couronne d'épines & regarde douloureusement les impressions meurtrieres qu'elle a faites sur la tête du Christ.

Ce groupe de marbre est d'une élégance & d'une correction admirable & toute particuliere. La tête du Christ est d'une beauté comparable à tout ce que l'Antique a de plus parfait, & est très-estimée des Connoisseurs. Ces excellens morceaux furent finis en 1723 par *Coustoux* l'aîné;

on peut dire que cet habile Sculpteur du Roi, y a employé toute la force de son art, pour soutenir la réputation qu'il s'étoit acquise avec tant de justice : le soubassement ravalé au-dessous est incrusté de marbre verd campan & semé de fleurs de lis de bronze doré : on y voit aussi une Croix & une écharpe volante de marbre blanc.

L'Autel qui est au-dessous est de marbre verd campan, chargé de consoles, de Chérubins, de festons & d'un Cartouche au milieu : le tout de bronze doré. Au-dessus de la niche est une Gloire sur un ceintre, au milieu de laquelle on a placé un triangle entouré de nuages, de Chérubins & de rayons, le tout doré. Cet Ouvrage est de Messieurs *Cousloux*. Un des Anges soutient une suspension d'argent doré, où repose le Saint Ciboire.

A la droite du côté de l'Epître, mais plus enfoncé que l'Autel, est la statue de Louis XIII, élevée sur un piedestal orné des Armes de France. Ce Monarque revêtu de ses habits Royaux est prosterné, offrant son Sceptre & sa Couronne, & mettant son

Royaume sous la protection de la Sainte Vierge : le tout en marbre blanc, exécuté par *Coustoux* le jeune en 1715.

Du côté de l'Evangile, on voit celle de Louis XIV qui accomplit le Vœu du Roi son Pere, à-peu-près dans la même attitude : elle est de *Coisevox*, finie en 1715.

Sur les deux côtés de la balustrade, sont posées deux Torcheres de cuivre doré, à neuf branches chacune, qui servent à mettre des cierges les grandes Fêtes : & au milieu de chaque est une lampe qui brûle jour & nuit, & tient lieu du lampadaire d'argent qui étoit ci-devant en face de l'Autel, & qui avoit été donné en l'année 1700 par l'Abbé Petit-Pied, Chanoine & sous-Chantre de cette Eglise ; ces deux Torcheres sont du dessein de *Philippe Caffiery*, & ont été exécutées par lui en l'année 1760.

On voit au bas du Sanctuaire, un rond de marbre blanc, qui indique le caveau qui renferme les entrailles des Rois Louis XIII & Louis XIV, avec cette Inscription sur le marbre.

Viscera Ludovici XIII, Regis Christianissimi, AN. M. DC. XLII, XIV Maii.
Viscera Ludovici XIV, Regis Christianissimi, AN. M. DCC. XV. 1 Septemb.

Ici furent déposées les entrailles des Rois très-Chrétiens Louis XIII, le 14 Mai 1643, & Louis XIV, le premier Septembre 1715.

Le Chœur a cent vingt-six pieds de long sur quarante-cinq pieds de large. Il est éclairé par quinze grands vitreaux qui ont trente-trois pieds de haut sur neuf pieds de large. Le Chapitre a commencé en l'année 1752 à rétablir à neuf ces grands vitreaux; celui du fond représente dans le rond du haut, un *Jehovah* en lettres Hébraïques d'un beau verre rouge sur un fond triangulaire de couleur d'or, renfermé dans un cercle de bleu céleste. Dans toute la hauteur du vitreau, il y a des pilastres ornés de fleurs de lis d'or sur un champ d'azur bordé de chaque côté d'un listel de verre jaune, rempli dans les intervalles des pilastres d'étoiles d'argent sur un fond d'azur, & dans le bas il y a une pareille frise où est le chiffre de Marie en pieces de rapport de verre jaune sur un champ d'azur. Les autres vitreaux sont de même, à l'exception qu'il n'y a point de *Jehovah* dans la partie du milieu.

Ces vitreaux ont été faits par *Pierre le Vieil* Maître Vitrier, très-habile dans son art.

Au-dessous de ces grands vitreaux est une galerie qui tourne tout autour du Chœur, & d'où l'on voit toutes les Cérémonies qui se font dans le Chœur.

La Boiserie du Chœur.

Les deux Chaires Episcopales sont d'une très-belle forme, & ornées de bas-reliefs : le fond de celle où se place l'Archevêque, représente le martyre de S. Denis & de ses Compagnons ; la Chaire vis-à-vis qui sert de symétrie, représente la guérison miraculeuse du Roi Childebert I, par l'intercession de S. Germain, Evêque de Paris, en 557. Ces deux morceaux sont du dessein de *Vassé*.

Les Stales où se placent les Chanoines sont du dessein de *du Goulon*,

Sculpteur du Roi, dont la structure est admirable ; tout le lambris est rempli de bas-reliefs, représentant la vie de la Sainte Vierge dans des cadres alternativement quarrés & ovales, accompagnés d'ornemens; les pilastres sont ornés des instrumens de la Passion de Notre Seigneur & des Armes du Roi, du dessein de *Charpentier*. Il y a trente-trois Stales de chaque côté, & au bas vingt-quatre où se placent les Officiers du Chœur. Celles de la droite en entrant, ont été faites par *Louis Marteau*, & celles de la gauche par *Jean Nel*.

Description des Cartouches de la Boiserie.

A côté de la Chaire Episcopale, dans un petit cartouche sur un pilastre de la boiserie :

1 Notre Seigneur qui donne les clefs à S. Pierre.

Ensuite.

2. La Naissance de la Sainte Vierge.

3. La Présentation de la Sainte Vierge au Temple.

4. La Sainte Vierge instruite par Sainte Anne sa mere.

5. Son Mariage avec S. Joseph.
6. Son Annonciation.
7. La Visitation de la Sainte Vierge par Sainte Elisabeth.
8. La Naissance de Jesus-Christ.
9. L'Adoration des Mages.
10. La Circoncision de Notre-Seigneur.
11. La Purification de la Sainte Vierge.
12. Sa Fuite en Egypte avec Saint Joseph ; & dans le petit pilastre au-dessus de la Stale de M. le Doyen, l'Ascension de Notre Seigneur.

De l'autre côté, en commençant par le bas.

13. Dans le petit pilastre au-dessus de la Stale de M. le Chantre, J. C. dans le Jardin des olives, ensuite la Sainte Famille.
14. La Sainte Vierge trouvant son fils dans le Temple au milieu des Docteurs.
15. Le Miracle des Nôces de Cana; où Jesus-Christ change l'eau en vin.
16. La Sainte Vierge en contemplation au pied de la Croix.
17. Une descente de Croix, au bas de laquelle la Vierge paroît dans une grande affliction.

18. La

18. La Descente du S. Esprit sur les Apôtres.

19. La Sainte Vierge montant au Ciel au milieu des Anges, qui paroissent dans l'admiration de cette merveille.

20. Une femme à genoux, levant les yeux au Ciel & tenant un encensoir à sa main.

21. La Prudence, représentée par une femme qui tient un Serpent.

22. La Modestie ou l'Humilité, sous la figure d'une femme tenant un Sceptre miraculeux, au bout duquel est un œil.

23. La Douleur, représentée par une femme ayant la tête baissée & un agneau à côté d'elle.

24. Les Pelerins d'Emaüs dans un petit cartouche sur le pilastre.

Les Sculptures de ces cartouches sont de *du Goulon*, *Belleau*, *Taupin* & *le Goupel*.

Les Tableaux du Chœur.

Les Amateurs de la peinture auront de quoi se satisfaire agréablement, en examinant avec attention les tableaux du Chœur, donnés au Chapitre, par l'Abbé de la Porte Chanoine Jubilé de cette Église ; leurs bordures sont richement sculptées & dorées.

1. L'Annonciation de la Sainte Vierge, peint par *Hallé*, en 1717.

2. La Visitation de la Vierge, par *Jouvenet*, en 1716.

3. La Nativité de Notre Seigneur, par *la Fosse*, en 1715.

4. L'Adoration des trois Rois, par *le même*, en 1715.

5. La Présentation de Notre Seigneur au Temple, par *Louis Boulogne*, en 1715.

6. La Fuite de la Sainte Vierge en Egypte, par *le même*, en 1715.

7. Notre Seigneur dans le Temple au milieu des Docteurs, par *Antoine Coypel*, en 1715.

8. L'Assomption de la Sainte Vierge par *le même*, en 1715.

On peut dire que *Jouvenet* est le seul qui ait saisi dans son tableau, l'instant où la Vierge debout & levant les yeux & les mains au Ciel, prononce ces paroles : *mon ame célébre les grandeurs du Seigneur, mon esprit est transporté de joie dans la vûe de Dieu l'auteur de mon salut, parce qu'il a jetté les yeux sur la bassesse de sa* servante ; car désormais tous les siecles m'appelleront bienheureuse, pour les grandes choses qu'a faites en ma faveur celui qui peut tout.

Ce célébre Peintre a copié cette Vierge qui est belle & majestueuse, d'après celle qu'il a peinte dans le tableau représentant la descente du S. Esprit, que l'on voit dans la chapelle du Château de Versailles, au-dessus de la tribune du Roi. Ce sçavant Artiste, quoique paralitique de la moitié du corps, peignit de la main gauche ce tableau qui est un des plus beaux qu'il ait fait ; il s'y est représenté lui même de maniere à y être reconnu aisément ; il y a représenté aussi M. de la Porte Chanoine ; on lit au bas du tableau ces mots : *J. Jouvenet dextrâ paraliticus sinistrâ fecit*, 1716.

Avant la guerre présente, il y avoit au milieu du Chœur un candelabre d'argent à six branches, du poids de trois cent vingt marcs, ayant cinq pieds de diametre, orné de six Anges, tenant divers instrumens de Musique, & d'autant de Figures couchées, portant chacune un écusson où étoient gravées les armes du Roi,

& l'Histoire de la Sainte Vierge, le tout soutenu de trois Aigles suspendus par trois chaînes fleurdelisées, aboutissantes à une Couronne royale: c'étoit un présent fait à Notre-Dame par la Reine Anne d'Autriche, épouse de Louis XIII, le 9 Octobre 1639, en action de graces d'avoir obtenu de Dieu, par l'intercession de la Sainte Vierge, un fils Dauphin, qui naquit le 5 Septembre 1638, & qui a été depuis le Roi Louis XIV.

L'Aigle.

L'AIGLE qui est au milieu du Chœur, est d'une forme triangulaire, & a sept pieds & demi de haut: il est posé sur un bloc de marbre de bleu turquin; les trois Vertus Cardinales qui sont assises sur la base, avec leurs attributs, sont de bronze, la tige est d'un cuivre poli, représentant à chaque face une lyre en relief, ornée de guirlandes de fleurs; au-dessus sont des têtes ailées de Chérubins: sur cette tige est posé un Globe terrestre, sur lequel on voit les différentes parties du monde, représentées en relief; & au-dessus s'éleve un Aigle déployé pour soutenir le Livre. L'art & la délicatesse s'y font admirer, & surpasse la nature : ce chef-d'œuvre a été exécuté au Louvre, par le célèbre du Plessis, fondeur du Roi, & a été placé dans le Chœur le 15 Août 1755. C'est un présent fait par Charles de la Grange-Trianon, Chanoine de cette Eglise, Abbé, Baron de Saint Sévere, & Conseiller au Parlement de Paris.

On voit sur une des faces du pied triangulaire, ses armes qui sont de gueule au chevron d'or, accompagné de trois croissants d'argent, deux en chef, & un en pointe. Sur l'autre face sont les armes de Jean Raguier, qui sont d'argent au sautoir de sable accompagné de quatre canettes. C'est lui qui avoit donné l'ancien Lutrin, sur lequel il y avoit cette Inscription. *Joannes Raguerius Abbas Aremarensis qui hoc in claustro obiit 1539 Aprilis 21, hanc sacram ædem isto munere donavit.* Il pesoit 1380 livres. Il a servi à payer en partie cet Aigle, c'est ce qui fait qu'on y a mis ses armes. Sur la troisiéme face est le Chiffre de la Vierge. Il pese, non compris l'armature, 1093 livres.

Au bas de l'Aigle dans le milieu du Chœur est une grande Cave, dans laquelle sont.

1°. Dans une boëte de plomb, les entrailles de M. le Cardinal de Noailles, mort le 4 Mai 1729.

2°. Dans un Cercueil de plomb, le Corps de M. Charles-Gaspard-Guillaume de Vintimille, Archevêque de Paris, mort le 13 Mars 1746.

3°. Dans un Cercueil de plomb, le Corps de M. Jacques-Bonne Gigault de Bellefont, Archevêque de Paris, mort le 20 Juillet 1746.

4°. Dans un Cercueil de plomb, le Corps de Jean-Cyprien de Saint Exupéry, Chanoine & Doyen de l'Eglise de Paris, mort le premier Février 1758.

Les Grilles qui ferment le Chœur, sont d'un travail & d'une richesse qui n'ont point encore eu d'exemple ; celles de la Porte du milieu, ont été faites par François Caffin, les deux autres Portes Collatérales par Fondrain, & les six qui entourent le Chœur par Nicolas Parent, Jacques Petit, & Richard.

Des deux côtés de la grande Porte du Chœur, il y a deux Portes, l'une à droite qui conduit au Jubé de l'Evangile, & l'autre à gauche qui conduit au Jubé de l'Epître.

Il y a aussi en-dedans du Chœur, aux deux Portes Collatérales, deux Portes, l'une à droite qui est le Magasin du Chevecier pour le Service Divin, l'autre à gauche qui conduit à son logement, l'usage immémorial de l'Eglise de Paris, étant que le Chevecier qui est toujours un Prêtre, couche dans l'Eglise.

En 1728, M. le Cardinal de Noailles a fait reblanchir tout l'intérieur de l'Eglise que le tems avoit rendu fort obscure. Elle est à présent très-éclairée par les grandes Croisées dont les Vitreaux ont pour bordure des peintures en fleurs de lys.

Après avoir donné la Description de l'embelissement du Chœur, fait par Louis XIV, en exécutant avec tant de magnificence le Vœu de Louis XIII, son Père, qui fut accompli le Samedi 21 Avril 1714, il est bien juste de faire connoître à la postérité la reconnoissance de Messieurs les Doyen & Chanoines de cette Eglise, envers leur Monarque. En conséquence, on chanta le lundi 23 Avril une Messe solemnelle, pour la conservation de la Personne sacrée de sa Majesté, à laquelle officia pontificalement M. le Cardinal de Noailles, qui demeura fondée tous les ans à pareil jour, jusqu'après sa mort, où elle fut changée en un Service solemnel, pour le repos de son ame, qu'on célèbre tous les ans la premiere semaine après Pâques.

LES CURIOSITÉS DE LA NEF.

La Nef de cette Eglise a deux cens treize pieds de long, sur cent quarante-quatre pieds de large. Elle est éclairée par vingt-quatre grands Vitreaux, qui ont trente-trois pieds de haut, sur neuf pieds de large. Ceux du côté du midi, étant en très-mauvais état, le Chapitre les a fait refaire à neuf, tant pour la vitrerie que pour la serrurerie, & même quant aux meneaux de pierre, en plus grande partie à commencer depuis la Croisée de la Porte de l'Archevêché, jusqu'à la plus voisine du Portail. On y a suivi dans l'ordre des Vitres, le modéle des trois Vitreaux du Sanctuaire, dont les bordures sont ornées de fleurs de lys d'or sur un champ d'azur ; ces dix Vitreaux ont été faits l'année 1755, par Pierre *le Vieil*, Maître Vitrier, fort versé dans la Théorie de la Peinture sur verre, & qui travaille à présent à donner au Public, un Traité-pratique & historique de cet art, & de la Vitrerie.

Jean *le Vieil*, son Frere, seul Peintre sur Verre à Paris, a de plus que son aîné, le talent pratique de la Peinture sur Verre. Il a peint sur verre dans la Chapelle de Noailles, les Armes de M. le Cardinal de Noailles, & de M. le Maréchal de Noailles. Il est le seul Peintre du Roi en cette partie.

Dans le dernier de ces Vitreaux du côté de l'Orgue, Pierre *le Vieil* a placé l'Inscription Latine de sa composition ; ladite Inscription peinte sur verre, dans un ovale en lettres d'or, sur un fond de marbre brun.

D. O. M.
Anno R. S. H. M. DCC. LV.
Sub Præfectura
Venerabilium Canonicorum
D. D.
De Corberon & Guillot de Montjoye,

D v

Les Curiosités

Decem fenestras
Quæ
Tum in cancellis ad Orientem
Cum in pronao ad Meridiem
Spectant,
Novis lapidibus, partim
Ferro autem solidas,
Et vitro tam simplici, & Francico
Quam Bohemio, Regiis liliis,
Et Maria insignibus depicto
Integras,
Restitui curaverunt
Venerabiles Decanus, Canonici
Et Capitulum
Ecclesiæ Parisiensis.

Faciebant & pingebant Petrus & Joannes le Vieil, Fratres ex Artis Vitrariæ Parisiis Magistri.

D. O. M.

A la gloire de Dieu seul grand & excellent.

L'an de Grace 1755.

De l'Intendance de Messieurs les Abbés Guillot de Montjoye & de Corberon, Chanoines Fabriciens ; Messieurs les vénérables Doyen, Chanoines & Chapitre de Paris, ont fait rétablir à neuf les dix grandes formes de Vitres de ce côté de l'Eglise, tant celles de la Croisée tournées vers le couchant, que celles de la Nef tournées au midi. Partie des Meneaux de pierre en ont été reconstruits à neuf, & leur ferrure a été faite neuve dans son entier; ainsi que les Vitres blanches en verre de France, & leur frises enrichies de fleurs de lys peintes sur verre, & de différens emblêmes propres à la Sainte Vierge, en verre de couleur de Bohême.

Le tout fait & peint par Pierre & Jean *le Vieil*, freres, Maîtres Vitriers à Paris.

L'année 1762, le Chapitre a fait faire les quatre grands Vitreaux au-dessus des Chapelles de la Sainte Vierge & de S. Denis, sur le même modele de ceux du Sanctuaire, & de la Nef, & à mesure qu'il en manquera dans la partie de la Nef du côté du Cloître, il les fera refaire de la même façon, afin que tout soit uniforme.

Outre les vingt-quatre grands Vitreaux, dont la Nef est éclairée, elle l'est encore par trois grandes Roses, qui ont chacune quarante pieds de diametre, & par deux Vitreaux qui sont dessous les deux Roses de la croisée, & qui en occupent toute la largeur.

Ces trois Roses sont admirables, tant pour le travail que pour la peinture.

La Rose qui est du côté de l'Archevêché a été reconstruite à neuf l'année 1726, tant pour la pierre que pour la Vitrerie. Cette dépense qui a coûté près de 80000 livres, a été faite par M. le Cardinal de Noailles, Archevêque de Paris, dont les armes peintes sur verre sont placées au centre de la Rose.

Ce fut Claude *Pinet*, Appareilleur, qui a exécuté ce grand ouvrage en 1726, sous les ordres de *Boisfranc*, Architecte du Roi.

La Rose qui est au-dessus de l'Orgue a été aussi réparée, quant à la Vitrerie, l'année 1731.

Au-dessous des grands Vitreaux de la Nef est de chaque côté une très-belle Galerie, aussi éclairée par des Vitreaux. C'est de cette Galerie qu'on voit facilement les cérémonies extraordinaires qui se font dans l'Eglise.

En entrant dans la Nef, on voit sur la droite la figure colossale de Saint Christophe qui traverse les eaux, portant Notre Seigneur sur ses épaules. Cette Statue a vingt-huit pieds de haut, son pied, une aune de long, & son pouce un pied de Roi : au bas de cette figure, il y a un Autel où l'on dit des Messes tous les ans, le jour de la Fête de ce Saint. Dans un enfoncement au-dessus de cet Autel, on voit un Veillard mourant, soutenu par ses fils, qui après sa mort, eurent dispute entr'eux pour sa succession, prétendant chacun en particulier être le seul fils légitime : ils étoient quatorze freres ; & pour les mettre d'accord sur leurs prétentions, il fut dit, que celui d'entr'eux qui décocheroit sa flêche le plus près du cœur de leur Pere, auroit son héritage. Pour cet effet, on voit d'un côté le Vieillard attaché à un arbre ; & de l'autre les quatorze freres deux à deux à la file, tenant un arc, décochant leurs flêches sur leur Pere. Parmi eux, il s'en trouva un qui eut horreur de cette barbare action, & qui aima mieux renoncer à l'héritage, que de percer le cœur de son Pere, quoique mort. A cette action on le reconnut pour le seul fils légitime ; & la force du sang l'ayant emporté sur l'intérêt, la succession lui fut adjugée.

A côté de la Statue de Saint Christophe, on voit un homme à genoux sur une pierre quarrée, attachée au même pilier. Cette figure représente Antoine des Essarts, qui ayant échappé au danger qu'il avoit couru à suivre le parti du Duc de Bourgogne, avec Pierre des Essarts son frere, qui fut décapité aux Hales de Paris en 1413, fit élever la Statue colossale de Saint Christophe, en reconnoissance de ce que ce Saint lui étoit apparu la nuit, & avoit rompu les grilles de sa Prison pour le sauver dans ses bras. On a placé au-dessous ses Armes de gueule à trois croissans, & sur la platte-bande de la pierre où il est à genoux, on lit : *C'est la représentation de noble Homme, Messire Antoine des Essarts, Chevalier, jadis Sieur de Thierre & de Glatigny au Val de Galie, Conseiller, Grand Chambellan du Roi Notre Sire, Charles VI, de ce nom; lequel fit faire cette grande Image en l'honneur & révérence de M. Saint Christophe, en l'an 1413: priez Dieu pour son Ame.*

Du côté gauche, au gros pilier, est attaché un Tableau qui représente un Vœu fait à la Sainte Vierge, au haut duquel on lit ces mots : *L'an 1642, Jean de la Borde, natif de la Naplan, en Bearn, proche d'Artres, passant sur le petit Châtelet, vers la rue Saint Jacques, une Charette chargée de moëllons, à la rencontre, comme il fut à l'endroit delà, la roue lui passant sur le pied, la Charette renversée de l'autre côté, il demeura sous la roue comme mort ; & quantité de Peuple y courut, & incontinent fut secouru & relevé ; & voulant le mener chez un Chirurgien, ledit de la Borde ne se sentant aucun mal, les remercia, & s'en retourna à Notre Dame remercier Dieu & la Sainte Vierge, & fit vœu de faire présent d'un Tableau, lequel n'a pû accomplir jusqu'à présent : le Chartier abandonna chevaux & Charette croyant que ledit de la Borde étoit mort, encore bien qu'il n'avoit aucun tort.* 1666.

Au bas de la Nef à gauche, on voit un Tableau de pierre en relief adossé au mur de l'Eglise à côté de l'escalier de la Tour, il étoit ci-devant dans la Chapelle S. Nicolas : mais depuis qu'elle a été destinée par le Chapitre pour être la Chapelle de la Pénitencerie, on en a ôté ce Tableau qu'on a placé dans cet endroit, le 24 Septembre 1762.

Ce Tableau a environ huit pieds de haut, sur quatre de large ; la plus grande partie qui est la supérieure, représente le Jugement dernier, où Jésus-Christ est environné d'Anges ; il lance de sa bouche deux glaives, l'un à droite & l'autre à gauche : il a sous ses pieds un globe, & dans la main un livre ouvert, sur lequel on lit : *Miserebor cui voluero, & clemens ero in quem mihi placuerit* : J'aurai pitié de qui il me plaira, & j'userai de clémence envers qui je voudrai.

Au-dessus de la tête on lit sur une banderole : *Clamabant alterutrum Sanctus, Sanctus, Sanctus* : Ils crioient l'un à l'autre, Saint, Saint, Saint.

La seconde partie du Tableau, qui est un peu au-dessous du milieu, représente un homme qui sort d'un Tombeau, sur lequel on voit un Cadavre rongé de vers : Cet Homme a les cheveux courts, & joint les mains. Sur sa tête on lit :

Et non intres, Domine, in judicium cum servo tuo ; nam imperfectum meum viderunt oculi tui, & in libro tuo omnes scribentur : N'entrez pas, Seigneur, en jugement avec votre Serviteur ; car vos yeux connoissent toutes mes imperfections, & tous les hommes seront écrits dans votre livre.

Cette figure d'homme suppliant est tournée de profil, & placée entre Saint Etienne, que l'on reconnoît à sa tunique diaconale, & les pierres éparses sur lui & sur le livre qu'il tient, & S. Jean l'Evangeliste qui tient une coupe remplie de Serpens. Au-dessous du Cadavre rongé de vers, on lit :

Præ occupaverunt me dolores mortis ; torrentes iniquitatis conturbaverunt me ; nam sum vermis, & non homo ; induta est caro mea putredine & sordibus pulveris ; cutis mea aruit & contracta est : Deus, Deus meus, respice in me, & miserere mei, quia tibi peccavi & malum coram te feci : Les douleurs de la mort m'ont préoccupé ; les torrens de mes iniquités m'ont saisi d'effroi ; car je suis un ver, & non pas un homme, ma chair est revêtue de pourriture, d'ordures & de poussiere. Ma peau s'est desséchée & s'est retirée : mon Dieu, mon Dieu, regardez-moi, & ayez pitié de moi, parce que je suis coupable envers vous d'une infinité de péchés.

Et au-dessous ont lit cette Epitaphe.

Ante hanc imaginem jacet Stephanus Yver, in Jure Canonico Licentiatus, hujus Parisiensis & Rothomagensis Ecclesiarum Canonicus, Archidiaconus magni Caleti, nostri Domini Regis in sua Parlamenti Curia Consiliarius, oriundus de Peronna Noviomensis Diocesis; habeat Deus quam creavit animam ejus; habeat natura quod suum est: expectans resurrectionem & utriusque vitam æternam: oportet enim corruptibile hoc induere incorruptionem, & mortale hoc induere immortalitatem. Obiit anno Domini M. CCCC. LXXII, mense Februario, die verò xxiv, orate pro eo.

En face de cette représentation, repose Etienne Yver, Licencié en Droit Canonique, Chanoine de cette Eglise & de celle de Rome, Archidiacre du grand Caux, Conseiller du Roi en sa Cour de Parlement, originaire de Péronne, Diocèse de Noyon: que son ame que Dieu a créée, retourne à lui; que la nature prenne ce qui lui appartient, en attendant la Résurrection qui leur est promise, qu'ensuite l'un & l'autre jouis-

sent de la vie éternelle ; car il faut que ce Corps corrompu devienne incorruptible, & que comme il étoit mortel, il soit revêtu de l'immortalité. Il mourut l'an de Notre Seigneur Jésus-Christ 1467, le 24 Février. Priez pour lui.

Aux deux angles inférieurs de ce Tableau, on voit deux écussons exactement semblables, demi-ovales & terminés en pointe avec un support de lauriers entrelassés d'une banderole, sur lesquels on croit lire *l'ame vi Dieu*. Le champ de l'écu sur lequel les émaux ne sont point spécifiés, est occupé d'un chevron brisé, accompagné de trois molettes, deux & une, & sur chaque chevron est posée une coquille.

Il paroît par les conclusions du Chapitre, qu'Etienne Yver fut reçu Chanoine de l'Eglise de Paris en 1454 : qu'avant que de mourir, il avoit légué deux cens écus, pour fonder un Obit pour le repos de son ame ; & que, par concession du Chapitre, il fut inhumé dans la Chapelle de Saint Nicolas, contre le mur de laquelle ce Tableau de pierre avoit été long-tems attaché.

Au milieu de la Nef, on remarque une Tombe de quatorze pieds & demi de long, sous laquelle on prétendoit qu'avoit été inhumé un Enfant de Chœur qui avoit neuf pieds de haut, mort de chagrin de se voir si grand. Ce qui est une erreur ; car cette grande pierre couvre un Caveau de sept à huit pieds, où l'on descend huit à neuf marches, dans lequel a été enterré Pierre de Châteaupers, Chanoine de cette Eglise, mort le 13 Février 1504 ; la Tour que l'on voit sur cette Tombe, représente les Armes du Chanoine. Le 20 Décembre 1759, on a enterré dans ce Caveau Pierre Olivier, Chevecier de cette Eglise.

Au bout de la Nef, & presque vis-à-vis la Chapelle de la Vierge, on voit la Statue équestre de Philippe le Bel, Roi de France, placé dans cet endroit pour conserver à la postérité la mémoire du fait suivant. Ce Prince attaqua le 18 Août 1304, près de Mons en Puelle, les Flamands, avec tant de succès, qu'ils resta quinze à seize mille morts sur la place, de soixante mille hommes qu'ils étoient. Le même jour, sur le soir, les Flamands s'étant ralliés, vinrent à leur tour fondre avec intrépidité sur les François, qui n'étoient pas sur leurs gardes, & parvinrent en moins d'un quart-d'heure jusqu'à la Tente du Roi, qui les chargea avec tant d'impétuosité, qu'ils eurent encore sept à huit mille hommes de tués : ces mêmes Flamands, quoique battus deux fois, vinrent quelques heures après offrir de livrer bataille, ou de leur accorder la paix ; on la leur accorda, à condition qu'ils payeroient huit cens mille livres pour les frais de la guerre, somme très-considérable en ce tems là.

Philippe le Bel, de retour à Paris, vint à Notre Dame remercier Dieu & la Sainte Vierge de sa victoire, & voulut y être représenté, tel qu'il avoit été surpris à la seconde attaque des Flamans, c'est-à-dire, à cheval, armé de son Casque & de ses Gantelets, mais sans Brassard ; & en reconnoissance, il accorda à cette Eglise une rente annuelle de cent livres, pour la fondation d'une Fête qui se célèbre tous les ans à pareil jour.

On a rétabli cette Statue en 1760,

& on a mis au-dessous un marbre blanc, où est gravé :

REX PHILIPPUS PULCHER,
Flandris ad montem ad Pabula debellatis,
DEO AC BEATÆ MARIÆ,
Ut victoriam debere se apertiùs significaret,
Eodem vectus equo, iisdem indutus armis,
Quibus in pugnâ usus erat,
Hocce Templum ingressus gratias acturus,
Hanc Statuam equestrem ita ingredienti
similem,
Quæ perpetuum foret rei monumentum
Antè Altare propritiæ Virginis,
Poni jussit.
M. CCC. IIII.

Le Roi Philippe le Bel, après avoir vaincu les Flamands à Monts en Puelle, voulant rendre de publiques actions de graces à Dieu & à la Sainte Vierge, de la victoire qu'il avoit remportée, est entré dans cette Eglise sur le même cheval, & vêtu des mêmes armes qu'il avoit portées dans le combat. Il a fait ériger cette Statue équestre, semblable en tout à sa Personne, lorsqu'il est entré dans l'Eglise devant l'Autel de la Sainte Vierge, pour servir de monument perpétuel de sa reconnoissance, 1304.

L'Orgue.

L'Orgue est placé dans la Nef, au-dessus de la grande Porte & en face du Chœur.

Le Buffet contient environ quarante-cinq pieds de hauteur, sur environ trente-six pieds de largeur, y compris les ornemens; le Buffet soutient cinquante-sept tuyaux qui se nomment montre ou façade. Cette montre est distribuée par cinq Tourelles & quatre faces; les deux plus gros tuyaux qui forment les deux grosses Tourelles portent vingt-quatre pieds de hauteur, sur un pied de diametre chacun; lesdites deux Tourelles sont composées de dix tuyaux dont cinq pour chacun. Les autres tuyaux qui accompagnent les deux gros peuvent se réduire à un pied de moins pour la hauteur & environ un pouce & demi sur chacun pour le diametre. Les deux moyennes Tourelles peuvent porter environ dix-huit pieds de hauteur. La petite Tourelle porte environ douze pieds. Les deux grandes plates-faces, composées de neuf tuyaux chacune portent dix-huit pieds de hauteur. Les deux petites plates-faces, composées de six tuyaux chacune portent environ douze pieds.

Cet Orgue est composé d'une montre de trente-deux pieds, & d'un seize pied ouvert & d'un seize pied bouché, de chacun cinquante tuyaux, cy 100

De deux huit pieds ouvert & un bouché, qui fait pour les trois, cent cinquante tuyaux, cy 150

D'un quatre pieds ouvert nommé Prestaut, de cinquante tuyaux, cy . . . 50

D'un double Nasard de cinquante tuyaux, cy . . 50

D'un Nasard ordinaire de cinquante tuyaux, cy . . 50

D'une quarte de Nasard de cinquante tuyaux, cy . . 50

D'une grosse tierce, de cinquante tuyaux cy . . 50

D'une tierce ordinaire de cinquante tuyaux, cy . . . 50

D'une doublette de cinquante tuyaux, cy 50

D'une fourniture & d'une cimbale, appellé le Plein-jeu, ayant seize tuyaux sur touché,

composé

composé de huit cens tuyaux, Tuyaux.
dont le plus grand a quatre
pieds, cy 800

D'une Bombarde à la main,
dont le plus grand porte seize
pieds, les autres à proportion
jusqu'à un pied, le plus petit
composé de cinquante tuyaux,
cy 50

Deux Trompettes de huit
pieds le plus grand composé de
cent tuyaux, cy 100

D'un Clairon, dont le plus
grand a quatre pieds, composé de cinquante tuyaux, cy . 50

D'une Voix humaine, dont
le plus grand porte un pied,
composé de cinquante tuyaux,
cy 50

D'un grand Cornet composé
de cent trente-cinq tuyaux, cy. 135

D'un Cornet de récit composé de cent trente-cinq tuyaux,
cy 135

Une Trompette de récit composé de vingt-sept tuyaux, cy . 27

Les Pedales sont composés de
sept jeux, qui sont deux Flûtes
de huit pieds, composé de trente-quatre tuyaux chacun, qui

E

font ensemble soixante-huit, Tuyaux,
tuyaux, cy 68

Deux Flûtes de quatre pieds
composé de soixante-huit
tuyaux, cy 68

D'une Bombarde au pied,
dont le plus grand tuyau porte
dix-huit pieds de hauteur, composé de trente-quatre tuyaux,
cy . . . 34

D'une Trompette, composé
de trente-quatre tuyaux, cy . 34

D'un Clairon, composé de
trente-quatre tuyaux, cy . . 34

D'un Cornet d'écho composé de deux cens quatre tuyaux,
cy 204

Cet Orgue contient, cinq claviers à la main, dont le premier sert pour l'Echo, le second pour le Récit, le troisiéme pour la Bombarde, le quatriéme pour le grand Orgue, le cinquiéme & dernier pour le Positif. Un clavier de pédale de trente-quatre notes ou touches.

Cet Orgue contient douze soufflets, dont huit servent pour le grand Orgue, les quatre autres pour le Positif & Pédale.

Positif.

Premierement le Buffet porte environ douze pieds de hauteur sur quatorze de largeur ; trente-neuf tuyaux pour la montre, dont le plus grand porte neuf pieds.

Ce Positif est composé d'une Montre, composé de cinquante tuyaux hauts de huit pieds, cy 50

D'un Bourdon de quatre pieds bouché, composé de cinquante tuyaux, cy 50

D'un Prestaut de quatre pieds ouvert, composé de cinquante tuyaux, cy 50

D'un Nasard de cinquante tuyaux, cy 50

D'une quarte de Nasard de cinquante tuyaux, cy . . . 50

D'une Flûte de quatre pieds de cinquante tuyaux, cy . . . 50

D'une Tierce de cinquante tuyaux, cy 50

D'une Doublette de cinquante tuyaux, cy 50

D'une Fourniture & d'une Cimbale appellé le Plein-jeu,

ayant sept tuyaux sur touche, Tuyaux. composé de trois cens cinquante tuyaux, cy 350

D'une Trompette de huit pieds, composé de cinquante tuyaux, cy 50

D'un Clairon de cinquante tuyaux, cy 50

D'une Chromorne de cinquante tuyaux, cy 50

D'un grand Cornet composé de cent trente-cinq tuyaux, cy 135

Total des tuyaux, deux mille cinq cens neuf, cy . . . 2509.

Cet Orgue a été rétabli & augmenté en l'année 1730. Il est estimé le plus parfait qui existe en France, étant un trente-deux pieds, qui a une Bombarde à la main de seize pieds, & l'autre au pied descendant au *la* jusqu'en bas, ayant dix-huit pieds de hauteur. Cette Bombarde est unique à Paris.

Cet Orgue est touché par quatre Organistes qui ont chacun leur quartier.

Le lieu de son emplacement est l'endroit le plus propre à voir la beauté & l'étendue du vaisseau de cette Eglise, qui forme une très-belle perspective sur la majesté de cet auguste Temple. Par le même escalier qui y conduit on monte aux Tours, pour se procurer le plaisir d'examiner l'étendue & la grandeur de Paris, & de ses environs. Ceux qui veulent avoir cette satisfaction, trouveront en entrant dans l'Eglise une porte à gauche qui conduit à un escalier qu'ils monteront, jusqu'à ce qu'ils trouvent une porte fermée où pend une sonnette, placée pour avertir le sonneur de venir leur ouvrir la porte.

Les Tableaux de la Nef donnés par le Corps des Orphévres de Paris.

Pour satisfaire la curiosité du Public, il est à propos de faire connoître ce qui a donné lieu aux Orfévres à faire présent des Tableaux qui décorent la Nef de Notre-Dame.

La Confrairie de Sainte Anne & de S. Marcel, fut érigée dans cette Eglise, en 1449, du consentement d'Antoine Crépin, 97e. Evêque de Paris, en faveur des Marchands Orféyres de cette Ville, qui eurent la dévotion de faire présent à la Sainte Vierge, le premier jour de Mai, d'un arbre verd : pour cet effet, ils élurent, la même année deux d'entr'eux, qu'ils appellerent les Princes du Mai verdoyant, & tous les ans, deux autres, pour succéder à cet honneur ; & pour en conserver la mémoire, leurs noms étoient écrits sur un Registre de leur Communauté.

A cette premiere dévotion du Mai, ils ajouterent en 1499, le don d'un Tabernacle exposé & suspendu vis-à-vis la porte du Chœur ; il étoit orné d'une belle Architecture, & accompagné d'un Sonnet ou Rondeau en l'honneur de la Vierge, contenant des prieres pour la santé & prospérité du Roi, & pour les besoins de l'Etat & du Peuple.

Ils donnerent un second Tabernacle en 1533, représentant l'Histoire de l'ancien Testament, avec la Création du Monde, en petits Tableaux fait à six pampres, dont chaque angle étoit décoré de la figure d'un Prophéte, & orné de rameaux excellemment peints.

En 1608, ils en suspendirent un troisiéme, qui fut un des plus beaux

& des plus riches. Le Roi Philippe de Valois le décora d'un cul-de-lampe, chargé des Armes de France, du Dauphin, & de celles du Corps des Orfévres. Depuis ils changerent leur présent en un Tableau représentant la vie de la Sainte Vierge, qu'ils continuerent tous les ans jusqu'en 1629. Ces Tableaux furent placés dans différentes Chapelles de cette Eglise.

En 1620, le Pape Paul V, informé de la dévotion de la Reine Anne d'Autriche, pour cette Confrairie, dont elle avoit souhaité augmenter le nombre, de prendre le bâton, & d'y rendre le Pain-béni avec magnificence, lui envoya un des ossemens de Sainte Anne, dont elle fit un présent aux Orphévres, qui l'enchâsserent dans un Reliquaire, dont ils sont encore possesseurs.

En 1630, les Orphévres voyant avec plaisir l'embellissement de l'intérieur de Notre-Dame, présenterent une Requête à Messieurs du Chapitre, tendante à ce qu'il leur fût permis de changer chaque année ces petits Tableaux, en un grand, d'onze à douze pieds de haut, qui représenteroit les Actes des Apôtres, pour orner la Nef; ce qui leur fut accordé; & le premier grand Tableau fut présenté le premier jour de Mai de l'année 1630. Mais ces présens ont cessé en 1708, & on a abandonné la Confrairie, & la Chapelle où elle étoit érigée.

LES TABLEAUX DE LA NEF.

En entrant, sous l'Orgue.

1. SAINT Barthelemy délivrant la Princesse d'Arménie, fille du Roi Polémon, qui étoit possédée du Démon; le miracle convertit son pere, peint en 1668, par *C. Fr. Vignon*, & donné par *Louis Masson* & *Antoine de Gastines.*

A côté, sur la droite.

2. Le Centenier Corneille aux pieds de S. Pierre, qui lui annonce Jesus-Christ, suivant l'ordre qu'il en avoit reçu de Dieu dans une révélation : l'Apôtre le releve, en lui disant, levez-vous, je ne suis qu'un homme, non plus que vous; peint en 1639,

par *Aubin Vouet*, & donné par *Michel du Tillet* & *Jean le Mercier*.

3. S. Pierre & S. Jean à la porte du Temple, guérissant un homme boiteux de naissance; peint en 1630, par *Georges Lallemant*, & donné par *Noël le Masson* & *Denis de Mélin*, c'est le premier des grands Tableaux donnés à cette Eglise.

De l'autre côté, à gauche.

4. SAINT Pierre punissant de mort subite Ananie & Zaphire sa femme, pour avoir menti au S. Esprit, peint en 1632, par *Aubin Vouet*, & donné par *Jean Morier* & *Nicolas Cheron*.

5. S. Paul dans l'Aréopage, où il avoit été dénoncé comme Introducteur du nouveau Dieu: il y convertit S. Denis l'Aréopagite, qui étoit Sénateur; une femme nommée Damaris, & plusieurs Athéniens: peint en 1636, par *Jean de Cestin*, & donné par *Jean Marcel* & *Nicolas de Bannieres*, & gravé par *Bosse*.

A l'entrée de la Nef, à droite.

1. L'ENLEVEMENT de S. Philippe.

Ce saint Diacre va trouver, par ordre de Dieu, un Eunuque, l'un des premiers Officiers de Candace, Reine d'Ethiopie, & Sur-intendant de tous ses trésors, lui annonce J. C. & le baptise. Après la cérémonie, un Ange transporte S. Philippe dans la Ville d'Azot, pour y annoncer l'Evangile, peint en 1663, par *Thomas Blanchet*, & donné par *Guillaume Maurice* & *Isaac Trouvé*.

2. Un homme né boiteux, demandant l'aumône à la porte du Temple, s'adresse à S. Pierre & à S. Jean. Le Prince des Apôtres lui répond : je n'ai ni or, ni argent, mais ce que je possède, je te le donne ; au nom de J. C. leve-toi & marche ; le boiteux fut guéri à l'instant, peint en 1703, par *Denis Sylvestre*, & donné, &c.

3. S. Pierre gardé dans la prison, où le Roi Hérode l'avoit fait mettre la veille du jour où il devoit être conduit au supplice. Pendant que cet Apôtre enchaîné dormoit entre deux Gardes, l'Ange du Seigneur parut pour le délivrer : ce lieu est rempli de la lumiere céleste, peint en 1679, par *Jean-Baptiste Corneille*, gravé par

Picard le Romain, & donné par *Charles Maſſe* & *Jean-Baptiſte Crevon*.

4. Le départ de S. Paul de l'Egliſe de Milet pour Jéruſalem ; avant de s'embarquer il embraſſe avec tendreſſe les Fidéles qui pleuroient de le voir partir, peint en 1705, par *Galloche*, & donné, &c.

5. Le Martyre de S. Simon en Perſe ; les Bourreaux l'étendent ſur un banc, pour le ſcier ; l'un d'eux accommode une ſcie, tandis que l'Apôtre leve les yeux & les mains au Ciel, d'où il enviſage la couronne céleſte du Martyre, peint en 1648, par *Louis Boulogne* le pere, & donné par *Philippe Pijart* & *Louis le Blond*.

6. Le Martyre de S. Jean l'Evangéliſte ; on le voit ſuſpendu pour être jetté dans une chaudiere d'huile bouillante, près la Porte Latine de Rome, peint en 1662, par *Claude Hallé* le pere, gravé par *Coſſin*, & donné par *Charles Hainault*, & *Jean-François Breteau*.

7. Jeſus-Chriſt apparoiſſant à Saint Pierre à une des portes de Rome ; l'Apôtre lui demanda où il alloit ; le Seigneur lui répondit qu'il alloit à

Rome pour y être crucifié une seconde fois ; peint en 1664, par *Jerôme de Sourlat*, gravé par *Bosse*, & donné par *Jacques Bouillet* & *Antoine Turpin*.

8. S. Pierre qui ressuscite la veuve Tabith ; peint en 1652, par *Louis Testelin*, gravé par *Bosse*, & donné par *Joachim Murier* & *Pierre Barbier*.

9. S. Paul, par la force de ses prédications, oblige les Gentils à brûler leurs Livres de magie, dont ils faisoient usage : peint en 1649, par *Eustache le Sueur*, gravé par *Etienne Picart le Romain* ; & donné par *Philippe* & *Régnault Gilles Crevon*. Ce Tableau passe pour un des plus beaux de cette Eglise.

En tournant dans la croisée, du côté de l'Archevêché.

1. Vis-à-vis la Chapelle de la Vierge, le Vœu de Louis XIII, représenté par une Notre-Dame de Pitié ; on voit la Vierge au pied de la Croix, & le corps mort de son fils étendu devant elle : le Roi est à genoux, vêtu de ses habits royaux, & présente sa couronne à la Vierge, pour mar-

quer qu'il met sa personne & son royaume sous sa protection, peint en 1638, par *Philippe Champagne*.

De suite sur la même hauteur.

2. SAINT André à genoux devant sa Croix, tressaillant de joie à la vue de son supplice, peint en 1670, par *Blanchard* le jeune, & donné par *François Garnier* & *François le Noble*.

3. La Décollation de S. Paul dans la Ville de Rome, peint en 1657, par *Louis Boulogne*, gravé par *Jean Langlois*, & donné par *Claude Crochet* & *François Jacob*.

4. La Femme affligée du flux de sang pendant douze ans, à qui Jesus-Christ se retournant dit : Votre foi vous a guérie, peint en 1706 par *Cases*, donné, &c.

5. S. Paul lapidé à Lystre, Ville de Licaonie, où il avoit fait plusieurs miracles : le croyant mort, il fut traîné hors la Ville, peint en 1667, par *Jean-Baptiste Champagne*, gravé par *Coffin*, & donné par *Daniel de Cleves*, & *Joseph Breteau*.

Au dessus de la Chapelle.

6. Un Vœu représentant une sainte Famille, auprès de laquelle on voit S. Antoine, & au-dessus une gloire d'Anges. Ce Tableau, qui est orné d'une bordure ceintrée & dorée, a été peint en 1684, par *Antoine Paillet*; on croit que ce Peintre en a fait présent, à la place de celui qui n'a pas été donné cette année-là.

Plus bas à côté de cette Chapelle, & de suite.

7. Saint Paul & Sylas, flagellés dans la Ville de Philippe en Macédoine, par ordre des Magistrats, peint en 1655, par *Testlin*, & donné par *François Robelay* & *Louis de Pluvier*.

8. Le Martyre de S. Etienne, qui plein de graces & de forces, lorsqu'on le lapidoit, invoquoit J. C., disant : Seigneur, ne leur imputez point ce péché, peint en 1651, par *le Brun*, gravé par *Gérard Audran*, & donné par *Jean Crochet* & *Nicolas de Laizer*.

9. Le Martyre de S. André dans la Ville de Satras, peint par *le Brun*, cinq ans après son retour de Rome, afin de se faire connoître, gravé par *Etienne Picart*, & donné par *Nicolas Boucher* & *Simon Grouard*.

En recommençant par le bas de la Nef à gauche.

1. La Résurrection de la fille de Jaïre, Chef de la Synagogue, à qui J. C. dit : Ma fille, levez-vous, je vous le commande, & aussi-tôt elle se leva : peint en 1689, par *Guy de Vernansal*, & donné par *Louis Ponné*, & *Charles-Antoine l'Agneau*.

2. Le Roi Hérode ayant donné, par complaisance, la tête de Saint Jean-Baptiste à Hérodiade, fille de la femme de son frere, qu'il aimoit, on la présente dans un bassin à ce Roi, pendant qu'il est à table, peint en 1690, par *Louis Cheron*, & donné par *Mathias de la Fosse* & *Ambroise Gaudin*.

3. Notre-Seigneur rendant visite à Marthe, sa sœur Marie Magdelaine, est aux pieds du Sauveur, & écoute avec attention sa sainte parole :

le Peintre a saisi l'instant où Marthe vient dire à Jesus Christ : Seigneur ne considérez-vous point ma sœur qui me laisse servir toute seule, dites-lui donc qu'elle m'aide, peint en 1704, par *Claude Sympole*, & donné, &c.

4. La Multiplication des cinq Pains & des deux Poissons ; J. C. ayant béni les cinq Pains & les deux Poissons, les rompit, & les fit distribuer par ses Disciples à cinq mille personnes, qui tous en mangerent & en furent rassasiés. Ce Miracle est très-bien représenté dans ce Tableau, peint en 1696, par *Jean Christophe*, & donné par *Pierre le Roi* & *Charles Gerard*.

5. La Vocation de S. Pierre & de S. André, qui quittent leurs filets pour suivre le Seigneur, peint en 1672, par *Michel Corneille*, & donné par *Etienne le Bret* & *Claude de Paris*.

6. Le Seigneur chassant les Marchands hors du Temple, en leur disant que la Maison de son Pere est une Maison de prieres, & qu'on ne devoit pas la traiter comme une caverne de Voleurs : cette action de

de l'Eglise de Paris. 113

zèle est très-bien exprimée dans ce Tableau, peint en 1687, par *Claude Hallé*, & donné par *Jacques Trouvé* & *Jean Vattin*.

7. Le Seigneur entrant dans la Ville de Nazareth guérit un Paralytique, qui lui fut présenté, couché dans un lit : J. C. lui dit, levez-vous, emportez votre lit, & retournez à votre maison; le Paralytique s'étant levé, s'en alla chez lui : la guérison de l'ame est fort bien rendue dans ce Tableau, peint en 1673, par *Jean Jouvenet* le pere, gravé par *Vermeulen*, & donné par *François de la Fosse* & *Pierre Duhamel*.

8. L'entretien du Seigneur avec la Samaritaine, qui étoit à puiser de l'eau au Puits de Jacob, où le Sauveur se reposoit; elle crut en lui, peint en 1695, par *Louis Boulogne*, & donné par *Adrien Poly* & *Louis Dumont*.

9. Le Centenier prosterné aux pieds du Seigneur pour lui demander la guérison de son serviteur, qui étoit paralytique, & qui fut guéri en faveur de sa véritable foi & de son humilité; peint en 1686, par *Louis Boulogne* le jeune; & donné par

Denis-Germain Godin & Pierre Anceaux.

10. Le Seigneur guérit un Paralytique, qui depuis 38 ans étoit au bord de la Piscine, où celui qui y entroit le premier, après que l'eau avoit été remuée, étoit guéri. J. C. lui ayant demandé s'il vouloit être guéri, lui dit, levez-vous & marchez; peint en 1678, par *Boulogne*, gravé par *Jean Langlois*, & donné par *François de Villert* & *Laurent Pillard*.

En tournant dans la Croisée, du côté du Cloître, vis-à-vis la Chapelle de Saint Denis.

1. LA Descente du S. Esprit sur les Apôtres. Ce Tableau est un des plus beaux & des plus estimé de cette Eglise; il a été peint en 1634, par *Jacques Blanchard*, gravé par *Regnesson*, & donné par *Antoine Crochet* & *Claude Bosnel*.

2. Le Martyre de S. Barthélemy, qui fut échorché vif dans la grande Arménie, & décolé par les ordres du Roi Astiages, peint en 1660, par *Paillet*, & donné par *Pierre Marcades* & *Nicolas Petit*.

3. S. Jacques le Majeur, fils de Zebedée, & frere de S. Jean l'Evangeliste, ayant guéri un Paralytique, est conduit au Martyre avec celui qui l'avoit accusé, qui, touché de repentir, confessa qu'il étoit Chrétien, & pria S. Jacques de lui pardonner; l'Apôtre s'arrêta & lui dit, la paix soit avec vous : & l'embrassa. peint en 1661, par *Noël Coypel* le pere, & donné par *Jean Picard*, & *François le Bret*.

4. La Prédication de S. Pierre dans la Ville de Jérusalem : peint en 1642, par *Charles Poërson* le pere, & donné par *Pierre le Bastier* & *François le Quint*.

5. S. Paul convertit à Paphos le Proconsul Sergius Paulus, & dit à un Juif, nommé par Barjesu, faux Prophéte, qui voulez empêcher le Proconsul d'embrasser la foi de Jesus-Christ ; vous allez devenir aveugle. A l'instant ses yeux s'obscurcirent, de façon qu'il fut obligé de prendre quelqu'un pour se faire conduire, peint en 1650, par *Nicolas Loir*, & donné par *Thomas Garnier* & *Pierre de la Fosse*.

Au-dessus de la Chapelle.

6. LE Parlement assemblé pour juger un Procès de conséquence, au-dessus duquel est une gloire céleste, où S. Yves paroît intercéder le Seigneur pour l'heureux succès de cette affaire : ce Tableau, qui est un vœu de M. le Marquis de Locmaria, ancienne famille de Bretagne, mort Lieutenant-Général des Armées du Roi, a été peint en 1697, par *le Monier*, & est orné d'une bordure ceintrée & dorée.

A côté de la Chapelle.

7. LE Martyre de S. Pierre, qui a été crucifié, la tête en bas, dans la Ville de Rome, peint en 1643, par *Sebastien Bourdon*, & donné par *Pasquier Charpentier*, & *Honoré du Melin*. Ce Tableau est très-estimé.

De l'autre côté.

8. LA Conversion de S. Paul, grand Persécuteur des Chrétiens, peint en 1637, par *Laurent de la Hyre*,

gravé par lui-même, & donné par *François Hainault* & *Antoine de la Fosse*.

9. S. Paul ayant guéri en un instant un homme né boiteux, dans la Ville de Lystre, en présence des Habitans qui l'écoutoient, ils le prirent pour Mercure, parce qu'il portoit la parole, & S. Barnabé, qui étoit avec lui pour Jupiter : en conséquence, ils amenerent des Taureaux pour les leur sacrifier ; mais les deux Apôtres, voyant leur idolâtrie, leur crierent, mes amis, que voulez-vous faire ? Nous ne sommes que des hommes comme vous ; nous vous demandons de vous convertir de ces vaines superstitions, & d'adorer un seul Dieu vivant, qui a fait le Ciel & la Terre. Ce Tableau a été peint en 1644, par *Michel Corneille* le pere, gravé par *François de Poilly*, donné par *Jean de Rosnel* & *François le Maître*.

Dans les bas côtés de la Nef à droite.

1. l'Apparition de Notre-Seigneur aux saintes femmes, peint en 1697, par *Marot*, & donné par *Gilles Anseau* & *Jean Goujon*.

De l'autre côté à gauche.

2. LES fils d'un Juif, Prince des Prêtres, nommé Sceva, alloient de Ville en Ville exorciser ceux qui étoient possédés du Démon, en leur disant, nous vous conjurons par J. C. que Paul prêche. Le malin Esprit leur répondit un jour, je connois J. C., & je sçais qui est Paul ; mais vous, qui êtes-vous ? A l'instant l'homme possédé se jetta sur les Exorcistes, & les traita si mal, qu'ils furent contraints de fuir de la maison, nuds & blessés : peint en 1702, par *Mathieu Elie*, & donné, &c.

Sur les bas côtés du Chœur, du côté de l'Archevêché.

1. L'ADORATION des trois Rois; peint en 1698, par *Vivien*, & donné par *Antoine l'Agneau* & *Antoine Maginet*.

2. La Décolation de S. Jean-Baptiste ; son corps est enlevé par ses Disciples, & la tête par la fille d'Hérodiade, pour la présenter au Roi

Hérode, de qui elle étoit aimée : peint en 1674, par *Audran*, & donné par *Alexis Loir* & *Charles Duhamel*.

3. Le Repentir de S. Pierre ; Notre Seigneur le regardant, l'Apôtre se ressouvint de ce que J. C. lui avoit prédit, & pleura amérement sa faute, peint en 1699, par *Tavernier*, & donné par *Jean-André Picard* & *Henri Cain*.

4. S. Paul défendant sa cause devant le Roi Agrippa, & la Reine Bérénice, leur souhaite à tous deux le bonheur d'être éclairés comme lui des lumieres de l'Evangile, peint en 1656, par *Villequin*, & donné par *Jean Balaruc* & *Antoine Turpin*.

En tournant du côté du Cloître.

5. Le Prophéte Agabus, inspiré du Saint-Esprit, prédit à S. Paul ce qu'il doit souffrir pour le nom de J. C. à Jérusalem : peint en 1688, par *Cheron*, & donné par *Nicolas de Laize* & *Antoine l'Agneau*.

6. S. Jean-Baptiste dans le Désert, prêchant au Peuple : peint en 1694, par *Parocel* le pere, & donné par

François Regnard & Jean Gaillard.

7. La Résurrection d'Eutique par S. Paul dans la Ville de Troade : cet Eutique s'étant endormi sur une fenêtre pendant que S. Paul prêchoit, tomba & mourut de sa chûte ; peint en 1707, par *Courtin*. C'est le dernier Tableau que les Orphévres ont donné.

Le Chapitre de cette Eglise a fait faire en 1731, une réparation qui a infiniment plû aux Curieux. C'est le nétoyement & la restauration de tous ces Tableaux que le tems & la poussiere avoient fort obscurcis & maltraités. *Achille René Grégoire*, Peintre & Eleve du sieur *Restoux*, par un secret particulier à lui connu, les a non-seulement nettoyés, mais même les a rétabli dans leur ancien & premier éclat, & cela sans aucune altération de sa part. C'est le témoignage qu'en ont rendu *Louis Boulogne*, premier Peintre du Roi, *Vancleve*, *Nicolas Coustoux*, Sculpteurs, *Nicolas de l'Argilliere*, Peintre, *Guillaume Coustoux*, Sculpteur, *Claude Hallé*, Peintre, & *Hyacinthe Rigaud*, Peintre ; par leur certificat du 9 Juin de l'année 1732. Depuis ce tems le Chapitre

pitre a grand soin de faire bien entretenir tous les Tableaux de l'Eglise, qui sont presque tous d'une beauté admirable.

DES CHAPELLES.

ON comptoit autrefois quarante-cinq Chapelles; mais il n'en reste plus que trente-une, depuis que plusieurs ont été réunies en une, & d'autres supprimées dans la Croisée pour l'embellissement de cette Eglise. La plûpart renferment des Figures & des Tombeaux remarquables, ainsi que plusieurs beaux Tableaux : on y remarque aussi plusieurs petits Tableaux peints sur des Panneaux encadrés dans des lambris, dont une partie est très-estimée, & mérite l'attention des Connoisseurs, ayant été peints par de très-habiles Maîtres.

La premiere est celle de la Vierge, & la seconde, celle de S. Denis; ces deux Chapelles sont adossées au Jubé, & font face à la Nef, & accompagnent la principale Porte du Chœur; elles ont été rétablies à neuf en 1726,

F

aux dépens du Cardinal de Noailles, Archevêque de Paris : celle de la Vierge fut fondée en 1303, par *Jean le Moine*, Chanoine, elle étoit desservie par un Chapelain qui en tiroit plus de deux mille livres de revenu par an ; mais le Cardinal de Noailles l'a réunie au Chœur, pour augmenter les appointemens des Musiciens de cette Cathédrale, qui ne sont point Prêtres. Cet illustre Prélat, qui la fit décorer avec tant de magnificence, fit la cérémonie d'en bénir l'Autel le 6 Mai 1719.

L'Autel de cette Chapelle est de marbre de Gruotte d'Italie, & taillée en forme de Tombeau ; le milieu est orné d'un Cartouche qui contient le chiffre de la Vierge ; les Pans ou Encoignures sont enrichis de Consoles de bronze, dorées d'or moulu : l'Autel est couvert d'un gradin qui porte un Tabernacle de bronze, d'un dessein & d'une exécution très-légers ; au-dessus est élevée sur des nuées la figure de la Vierge, enfoncée dans une niche platte ; cette figure qui a cinq pieds & demi de haut, est de marbre blanc : elle tient entre ses bras son fils Jésus, & paroît attentive aux prieres du Peuple : le tout renfermé entre deux grouppes de colonnes Corinthiennes, entre lesquelles il y a de chaque côté une Torchere de bronze à trois branches, dans lesquels on met des Cierges qui sont allumés depuis la Station du matin jusqu'à la derniere Messe, tous les Samedis, les Dimanches & les Fêtes.

Les arrieres-corps sont composés de deux Pilastres chacun, & renferment des bas-reliefs de métail doré, qui représentent l'Annonciation & la Visitation : l'entablement forme une Corniche architravée, accompagnée de consoles qui tiennent lieu de modillons. Du milieu de cette Corniche s'élevent quatre grandes Consoles qui forment une espéce de Baldaquin, avec des Anges grouppés qui tiennent dans leurs mains des palmes, des lys & des couronnes : sur l'Attique sont des grouppes d'enfans tenans des Cartouches qui portent les attributs de la Vierge : cette Attique est terminée par différens ornemens, & deux grandes Torcheres fort bien dorées : toute cette Sculpture est d'*Antoine Vassé*, & a été exécutée en 1721.

Au bas de cette Chapelle est inhumé dans un Caveau LOUIS-ANTOINE, Cardinal DE NOAILLES, mort le 4 Mai 1729 : on lit ces mots sur une Tombe de marbre noir, qui est vis-à-vis cette Chapelle.

Ad pedes DEI-PARÆ,
Quam semper religiosè coluerat,
Hìc jacet,
Ut testamento jussit,
LUDOVICUS-ANTONIUS DE NOAILLES,
S. R. E. *Cardinalis, Archiepiscopus Parisiensis,*
Dux S. Clodoaldi, Par Franciæ,
Regii Ordinis S. Spiritûs Commendator,
Provisor Sorbonæ, ac Regiæ Navarræ Superior.
Commissi sibi Gregis sollicitudine Pastor,
Charitate Pater,
Moribus, formâ
Domui suæ benè præpositus,
Domûs Domini zelo accensus,
In oratione assiduus, in labore indefessus,
In cultu modestus, in victu simplex,
Sibi parcus, in cæteros sanctè prodigus,
A teneris ad senium æqualis, idemque,
Semper pius, prudens, mitis, pacificus,
Vitam transegit benefaciendo,
Ecclesiam Parisiensem
Annis XXXIV.
Rexit, dilexit, excoluit, ornavit:

Ejus beneficientiam homines si taceant,
Hujus Basilicæ lapides clamabunt:
Obiit, plenus dierum, omnibus flebilis,
Die Maii 4, anno Domini 1729.
Ætatis 78.

Viro misericordi
Divinam misericordiam adprecare.

Ici repose aux pieds de l'Autel de la Sainte Vierge, qu'il a toujours honoré très-dévotement, & ainsi qu'il l'a ordonné par son Testament, LOUIS-ANTOINE DE NOAILLES, Cardinal de la Sainte Eglise Romaine, Archevêque de Paris, Duc de S. Cloud, Pair de France, Commandeur de l'Ordre du Saint-Esprit, Proviseur de Sorbonne, & Supérieur de la Maison Royale de Navarre. Il signala sa sollicitude pastorale envers le Troupeau qui lui avoit été confié, & il en devint le pere par sa charité : la pureté de ses mœurs équivaloit à la noblesse de son extérieur ; il gouverna sa maison en bon pere de famille ; brûlant de zèle pour la maison du Seigneur, il prioit avec assiduité : il étoit infatigable dans le travail, modeste dans ses vêtemens, frugal dans sa nourriture, dur à lui-même ; saintement prodigue envers les autres, toujours égal depuis sa tendre jeunesse jusqu'à une vieillesse avancée : toujours pieux, prudent, doux, pacifique, il compta ses jours par ses bienfaits : il gouverna l'Eglise de Paris pendant trente-quatre ans, & il ne cessa de l'aimer, de la décorer & de l'orner. Si les hommes refusoient de rendre justice à sa générosité, les pierres de cette Eglise parleroient : il mourut plein de jours, regretté de tout le monde, le 4 Mai 1729, âgé de 78 ans.

Implorez la Miséricorde divine en faveur d'un homme si miséricordieux.

Au-dessus de cette Tombe est suspendue une très-belle branche d'argent, où sont attachées sept lampes aussi d'argent, dont six ont été données par Louis XIV, & Marie-Thérèse d'Autriche son épouse, & la septiéme qui est au milieu, pésant vingt marcs, & faite en forme de Navire, est un don de la Ville de Paris, fait en 1605, par le Président Myron, alors Prévôt des Marchands, à la place d'un Vœu que la Ville avoit fait le 14 Août 1357, à la Sainte Vierge, pour cause de grands froids, & en même-tems pour la délivrance du Roi Jean, alors détenu en Angleterre ; ce Vœu consistoit en une bougie roulée, aussi longue que l'enceinte de la Ville de Paris ; qui se renouvelloit chaque année ; mais qui avoit été suspendu du tems de la guerre de la Ligue, pendant 25 à 30 ans. Depuis la Ville de Paris entretient le Luminaire de la Lampe du milieu, qui brûle continuellement nuit & jour devant la Chapelle de la Vierge : la branche d'argent s'étant trouvée trop foible pour soutenir le poids des sept lampes, a été refondue & augmentée de soixante marcs, aux dépens du Chapitre. C'est le fameux *Ballin*, Orfévre, qui l'a faite telle qu'on la voit aujourd'hui, en 1734.

2. La Chapelle de S. Denis, qui est à la gauche de la porte du Chœur, fait symétrie avec celle de la Vierge ; elle est également magnifique & dans le même goût. La figure de marbre, qui représente S. Denis, & toute la sculpture de cette Chapelle, a été exécutée par *Coustoux* l'aîné : Saint Denis tient un Rouleau, sur lequel est écrit : *Filioli mei quos iterùm parturio, donec formetur Christus in vobis.* Ch. iv. Verset 19, aux Galates. *Mes petits Enfans pour qui je sens de nou-*

veau les douleurs de l'enfantement, jusqu'à ce que J. C. soit formé en vous.

C'est sur cet Autel que tous ceux qui ont reçu le Bonnet de Docteur en Théologie de la main du Chancelier de cette Eglise & de l'Université de Paris, viennent prêter serment sur l'Evangile, qu'ils défendront la vérité de cette divine Doctrine, jusqu'à l'effusion de leur sang.

C'est aussi sur cet Autel que les Chapelains de l'Eglise de Paris, prêtent le serment accoutumé avant que de prendre possession.

Cet Autel a été consacré le Mercredi 20 Mai 1722, par M. le Cardinal de Noailles, il a célébré le même jour la Messe, pour la premiere fois, sur cet Autel, & on a mis dessous l'Autel quatre Châsses de plomb doré; la premiere contenant plusieurs ossemens de S. Justin, & de plusieurs autres Martyrs.

La seconde, plusieurs ossemens des Saintes Vierges, Martyres de Cologne, compagnes de Sainte Ursule.

La troisiéme, le Corps de S. Severin, Solitaire.

Et la quatriéme le Corps de Saint

Gendulphe, excepté le Chef qui se conserve au Trésor.

On voit ces Châsses à travers une grille de fer, qui est au-dessous de la table d'Autel, & on y lit ces mots:

Sur la premiere, *Sancti Justini, Martyris.*

Sur la seconde, *Sanctarum Virginum Martyrum Colonensium.*

Sur la troisiéme, *Sancti Severini.*

Sur la quatriéme, *Sancti Gendulfi.*

Et derriere une de ces Châsses est gravé sur une plaque de cuivre:

Hæ quatuor Capsæ plumbeæ continent ossa SS. quæ erant in Capsis ligneis, pone vetus Altare Ardentium, & ab Eminentissimo DD. Ludovico-Antonio de Noailles, *Archiepiscopo Parisiensi, & S. R. E. Presbytero Cardinali, visitatæ sunt, & subtus hoc Altare SS. Martyrum de novo ab ipso constructo reposita sunt, præsentibus à Capitulo deputatis,* DD. Antonio Dorsanne, *Cantore & Canonico Parisiensi,* Francisco-Philippo Morel, *Archidiacono Briæ,* & Armando-Victore Guichon, *Canonico Parisiensi, mense Octobris* M.D.C.C.XXI.

Ces quatre Châsses de plomb contiennent les ossemens des Saints qui étoient dans des Châsses de bois, derriere l'ancien Autel des Ardens, & qui ont été visitées par *Louis-Antoine de Noailles*, Archevêque de Paris, & Cardinal Prêtre de la Sainte Eglise Romaine, & placées dessous cet Autel des Saints Martyrs, qui vient d'être reconstruit à neuf, en présence de MM. *Antoine Dorsanne*, Chantre & Chanoine de l'Eglise de Paris, *François-Philippe Morel*, Archidiacre de Brie, & *Armand-Victor Guichon*, Chanoine de l'Eglise de Paris, Députés par le Chapitre le premier du mois d'Octobre 1721.

Entre ces quatre Châsses est une petite Boëte scellée des deux côtés aux Armes de M. le Cardinal de Noailles, dans laquelle est renfermée le Procès-verbal de la Translation des Reliques.

C'est M. le Cardinal de Noailles qui a fait décorer à ses frais & dépens cette Chapelle de S. Denis, telle qu'on la voit aujourd'hui.

Les Chapelles des bas côtés, en entrant à droite.

3. LA Chapelle de Sainte Anne doit une partie de son embellissement à la Reine Anne d'Autriche, & l'autre, au Corps des Marchands Orfévres de Paris, qui y ont eu leur Confrairie, sous les noms de Sainte Anne & de Saint Marcel, jusqu'en 1708. Cette Chapelle est décorée de Peintures assez estimées : on voit au haut de la voute quatre Prophêtes ; & au-dessus de l'Autel le Prophéte Isaïe tenant cette Sentence : *Ecce Virgo concipiet & pariet filium, & vocabitur nomen ejus Emmanuel :* c'est-à-dire, *Une Vierge concevra & enfantera un fils, qui sera appellé Emmanuel.* Au-dessus du Vitrage, le Prophéte David, avec cette Sentence : *De fructu ventris tui ponam super Sedem tuam.* Pf. cxxxj. *J'établirai sur votre Trône le fruit de votre ventre.* Devant la Chapelle, le Prophéte Jérémie avec ces mots : *Creavit Dominus novum super terram, Fœmina circumdabit virum,* Jérémie, Ch. xxxj. *Le Seigneur a créé sur la terre un nou-*

veau prodige, une femme environnera un homme. Vis-à-vis la croisée, le Roi Salomon, avec ces mots : *Dilectus meus in Hortum suum*, Cant. v. *Mon Bien-aimé viendra dans son Jardin.* Le Tableau représente Sainte Anne & la Sainte Vierge sa fille, devant le Temple ; peint en 1640, par *Vouet.*

Les Panneaux de la Menuiserie qui sont peints par *Vignon* & *l'Allemand*, en 1625, représentent la vie de la Sainte Vierge.

Le premier, à droite de l'Autel, représente Sainte Anne & Saint Joachim.

Le second, la Naissance de la Vierge.

Le troisiéme, la Présentation.

Le quatriéme, l'Annonciation.

Le cinquiéme, la Pêche miraculeuse.

Le sixiéme, l'Ascension.

Le septiéme, le Saint-Esprit qui descend sur les Apôtres.

Le huitiéme, S. Eloy.

Le neuviéme, S. Marcel.

Vis-à-vis l'Autel sont, depuis le haut de la voute jusqu'en bas, des Tableaux.

Immédiatement au-dessus des Panneaux de Menuiserie, est dans le milieu un Tableau représentant la Présentation de la Sainte Vierge au Temple : à droite sont les Pélerins d'Emmaüs, à gauche N. S. qui apparoît à S. Thomas.

Ensuite au-dessus à droite, les Nôces de Cana, & de l'autre, N. S. élevé en Croix.

Au-dessus de la Corniche, dans le milieu, il y a deux Tableaux ; l'un représente la Fuite en Egypte, & au-dessus N. S. adoré par des Anges. A droite est la Visitation de la Sainte Vierge, & au-dessus l'Adoration des Mages.

A gauche, la Présentation au Temple, & au-dessus l'Adoration des Bergers.

Le devant d'Autel représente les Pélerins d'Emmaüs.

Aux deux côtés de la porte de la Chapelle Sainte Anne, sont les deux Inscriptions suivantes : A droite,

D. O. M.

PAR plusieurs Contrats de fondation passés chez *Chaseret* & ses Confreres, Notaires à Paris, l'un entr'autres du 14 Octobre 1596, entre Me. *Adrien Perignon*, Prêtre, Chanoine de S. Jacques-de-l'Hôpital, les sieurs Curés, Marguilliers & Paroissiens de l'Eglise S. Christophe, apert lesdits sieurs *Perignon*, avoir fondé entre autres choses en ladite Eglise S. Christophe, une Chapelle en titre de Bénéfice perpétuel, sous le nom de *Notre-Dame*, pour être dite à perpétuité une Messe basse chacun jour de l'année, avec la faculté audit sieur *Perignon*, & à ceux de sa famille de nommer le Chapelain, & autres conditions, le tout approuvé & consenti par Messieurs de l'Eglise de Paris. Depuis Dame *Pousson*, veuve de M. *de Villevau*, Conseiller du Roi, Contrôleur-Général des Gabelles, de la famille dudit sieur *Perignon*, voyant que le Service de ladite Chapelle étoit diminué, auroit par son Testament du 5 d'Août 1662, passé pardevant *Buon* & son Confrere Notaires, legué à ladite Eglise 60 livres de rente pour la fondation d'une Messe basse par chacune semaine de l'année, qui seroit dite par le Chapelain de la susdite Chapelle, à condition que la nomination dudit Chapelain en appartiendroit à M. de *Villevaut* son fils, Conseiller au Parlement, qui avec M. *Frezon*, Avocat au Parlement, fils de M. *Frezon*, aussi Conseiller au Parlement, & de Dame Marguerite de *Villevaut*, fille & légataire universelle de ladite

Pouſon, & Meſſieurs les Curés, Marguilliers & Paroiſſiens de ladite Egliſe, auroit paſſé contrat pardevant *Lévêque* & *Gernieu*, Notaires, le trentiéme Mai ſeize cent quatre-vingt-quinze, par lequel ledit ſieur *Frezon*, comme héritier de ſes pere & mere, eſt obligé de payer à ladite Fabrique leſdites ſoixante livres de rente par chaque an, léguées par ladite Dame *Pouſon*, & outre leur a été payé comptant la ſomme de deux mille livres; en conſidération de tout ce que deſſus leſdits ſieurs Curés & Marguilliers, & Paroiſſiens, tant pour eux que pour leurs ſucceſſeurs, ſe ſont obligés de faire dire par les Chapelains de la ſuſdite Chapelle *Notre-Dame*, une Meſſe à perpétuité le Lundi de chaque ſemaine de l'année, & deux autres les Mardi & Mercredi de la premiere ſemaine de chaque mois, outre & par-deſſus la fondation dudit ſieur *Perignon*, & ſont convenues que la nomination & préſentation dudit Chapelain appartiendra audit ſieur de *Villevaut*, Conſeiller au Parlement, & autre, conformément audit contrat du vingtiéme Mai 1695, le tout ſous le bon plaiſir de Meſſieurs de l'Egliſe de Paris, qui depuis l'auroient approuvé & eu pour agréable ledit Contrat, & ſuivant le Décret de meſdits ſieurs du premier Juillet 1695, *ſigné* MOIREAU.

Requieſcant in pace.

A gauche,

Les Vénérables Chanoines de S. Denis-du-Pas, en l'Eglise de Paris, sont tenus à perpétuité dire & célébrer à l'intention & pour le salut de l'ame de défunt vénérable & discrete personne Me. *Noël le Camus*, vivant Prêtre, Chanoine dudit S. Denis-du-Pas, duquel le corps gît & repose en cette Chapelle Sainte Anne, par chacun an, incontinent après la Messe du Chœur de l'Eglise de Paris, un *Obit* à trois Leçons, une haute Messe de *Requiem* en musique, les Oraisons *Deus Indulgentiarum, pro Sacerdote, Deus qui nos Patrem & Matrem, &c. & Fidelium*, & à l'issue de ladite Messe un *Libera* en plein-chant tout du long, & un *De profundis* en faux bourdon, le tout en cette Chapelle de Sainte Anne, & appelleront avec eux les deux Chanoines de S. Aignan, l'un desquels dira la Messe, & à leur défaut un des Prêtres dudit S. Denis, avec Diacre & Sousdiacre, & Chapiers dudit S. Denis, & aussi les deux Grands Vicaires de S. Aignan, les Curés & Chanoines de S. Jean-le-Rond, le Chapelain de Sainte Catherine ; le Maître & Enfans de Chœur, neuf Chantres non Bénéficiers ; sçavoir, trois Hautes-Contre, trois Tailles, trois Basses-Contre habitués, & de fournir les ornemens nécessaires, quatre Cierges sur l'Autel, Pulpitre, Banques pour asseoir les gens de l'Eglise, le tout moyennant vingt-cinq livres de rente, que ledit *Camus* a donné & transporté auxdits sieurs de S. Denis-du-Pas, à prendre selon & ainsi qu'il est plus au long déclaré dans le Contrat de ladite fondation, passé pardevant *Chauvin* & *Nicolas le Noir*, Notaires au Châtelet de Paris, le dix-huit Juillet 1613, le tout par la permission de Messieurs du Chapitre de l'Eglise de Paris; plus les Chanoines de S. Denis-du-Pas, chacun à leur tour, s'ils sont Prêtres, sont tenus de dire en cette Chapelle tous les Vendredis, après la Messe du Chœur, une Messe basse de *Requiem*, & les Oraisons comme dessus, *De profundis* pour ses parens & amis trépassés, jetter de l'Eau bénite sur la Fosse dudit *Camus*, & fourniront luminaires & ornemens, & à leur défaut Messieurs les Curés & Chanoines de S. Jean-le-Rond, prendront la recette & feront les mêmes charges, & au cas pareil retournera ainsi par défaut de l'un à l'autre; & s'il arrive une Fête, l'on dira la Messe d'icelle, avec mémoire de la fondation, & pour ce ledit *Camus* leur a laissé 25 livres de rente, par Contrat passé par lesdits Notaires le 15 Juillet 1614, lequel trépassa l'an 1614, le 16 Octobre.

4. La Chapelle de S. Barthelemy & de S. Vincent, ou autrement la Chapelle des Chapelains de l'ancienne Communauté. Le Tableau de l'Autel repréſente le Martyre de cet Apôtre, que les Bourreaux échorchent tout vif. Ce Tableau eſt très-eſtimé des Connoiſſeurs, & l'un des plus beaux que *Beaujin* ait peint; celui qui eſt vis-à-vis l'Autel, repréſente Notre-Seigneur prêchant ſur la Montagne, peint en 1685, par *Perſon* le fils, & donné par *Jean Vivant & François Pierre*.

Les Panneaux de la Menuiſerie repréſentent la vie de la Sainte Vierge & différentes vûes de N. D. de Lorette.

Le premier, à droite de l'Autel, repréſente la Nativité de la Sainte Vierge.

Le ſecond, ſa Préſentation au Temple.

Le troiſiéme, l'Annonciation.

Le quatriéme, le Mariage de la Sainte Vierge.

Le cinquiéme, la Naiſſance de Notre Seigneur.

Le ſixiéme, la Purification de la Sainte Vierge.

Le septiéme, sa Mort.

Le huitiéme, son Assomption.

Le neuviéme, la premiere Translation de l'Eglise de Notre-Dame de Lorette.

Le dixiéme, la triple Translation de ladite Eglise.

Le onziéme, deux Pélerins qui vont à Notre-Dame de Lorette.

Le douzieme, la magnifique Eglise de Notre-Dame de Lorette vue à l'extérieur.

Le treiziéme, l'intérieur de ladite Eglise.

Le Gradin de l'Autel représente dans le Cartouche du milieu le Repas du Pharisien dont Notre Seigneur fut prié, & la Magdelaine qui se jette à ses genoux. A droite, dans un autre Cartouche, les Pélerins d'Emmaüs, & ensuite la Cene; de l'autre côté, la Bénédiction des Pains & des Poissons, & ensuite les Nôces de Cana. Le devant d'Autel représente les Pains de Proposition. Tous ces petits Tableaux sont d'un coloris admirable, & très-estimés. Cette Chapelle a été réparée à neuf en 1751.

C'est dans cette Chapelle que les Chapelains de l'ancienne Communauté s'aſſemblent tous les Vendredis & Samedis de l'année à ſept heures du matin pour y pſalmodier l'Office des Morts, pendant qu'un d'entr'eux dit une Meſſe baſſe, laquelle étant finie on en dit encore une ſeconde.

Dans le milieu de cette Chapelle eſt une Tombe de marbre noir ſur laquelle on lit cette Inſcription.

ANTONIUS DE VERTHAMON, Franciſci in Parlamento Senatoris filius, Presbyter, Canonicus Pariſienſis, Archidiaconus Joſaſſenſis, Regis in ſacro Conſiſtorio, & in Camara Parlamenti Conſiliarius, vir pietate, modeſtiâ, vitâ innocentiâ, divini atque humani Juriſperitiâ, integritate inſignis, quam humilitate Chriſtianâ inter Capellanos hujus Eccleſiæ Sepulturam enixè Teſtamento expopoſceret, antè hoc Altare antiqua, ut vocant Communitatis, quantumne illius voto detraheretur, fieri honorificè potuit, accepit, pro cujus animæ ſalute Eccleſia Pariſienſis Anniverſario quoque obitûs die ſacrificium ad majus Altare, ipſa Communitas antiqua in hocce ſuo peculari unam ſine cantu quâlibet hebdomadâ in perpetuum facere tenetur. Vixit annos 59, Menſem in dies 22; obdormivit in Chriſto pridiè Kalendas Octo-

bris, anno Domini 1663, in spe Resurrectionis.

Franciscus sacri Consistorii Comes ordinarius, Joannes-Baptista in utroque hujus Ecclesiæ Sacerdotio successor, Catharina, Joannes le Febvre, Domini d'Eaubonne, Rationum Regiarum Magistri vidua, Fratri optimo, Daniel & Joannes-Baptista de Voysin, sacri Consistorii Comites, Libellorum supplicum Magistri avunculo, plurimùm observando de se omnibus meritò posuerunt.

Acta Fundationum extant apud Philippum le Moine, Notarium Regium, Parisiis, sub die 6 Junii 1664.

Ejus animâ æterna pace fruatur. Amen.

ANTOINE DE VERTHAMON, Prêtre, Chanoine de l'Eglise de Paris, Archidiacre de Josas, Conseiller d'Etat du Roi, & de sa Chambre de Parlement, fils de François de Verthamon, Conseiller au Parlement. Il s'est rendu recommandable par sa piété, sa modestie, la pureté de ses mœurs, sa science dans les Loix divines & humaines, & son intégrité. Par humilité il a expressément ordonné dans son testament qu'on l'enterrât avec les Chapelains de cette Eglise. Conformément à sa volonté on lui a donné la sépulture au pied de cet Autel, dit de l'ancienne Communauté, avec autant de décence qu'il a été possible de le faire, pour ne pas se refuser à ses pieuses intentions. L'Eglise de Paris est obligée de célébrer un Service au grand Autel tous les ans le jour de sa mort, & l'ancienne Communauté de dire une Messe basse à cet Autel qui lui appartient toutes les semaines, pour le repos de son ame à perpétuité. Il a vécu cinquante-neuf ans un mois & vingt-deux jours. Il s'est endormi dans le Seigneur, & dans l'espérance de la Résurrection, le 30 Octobre, l'an de Grace 1663.

Ses deux freres, François de Verthamon, Conseiller d'Etat ordinaire du Roi, Jean-Baptiste de Verthamon, son successeur dans les deux mêmes dignités de cette Eglise, & sa sœur Catherine, veuve de Me. Jean le Fevre d'Eaubonne, Maître des Comptes, Daniel & Jean-Baptiste de Voysin, Conseillers d'Etat & Maîtres des Requêtes ses neveux, pour lui donner des marques de leur respect & de leur attachement, & tous ensemble pour lui prouver leur reconnoissance ont fait poser cet Epitaphe sur son tombeau.

Les actes de la fondation ont été déposés chez Me. Philippe le Moine, Notaire Royal à Paris, le 6 Juin de l'an 1664.

Au-dessus de la porte de cette Chapelle est cette Inscription sur marbre noir.

Sacellum Capellanorum antiquæ & novæ Communitatis Ecclesiæ Parisiensis, fundatum Anno 1186. Restauratum Anno 1751.

5. LA Chapelle de S. Jacques & S. Philippe. Le Tableau de l'Autel représente un Crucifix, peint en 1646, par *le Naim* : celui qui est vis-à-vis représente la Femme adultere devant Notre Seigneur, qui avoit écrit avec son doigt sur la terre, que celui qui d'entre vous est sans péché, lui jette la premiere pierre : le Seigneur renvoya cette Femme, en lui disant de ne plus pécher ; peint en 1701, par *Renaut*, & donné par *Anne-Nicolas Picard* & *Jean Rousselet*.

Les Panneaux de cette Chapelle représentent l'Histoire de S. Jacques & de S. Philippe.

Le premier, à droite de l'Autel, représente la vision de S. Philippe.

Le second, Notre Seigneur qui apparoît à S. Jacques.

Le troisiéme représente la consécration de S. Philippe pour Evêque.

Le quatriéme, le Martyre de Saint Jacques.

Le cinquiéme, la Pêche de Saint Philippe.

Le sixiéme, Notre Seigneur qui commande à Saint Philippe d'aller prêcher.

Le septiéme, S. Philippe faisant abattre les Idoles.

Le huitiéme, le Miracle de Saint Philippe avec le Serpent.

Le neuviéme, la Flagellation de S. Jacques.

Le dixiéme, le Crucifiement.

Le onziéme, S. Jacques qu'on met dans le Tombeau.

6. La Chapelle de S. Antoine & de S. Michel. Le Tableau de l'Autel représente S. Michel à genoux devant la Vierge, peint en 1670, par *Philippe Champagne*; celui vis-à-vis, Notre Seigneur qui commande au Démon de sortir du corps d'un homme possédé, peint en 1700, par *Vernansal*.

Les Panneaux de la Menuiserie représentent la vie de S. Antoine.

Le premier représente un Ange qui apparoît à S. Antoine.

Le second, S. Antoine sous l'habit d'un

d'un homme du monde, donnant l'aumône à des Pauvres.

Le troisiéme, la Tentation de S. Antoine.

Le quatriéme, S. Antoine tourmenté par des Démons.

Le cinquiéme, Notre Seigneur qui apparoît à S. Antoine.

Le sixiéme & septiéme, S. Antoine dans le Désert.

Le huitiéme, S. Antoine prêchant.

Le neuviéme, la mort de S. Antoine.

Le dixiéme, S. Michel foudroyant le Diable.

Le onziéme, S. Michel le sabre à la main poursuivant plusieurs hommes.

Cette Chapelle est fermée par une belle grille de fer, qui y a été placée l'année 1762. Elle a été faite aux dépens de M. Christophe de Beaumont, Archevêque de Paris, & exécutée par *Pierre Deumier*, fameux Serrurier.

7. La Chapelle de S. Thomas de Cantorbery. Le Tableau de l'Autel représente la Sainte Vierge, tenant son fils Jesus dans ses bras, & présentant un Rosaire à S. Dominique, qui est à genoux; S. Thomas est à

côté dans la même attitude : dans le fronton qui est au-dessus de l'Autel, on voit deux Anges qui apportent le Rosaire à la Sainte Vierge. Le Tableau vis-à-vis représente la Résurrection du fils de la veuve de Naïm, peint en 1691, par *Guillebaut*, donné par *Pijard* & *Pierre Ladoireau*.

Tous les Panneaux de la Menuiserie sont peints, & représentent la vie de la Sainte Vierge & de Notre Seigneur.

Le premier, à gauche de l'Autel, représente la Naissance de la Sainte Vierge.

Le second, la Présentation de la Sainte Vierge au Temple.

Le troisiéme, le Mariage de la Sainte Vierge.

Le quatriéme, l'Annonciation.

Le cinquiéme, la Visitation.

Le sixiéme, la Nativité de Notre Seigneur.

Le septiéme, la Présentation de Notre Seigneur.

Le huitiéme, l'Adoration des Mages.

Le neuviéme, la Fuite en Egypte.

Le dixiéme, Notre Seigneur parmi les Docteurs.

Le onziéme, le S. Esprit descendant sur les Apôtres.

Le douziéme, l'Assomption de la Sainte Vierge.

Le treiziéme, le Pere Eternel & Notre Seigneur recevant la Sainte Vierge dans le Ciel.

Cette Chapelle est fermée par une belle grille de fer qui a été placée l'année 1762. Elle a été faite aux dépens de M. Christophe de Beaumont, Archevêque de Paris, & exécutée par *Pierre Deumier*, fameux Serrurier.

8. La Chapelle de S. Augustin, qui fait partie de la Sacristie des Messes. Le Tableau de l'Autel représente une Nativité ; & le grand Tableau de vis-à-vis, Notre Seigneur guérissant des malades, peint en 1692 ; par *Alexandre*, & donné par *Jean le Bastier* & *Claude Tripart*.

Les huit Panneaux qui servent de lambris, & qui sont très-bien peints sur bois, représentent la vie de Saint Augustin.

Le premier représente sa Conversion.

Le second, son Baptême par Saint Ambroise.

Le troisième, sa retraite dans le Désert.

Le quatrième, sa Méditation sur la Sainte Trinité au bord de la mer.

Le cinquième, l'Hospitalité ; il est représenté lavant les pieds à un voyageur.

Le sixième, l'Empereur Théodose le jeune, invitant S. Augustin à aller au Concile d'Ephese.

Le septième, sa Méditation sur l'amour de Dieu.

Le huitième ; il est représenté donnant sa bénédiction à un malade qu'il guérit.

9. La Chapelle de Sainte Marie-Magdelaine, qui fait l'autre partie de la Sacristie des Messes. Le grand Tableau représente l'ancienne Chapelle de la Vierge, telle qu'elle étoit avant son rétablissement : il y est arrivé deux miracles par l'intercession de la Vierge ; le premier en 1625, le premier de Mai, par la guérison d'une jeune fille de Nogent-le-Rotrou, qui étoit percluse de ses membres : le second, le 16 Juillet 1628, sur *Jean de Carrieres*, de la Ville de Meaux, qui fut guéri des ulceres que lui avoit causé aux jambes une maladie, peint

en 1631, par *le Moine*, & donné par *Jean Breteau* & *Gabriel Davin*; celui qui est vis-à-vis, représente Notre Seigneur apparoissant aux Apôtres, & guérissant S. Thomas de son incrédulité, en lui faisant mettre le doigt dans ses plaies, peint en 1693, par *Arnould*, & donné par *Claude Balin* & *Pierre Creuset*.

Dans cette même Chapelle, on lit gravé sur un marbre blanc:

M. le Cardinal DE NOAILLES, Archevêque de Paris, a supprimé par son Décret du 19 Novembre 1722, la Chapelle de Sainte Marie-Magdelaine, dite *des Paresseux*, fondée dans cette Eglise par le sieur le Moine, Chanoine, & a réuni les revenus en dépendans à la Mense du Chapitre, pour être employés, les charges acquittées, au profit des Bénéficiers, Diacres & Sous-Diacres, & des Machicaux & Clercs de Matines, non constitués dans l'ordre de Prêtrise; & sera dit tous les ans à la Chapelle de la Vierge, un *Obit*, au jour du décès du sieur *Cornuot*, dernier Titulaire de ladite Chapelle, le tout conformément aux clauses & conditions portées par ledit Décret homologué en Parlement le 22 Juin dernier; & M. Dossanne, Chantre & Chanoine de cette Eglise, ayant acquis, comme Légataire universel du sieur *de Lattre*, ancien Maître de la Chambre aux Deniers, pour 25342 livres, & une rente de 506 livres 16 sols 10 deniers, & sur ladite Chapelle, il a cédé ladite rente à la Mense du Chapitre, pour être employée à l'entretien des Ecoles des Paroisses dépendantes du Domaine du Chapitre, conformément à l'Acte passé devant *Linacier* & son Confrere, Notaires, le 11 Août 1725.

Cette Chapelle est fermée par une belle grille de fer, qui y a été placée l'année 1762. Elle a été faite aux dépens de M. Christophe de Beaumont, Archevêque de Paris, & exécutée par *Gérard Gérard*, fameux Serrurier.

Cette Sacristie a été réparée en l'année 1762, & au lieu d'une fermeture de bois, on y a mis une belle grille de fer, dans la frise de laquelle sont ces mots : SACRISTIE DES MESSES, de bronze doré d'or moulu. Cette grille a été faite aux dépens de Christophe de Beaumont, Archevêque de Paris, qui en a fait présent, & exécutée par *Gerard Gerard*, fameux Serrurier.

10. La Chapelle de Sainte Marie

& S. Aignan, qui est dans la Croisée du côté de l'Archevêché. Le Tableau de l'Autel représente une Descente de Croix.

Autour du Chœur.

11. LA Chapelle de S. Pierre & de S. Paul. Le Tableau représente le voyage de S. Pierre & S. Paul accompagnés de leurs Disciples, peint en 1640, par *Vouet*.

Cette Chapelle a été rétablie à neuf en l'année 1762. Elle est fermée d'une très-belle grille de fer, ornée de dorures. Cette grille a été faite aux dépens de M. Christophe de Beaumont, Archevêque de Paris, & exécutée par *Pierre Bouresche*, Serrurier du Chapitre.

12. La Chapelle de S. Pierre le Martyr, qui fait à présent partie de la grande Sacristie du Chœur, est ornée d'une belle boisure, & fermée d'une grille de fer, ornée de dorure : il y a deux Tableaux très estimés : l'un représente S. Pierre guérissant les malades de son ombre dans Jérusalem, peint en 1635, par *Laurent de la Hire*, & donné par *Jean Verre*

& *Michel Julien*; l'autre, le naufrage de S. Paul dans l'Isle de Malthe, où les Barbares le reçoivent d'abord avec humanité; mais un Vipére lui ayant atteint la main, ils le croyent un meurtrier que la vengeance divine poursuit. Ensuite S. Paul ayant secoué ce Vipére, sans qu'il lui arrivât aucun mal, ils le prennent pour un Dieu; peint en 1653, par *Charles Poërson* le pere, & donné par *Philippe Rougemaille* & *Pierre Prevost*. Cette Chapelle est fermée d'une très-belle grille de fer, exécutée par *Pierre Bouresche*, Serrurier du Chapitre, en 1757, aux dépens de la Fabrique.

13. La Chapelle de S. Denis & de S. Georges, qui est à côté de la grande Sacristie, a été rétablie en 1761, & décorée d'une belle boiserie, avec une grille de fer qui la ferme, exécutée par le sieur *Bouresche*, aux dépens de la Fabrique. Le Tableau de l'Autel représente une Notre-Dame de Pitié regardant douloureusement Jesus-Christ son fils, étendu mort sur ses genoux; & plusieurs Anges qui paroissent dans la tristesse des impressions meurtrieres

du Sauveur : peint en 1640, par *Vouet*. Vis-à-vis l'Autel est un Tableau très-bien peint, représentant un Vœu fait à la Sainte Vierge au sujet d'une bataille. Avant le rétablissement de cette Chapelle, il y avoit deux Figures de pierre élevées sur deux colonnes ; l'une représentoit Denis Dumoulin, 100e. Evêque de Paris ; & l'autre, S. Denis son Patron. On voit encore sur le Vitrage les armes du premier, qui étoit originaire de la Ville de Meaux : ce Prélat avoit d'abord été Maître des Requêtes, ensuite Archevêque de Toulouse, Patriarche d'Antioche, & l'un des premiers Conseillers du Roi Charles VII. Il fit plusieurs Fondations à Toulouse, à Meaux, & principalement à l'Eglise de Paris : il mourut le 15 Septembre 1447, & fut enterré dans le Chœur, du côté de l'Epître, proche l'Autel, où tous les jours, à la grande Messe, avant le *Lavabo*, on dit un *De profundis* à l'endroit où étoit sa tombe, qui étoit de cuivre, avant l'embellissement du nouveau Chœur, & sur laquelle étoit gravée l'Epitaphe suivante :

Les Curiosités

HIC JACET
Recolendâ memoriâ Dominus
DIONISIUS DE MOLENDINO,
Dum decessit, Patriarcha Antiochenus,
Episcopus Parisiensis, & peranteà
Archiepiscopus Tolosanus,
De foro Meldensi oriundus,
Regis Caroli Septimi
Consiliarius famosissimus ;
Vir magni Consilii,
Atque prudentissimus,
Probitatis eximiæ,
Et linguâ disertissimus ;
Qui plures fecit fundationes, hîc Tolosæ,
Ac Meldis ;
Et obiit Parisiis, die Veneris
Decimâ quintâ Septembris,
Anno Domini 1447.
Anima ejus
Requiescat in pace. Amen.

Ici repose DENIS DUMOULIN, de vénérable mémoire, au jour de son décès, Patriarche d'Antioche, Evêque de Paris, & auparavant Archevêque de Toulouse, natif de Meaux, Conseiller très-renommé du Roi Charles VII, homme d'excellent conseil, très-prudent, d'une probité rare, & très-éloquent. Il a fait plusieurs fondations ici, à Toulouse, & à Meaux. Il mourut à Paris le Vendredi 15 Septembre 1447. Que son ame repose en paix. Ainsi soit-il.

Cet illustre Prélat avoit été marié avant d'embrasser l'état Ecclésiastique, & avoit eu de Marie de Courtenay son épouse, Jean Dumoulin, sieur de Briis de Fontenay, Me. d'Hôtel du Roi; ce ne fut qu'après la mort de son épouse & de son fils qu'il entra dans l'Eglise, & parvint aux dignités citées dans son Epitaphe; de Jean Dumoulin son fils, sortirent plusieurs branches du même nom; entr'autres celle du fameux Charles Dumoulin, Avocat au Parlement de Paris, & le plus grand Jurisconsulte pour le Droit François. Cette famille étoit alliée à celle de Boleine, ou de Boulen, de laquelle étoit née Anne de Boulen, mariée le 14 Novembre 1532, avec Henri VIII, Roi d'Angleterre, dont est sortie la Reine Elizabeth, qui ne rougissoit pas de dire au Maréchal de Montmorenci, alors Ambassadeur du Roi Charles IX auprès d'elle, pour contracter l'alliance entre les deux Couronnes en 1572, qu'Anne Dumoulin, fille de Charles Dumoulin & ses enfans qui avoient été assassinés à Paris par des Voleurs, la nuit du 19 Février de la même année, étoient de ses parens.

On voit dans cette Chapelle vis-à-vis l'Autel cette Inscription :

Feu de bonne mémoire, Monsieur *Denis Dumoulin*, en son vivant Patriarche d'Antioche, Evesque de Paris, en son testament a ordonné une Messe de Notre-Dame avec les Oraisons à S. Denis, *Deus qui inter Apostolicos*, *Inclina*, & *Fidelium*, estre dite à note, en ceste Chapelle, chacun Samedi de l'an perpétuellement, avant que l'on sonne Prime, par les Maistre & VIII Enfans de Cuer de ceans, & pour chacune Messe être distribué manuellement audict Maistre qui célébrera II sols Parisis, & à chacun des Enffans chantans au Lettrain IIII deniers Parisis, qui sont pour chacun Samedi IIII sols VIII deniers Parisis, & de ce faire & continuer à tousjours sont obligés Messieurs de Chappitre, moyennant certainne somme à eux baillée réalment par les Heritiers executeurs dudit Testament ; & oultre a ordonné estre dict chaçun jour perpétuellement sur sa tombe assise joignant la closture de deça du grant Autel, à la grant Messe dudict

Cuer par cellucy qui celebrera Prelat ou aultre, le Diacre & Soubzdiacre & Enfans dessusdicts entre le Lavement des mains dudit Celebrant & les secretz de ladite Messe, le Pseaulme *De profundis*, les Versets & lesdites Oraisons *Deus qui inter Apostolicos, Inclina, & Fidelium*; en gettant de l'eau benoite sur ladicte tumbe, & pour ce lesdits Executeurs ont appointé avec mesdits sieurs de Chappitre à II sols Parisis pour chacun jour à distribuer au Célébrant, & IIII deniers Parisis au Diacre & Soubzdiacre chacun deux deniers Parisis, à chacun des VIII Enfans I denier Parisis, & les aultres VIII deniers Parisis demeurent devers Chappitre pour tousjours fournir ladite Ordonnation; ainsi sont XXXVI livres X sols X deniers Parisis de rente, pour lesquelz acquerir lesdits Héritiers & Executeurs ont baillé a mesdits sieurs de Chappitre XV livres Parisis pour chacune livre & l'admortissement d'icelle octroyé par le Roy, & expédié par la Chambre des Comptes, & se sont obligés lesdits sieurs à faire & continuer à tousjours ladite Ordonnation comme plus à plain sont contenues esdites obligations & lettres sur ce faictes & passées soubz le scel de la Prevosté de cette Ville de Paris. *Item* lesdits Heritier & Executeurs ont baillé & mis en ceste dicte Chapelle, pour dire & continuer

la deſſusdite Meſſe, & à l'uſage d'icelle les
chouſes qui s'enſuivent ; c'eſt à ſçavoir, ung
Amit, Aulbe & Eſtole, Fanon, Chaſuble &
Calice armoyé de ſes armes, peſant deulx
mars, ung corporaulx Eſtuy, III Nappes,
ung Meſſel & II Burettes, ainſi qu'il eſt plus
a plain contenu au Regiſtre du Scribe de
Chappitre. Fait ou mois d'Aouſt l'an de Grace mil quatre cens cinquante. Dieu par ſa
grace de ſes pechiés pardon lui face. *Amen :
Pater noſter & Ave Maria.*

On voit auſſi vis-à-vis l'Autel cette
autre Inſcription :

Meſſieurs les Doyen & Chapitre de l'Egliſe de ceans, ſont tenuz faire dire & chanter
a tousjours par le Maiſtre & Enfans du Cueur
de ladite Egliſe, par chacun jour de Samedi
heure de ſept heures devant l'*Introït* de la
Meſſe qui ſe dict à l'Autel & Chappelle
Saint Denis *Veni Creator Spiritus*, *De profundis* & Oraiſons accouſtumées ; & après
le *Pater noſter*, de ladite Meſſe, *Domine,
non ſecundum peccata*, *Domine ne memineris
& Adjuva nos*, à haulte voix pour & à l'intention de l'ame de feu Me. *André Berard*
& de Me. *Pierre Bonny* ſon nepveu de préſent Chappellain de ladite Egliſe, moyennant
trente livres tournois de rente, par ledict

Bonny, ceddez & transportez à l'Office desdicts Enfans de Cueur pour l'entretenement de ladicte Fundation & autres Charges declairées es Lettres de ladicte Fundation passées par devant *Phelippes Cothereau* & *Jehan Angiram* Notaires ou Chatelet de Paris, le Lundi seiziesme jour de Novembre mil cinq cens soixante deux.

14. La Chapelle de S. Geraud, Baron d'Aurillac, a été rétablie en 1761, & ornée de boiserie, & fermée d'une grille de fer, exécutée par le sieur *Bouresche*, aux dépens de la Fabrique. Le Tableau de l'Autel représente le Trépas de la Sainte Vierge ; on voit à côté un Prélat, qui est François de Gondi, premier Archevêque de Paris, qui a fait faire ce Tableau en 1623, par *le Poussin*, avant son dernier voyage de Rome ; il est très-estimé des Connoisseurs, quoiqu'il ne soit pas de la premiere force de cet habile Peintre François ; & a toujours été regardé comme un beau prélude de sa maniere de peindre ; ce qui l'a fait distinguer des habiles Peintres de son tems.

La Chapelle des Ursins.

15. LA Chapelle de S. Remy Evêque, dite *des Ursins*, sert de sépulture à la Famille de ce nom. Le Tableau de l'Autel représente S. Claude, Archevêque de Besançon : le tombeau qui est à côté de l'Autel est de marbre, élevé d'environ deux pieds ; sur lequel on voit un homme vêtu de sa Cotte d'armes, & derriere lui une femme habillée suivant la mode de ce tems-là, tous deux à genoux, représentans Jean Juvenal des Ursins, Baron de Tresnel, mort en 1431, & Michelle de Vitry son épouse, morte en 1451, au bas de ce Tombeau on voit leurs armes en relief.

Au-dessus de ce Tombeau il y a un Tableau antique attaché sur le mur, peint sur bois, de onze à douze pieds de long, sur cinq à six de haut, très-estimé des Connoisseurs, qui représente ce Seigneur, son Epouse & onze de leurs Enfans, tous habillés à la mode de leur tems ; sçavoir,

1. Jean Juvenal des Ursins, Evêque & Comte de Beauvais en 1432, Duc de Laon & Comte d'Anesi

en 1444, & qui étant Avocat Général au Parlement séant à Poitiers, composa l'Histoire de Charles VI.

2. Isabeau Juvenal des Ursins, Chevalier, Conseiller du Roi, & Nicole-Michelle Brulard, son épouse.

3. Louis Juvenal des Ursins, Conseiller, Chambellan du Roi & Bailli de Troyes.

4. Jeanne Juvenal des Ursins, épouse de Pierre de Chelles, Chevalier, & en secondes nôces de Guichard, Chevalier, Seigneur de Boissy.

5. Eudes Juvenal des Ursins, épouse de Denis Desmarest, Chevalier, Seigneur de Doûves.

6. Denis Juvenal des Ursins, Chevalier, Echanson de Louis Dauphin de Vienne, Comte de Guienne.

7. Sœur Marie Juvenal des Ursins, Religieuse à Poissy.

8. Guillaume Juvenal des Ursins, Chevalier, Seigneur, Baron de Trainel, Conseiller du Roi, Bailli de Sens, & Chancelier de France, mort le 24 Juin 1472.

9. Pierre Juvenal des Ursins, Chevalier.

10. Michel Juvenal des Ursins, Seigneur de la Chapelle-Gautier en Brie.

11. Jacques Juvenal des Urſins, Archevêque, Duc de Reims, Pair de France, Chevalier de l'Ordre du Roi, & Préſident de la Chambre des Comptes.

En 1380, Jean Juvenal des Urſins, Baron de Trainel, avoit été Conſeiller au Châtelet de Paris, & enſuite élu Prévôt des Marchands. Son courage & ſa ſage politique à maintenir les priviléges des Bourgeois de Paris, contre l'uſurpation & la tyrannie des Grands & des gens de guerre, lui attirerent aſſez d'ennemis, pour qu'il manquât de lui en coûter la vie : la Ville de Paris, par reconnoiſſance de ce qu'il avoit fait pour elle, lui donna l'Hôtel des Urſins, dont lui & ſa famille porterent le nom & les armes ; & en 1404 il fut fait Avocat du Roi au Parlement de Paris.

Le Roi Charles VII, en reconnoiſſance de l'attachement qu'il lui connoiſſoit pour ſon ſervice, le fit Préſident au Parlement, pour lors ſéant à Poitiers ; & en conſidération de ſon zèle pour le bien public, & de ſa fidélité envers ſon Roi, le Chapitre de Notre-Dame lui concéda cette Chapelle pour lui & sa postérité.

La famille masculine de Jean Juvenal des Ursins étant éteinte, le nom & les biens de cette maison passerent dans celle de Harville, par François Juvenal des Ursins, Marquis de Trainel, qui mourut le 9 Octobre 1650, âgé de 81 ans, après avoir substitué son nom, ses armes & ses biens à François de Harville son petit neveu; n'ayant eu qu'une fille nommée Charlotte, qui mourut fort jeune.

La postérité de François de Harville des Ursins, Marquis de Trainel, subsiste encore; & c'est Louise-Magdelaine le Blanc, veuve d'Esprit Juvenal de Harville des Ursins, Marquis de Trainel, qui a fait poser sur un des Piliers de cette Chapelle un marbre blanc, avec l'Epitaphe suivante :

In hoc avito Ursinorum sacello,
Reconditum est corpus
Spiritûs Juvenalis de Harville des Ursins,
Marchionis de Trainel,
Qui bellicâ virtute insignis fuit,
Et Equitum Prætorianorum Legatus alter,
Legatique primarii locum tenens,

Obiit anno M. DCC. XX. die Novembris.
Hîc etiam
Requiescunt
Spiritus Juvenalis de Harville des Ursins,
Marchio de Tresnel,
Quem regni Moderator Philippus
Suæ Draconum turmæ præfecit:
Florentem in mediâ juventutis spe
Invida mors
Uxori, Liberis, regno eripuit,
Anno ætatis 28, Salutis 1726,
Die XI Julii.
Maria-Magdalena Petit de Passy,
Mulier rari exempli, propè pii generis
Cineres sepulta est,
Anno M. DCC. XXVII, die XIII Aprilis,
Vixit annos LVIII.
Genero dilectissimo & Uxori piissimæ diù
Superstes non fuit Claudius le Blanc,
Regis à sanctioribus Consiliis, & Rei
Bellicæ Administer.
Vir privatim & publicè clarus,
Qui non sibi, sed Patriæ vixit,
Agressa est virum fortuna,
Probavit, non vicit:
Celer fuit ingenio, ore suavis,
Aditu facilis, Civis, Pater, Amicus optimus,
Militum Patronus, omnium amor & delicium
Obiit anno M. DCC. XXVIII.

Die Maii XIX, vixit annos LIX,
Quos Virtus, Pietas, Religio,
Dum viverint, conjunxerunt; variis post
obitum
Distrahi tumulus noluit,
Hujusce Urbis & Regni primaria Basilica
Unanimis Canonicorum confessus.
Hunc Titulum, Marito amantissimo,
Colendissimis, ac dilectissimis Parentibus,
Ludovica-Magdalena le Blanc,
Marchionissa de Tresnel,
Ipsa fides, mœrens, lugensque posuit,
Dumque nullis arumnis augeri posse
Luctum existimabat : en, heu !
Infans dulcissimus
Simon-Maria Tristanus des Ursins,
Comes de Harville,
In quo spes, è sinu ejus ereptus est,
Die IV Julii, anno M. DCC. XXVIII.
Vixit menses XVIII.

Dans cette Chapelle héréditaire des Ursins, est conservé le corps d'*Esprit Juvenal des Ursins*, Marquis de Traînel, qui s'est rendu recommandable par sa valeur dans la guerre, ayant été Lieutenant Général des Armées du Roi ; il décéda le 10 Novembre 1720.

ICI REPOSE AUSSI

Esprit Juvenal de Harville des Ursins,

Marquis de Trainel, que Philippe d'Orleans, Régent, honora de la charge de Meſtre de Camp du Régiment de ſes Dragons. La mort l'enleva à ſon Epouſe, à ſes Enfans & à ce Royaume, dans la fleur de ſa jeuneſſe, âgé ſeulement de 28 ans, le 11 Juillet 1726.

Marie-Magdelaine Petit de Paſſy, ſa belle-mere, femme d'un rare mérite, eſt enterrée auprès de ſon gendre; elle mourut le 13 Avril 1727, âgée de 58 ans.

Claude le Blanc, ſon Beau-pere, Miniſtre & Secrétaire d'Etat, au Département de la Guerre, ne ſurvécut pas long-tems à ſon Gendre & à ſon Epouſe : il étoit également recommandable par ſes mœurs & par ſa ſagacité dans les grandes affaires dont il étoit chargé : il conſacra ſa vie au ſervice de ſa Patrie, au mépris de ſes propres intérêts, la fortune lui fut contraire; mais elle n'abattit jamais ſon courage; il avoit l'eſprit vif, l'extérieur doux & l'abord facile : il étoit bon citoyen, bon pere, & excellent ami : il fut le Protecteur des gens de Guerre, l'amour & les délices de tout le monde : il mourut le 14 Mai 1728, âgé de 59 ans.

Le Chapitre de cette Cathédrale a voulu que le même Tombeau renfermât ceux que la Religion & la Piété avoient unis pendant leur vie.

Magdelaine le Blanc, dans l'excès de sa douleur, a fait ériger ce Monument aux Cendres de son cher Epoux, & de ses illustres parens : & dans le tems qu'elle pensoit avoir atteint le terme de ses malheurs, la mort enleva de son sein *Simon-Marie Tristan des Ursins*, Comte de Harville, son fils & son unique espérance ; qui mourut le 4 Juillet 1728, âgé de 18 mois.

Au milieu de cette Chapelle sont trois Tombes de cuivre.

Sur celle du milieu qui est la plus grande, sont gravés Juvenal des Ursins & Michelle de Vitry son Epouse avec leur onze Enfans.

On lit autour cette Inscription :

Cy gist Noble homme Messire *Guillaume Juvenal des Ursins*, Chevalier & Seigneur de Treignel, lequel en son temps fut Conseiller en la Court de Parlement du très-sage & victorieux le Roy de France Charles VIIe. de ce nom. Depuis Chevalier en voyage de son Sacre, & Capitaine des Gens d'Armes, puis Lieutenant du Dauphiné, & après Bailly de Sens, & finalement le Chancelier de France de l'an mil CCCCXLV, qui trépassa le XXIII jour de Juin, l'an mil CCCCLXXII. Dieu ait l'ame de lui.

Sur la Tombe qui est à droite on lit cette Inscription :

Cy gist haut & puissant Seigneur Messire *François des Ursins*, Baron de Treignel en Champagne, Seigneur de Doué & de la Chapelle en Brie, qui décéda le 26 d'Avril 1547.

Sur celle qui est à gauche, on lit :

Aussi gyst Noble Dame *Darmenonville.*

Au haut de la voute de cette Chapelle, on voit toutes les armes de la Famille peintes dans les quatre parties de la voute. Cette Chapelle est fermée par une belle Grille de fer, où sont les armes de la Famille dans le milieu du couronnement.

La Chapelle d'Harcourt.

16. LA Chapelle de Saint Pierre & Saint Etienne, que le Chapitre conceda à Monsieur l'Abbé d'Harcourt, Chevalier, Commandeur de l'Ordre du Saint Esprit, & Doyen Honoraire

Honoraire de cette Eglise, pour servir de sépulture à son illustre Maison; il fit rétablir cette Chapelle à ses dépens, & la fit décorer de Panneaux & Lambris de marbre très-choisi, accompagnés d'ornemens de bronze; cette Chapelle très-noble dans sa construction, est du dessein du *Marquis de Caylus*, & exécuté par *Pierre Petiteau*. Dans un des Panneaux de marbre blanc qui est à côté de l'Autel, on lit cette Inscription:

Par Délibération & Acte Capitulaire du 9 Mars 1746, le Chapitre de l'Eglise de Paris a accordé cette Chapelle à la Maison d'Harcourt, pour lui servir de Sépulture; & en conséquence ont été inhumés le 16 Mars 1748, François, Marquis d'Harcourt, qui n'étant encore âgé que de 19 ans, 5 mois, 10 jours, étoit Mestre de Camp du Régiment d'Harcourt, & reçu en survivance de la Charge de Capitaine des Gardes du Corps du Roi, dont étoit revêtu le Maréchal Duc d'Harcourt son pere.

Le 11 Juillet 1750, François Duc d'Harcourt, Pair & Maréchal de France, Chevalier des Ordres du Roi, Capitaine des

Gardes de Sa Majesté, & Gouverneur de Sedan ; il étoit âgé de 60 ans.

Le 28 Septembre de la même année 1750, Louis-Abraham d'Harcourt, Chanoine & ancien Doyen de l'Eglise de Paris, Docteur en Théologie, Commandeur des Ordres du Roi, Duc & Pair de France, Abbé Commendataire de Signy & de S. Taurin d'Eyreux; il étoit âgé de 58 ans.

Le 16 Décembre de la même année, Marie-Anne Brulard de Genlis, veuve de Henri, Duc d'Harcourt, Pair & Maréchal de France, Chevalier des Ordres du Roi, Capitaine des Gardes du Corps de Sa Majesté, Général de ses Armées, Gouverneur de Tournai, & Ambassadeur extraordinaire à la Cour d'Espagne ; elle étoit âgée de 82 ans.

Le 26 du même mois de Décembre 1750, Claude-Louise d'Harcourt, veuve de Gabriel René, Sire de Maillot, ancien Baron de Normandie, âgée de 54 ans; laquelle avec l'agrément des vénérables Doyen & Chanoines de l'Eglise de Paris, a fondé à perpétuité un Service pour le repos de son ame, & de celles du Maréchal & de la Maréchale d'Harcourt, ses pere & mere, & de celles du Maréchal & de l'Abbé d'Harcourt ses freres, auprès desquels son corps est inhumé.

Le Vitrage de cette Chapelle, quoiqu'antique, mérite l'attention des Curieux, tant par la beauté de la peinture qui est employée sur le verre, que pour les couleurs qui sont très-vives, & pour les Sujets qui y sont représentés : on voit au haut de ce Vitrage la représentation de la Cour celeste, & au-dessous, des Papes, des Empereurs, des Rois, des Reines, des Legats, des Cardinaux, des Archevêques, des Evêques, des Religieux & Religieuses de différens Ordres, & des Personnages de tous états, qui aspirent à cette divine Cour; & au-dessous dans un Panneau du Vitrage, on lit ces mots :

Ardens effusio animæ cælestem
  Patriam desiderantis.

Quandò erit illa dies, pretiosa
  morte solutus,
Quâ fruor ore Dei ? Quandò erit illa dies ?

Responsio Christi.

Disce mori ut docui, si vis quod possis habere ;

Disce, velut docui vivere, disce mori:
Tunc erit illa dies Votorum plena tuorum;
Sic benè viventi, venerit illa dies.

Soupirs ardens de l'Ame qui desire voir sa céleste Patrie.

Quand viendra ce jour, où dégagé des biens de cette vie par une mort précieuse, je jouirai de la présence de Dieu ! Quand viendra cet heureux jour !

Réponse de Jesus-Christ.

Apprenez à mourir comme je l'ai enseigné, si vous voulez obtenir ce que vous demandez ; apprenez à vivre, apprenez à mourir, comme je l'ai enseigné ; alors luira pour vous ce jour qui mettra le comble à vos vœux : c'est ainsi que ce jour arrivera pour quiconque vit bien.

Le grand Tableau de cette Chapelle représente le Martyre de saint Étienne qui est entre les mains de ses Bourreaux qui le conduisent au supplice, peint en 1675 par *René Antoine Houasse*, donné par *Claude de Villers*, & *Pierre François*. Cette Chapelle est fermée par une belle Grille de fer, où sont les Armes de Monfieur l'Abbé d'Harcourt, & de la Famille, dans le couronnement.

17. Les Chapelles de S. Jacques, de S. Crepin, S. Crepinien, & de saint Etienne ; cette derniere a été fondée en 1311, par Etienne de Suiſſy, Chanoine de cette Egliſe, appellé le Cardinal de Laon : ces trois Chapelles n'en font qu'une à préſent, où ſe fait l'Office de la Confrerie des Cordonniers de Paris, qui y fut érigée en 1379, ſous le titre de S. Crépin le Grand, & de S. Crépin le Petit, pour les Compagnons Cordonniers. Peu de tems après les Maîtres ſe joignirent à cette Confrerie.

La Confrerie des Garçons Cordonniers eſt obligée de rendre compte tous les ans dans le mois de Juillet de ſon adminiſtration devant Monſieur le Doyen, ou devant le Chanoine que Monſieur le Doyen a choiſi pour le remplacer, étant accompagné du Chapelain qui eſt toujours un Bénéficier de l'Egliſe.

Les Maîtres Cordonniers ont fait réparer ces trois Chapelles l'année 1758, & tous les ans le jour de la Fête de S. Crépin & S. Crépinien leurs Patrons, ils font tendre quatre

Tapisseries qui repréſentent le Martyre glorieux de ces deux Saints.

Sur le Tableau de l'Autel du milieu, eſt un Crucifix, peint par *Beaugin* : aux deux autres Autels, d'un côté la Réſurrection de Notre Seigneur ; & de l'autre ſon Aſcenſion, peints par *le même.*

A droite, le grand Tableau repréſente la ſéparation de S. Paul & de S. Barnabé dans la Ville d'Antioche, peint en 1676, par *Ballin*, & donné par *Philippe Groüard* & *Louis Loir.* Le grand Tableau vis-à-vis repréſente S. Pierre donnant le Baptême au Centenier qui étoit venu de Joppé à Ceſarée pour le recevoir, peint en 1658, par *Michel Corneille* le pere, donné par *Girard Débonnaire* & *Pierre Prévôt.*

On a fait l'année 1758, trois Caves dans ces Chapelles, & c'eſt dans ces Caves qu'on enterre à préſent les Chanoines de l'Egliſe de Paris. *Urbin Robinet*, Chanoine de l'Egliſe de Paris, eſt le premier qui y a été enterré le premier Octobre 1758.

Ces trois Chapelles ſont fermées par trois belles Grilles de fer.

Nota. Le Lundi 14 Août 1758,

en fouillant dans ces Chapelles pour y faire des Caves, on a trouvé plusieurs Cercueils de plomb, & différens offemens. Il y avoit aussi plusieurs Epitaphes, & Inscriptions, nous en rapporterons la description à la fin de ce Livre.

1°. Les Chapelles de S. Nicaise, de Saint Louis, & S. Rigobert, fondées par *Simon Matifas de Bucy*, 83ᵉ Evêque de Paris, mort le 23 Juin 1304; dans celle de S. Nicaise, on voit son Tombeau de marbre noir, élevé de terre d'environ trois pieds, sur lequel est sa Statue couchée en marbre blanc. Cet illustre Prélat étoit originaire du Soissonnois; il avoit été Juge de l'Echiquier à Rouen, alors le premier Tribunal de Normandie; il fit plusieurs biens à cette Eglise & fonda ces trois Chapelles; à côté de ce Tombeau, sa Statue est élevée debout sur une Colonne de pierre, avec cette Inscription au bas :

Cy est l'Image de bonne mémoire *Simon de Matifas de Bucy*, de l'Evêché de Soissons, jadis Evêque de Paris; par qui furent fondées premierement ces trois Chapelles où il gît, l'an de grace M. CC. XCVI. Et puis l'on fit toutes les autres environs le Chœur de cette Eglise. Priez Dieu pour lui.

Le Tableau qui est au-dessus de son Tombeau, représente le Jugement universel, peint sur bois par *de Hery*.

Cette Chapelle est aussi appellée la Chapelle des Saintes Huiles, parce que c'est dans cette Chapelle où sont renfermées les Saintes Huiles qu'on fait le Jeudi Saint dans le Chœur de Notre-Dame, & qu'on distribue ce même jour à toutes les Paroisses de la Ville & de la Campagne. Tous les jours, le Diacre, après l'Offertoire de la Messe, va les encenser.

C'est aussi dans cette Chapelle que les Fidéles viennent, tous les Lundis de l'année, intercéder S. Cosme & S. Damien pour la guérison de leurs maladies. Il s'y trouve un Prêtre en surplis & en étole, depuis six heures du matin jusqu'à midi, pour dire des Evangiles sur la tête des Fidéles qui se présentent.

Dans cette Chapelle est une Tombe de marbre noir sur laquelle on lit :

HIC JACET

Joannes-Baptista de Bongueret le Blanc,
Ecclesiæ Metropolitanæ Parisiensis,
Decanus ac Canonicus.
Joannis-Baptistæ de Contes,
Parisiensis Decani ac Canonici,
Nec non
Comitis Consistoriani
Ex Matre Nepos.
Diem obiit 9 Decembris,
Anno reparatæ salutis 1702, ætatis 73 ;
Decanatûs 24, Canonicatûs 36.

Propinquo optimè merito
Grati animi Monumentum posuit
Joan. Bap. Carolus de Brasseuse de Pressigny,
Ejusdem Ecclesiæ Decanus Canonicus,
Domini de Contes, *& pronepti Obnepos.*

Et autour de la Tombe est écrit :

Et ejusdem grati animi Monumenti participes fuerunt Magdalena de Bongueret, *ejus soror,* & Claudius-Franciscus de Moreau Bongueret, *Eques, Dominus* Dayroine & Mony *ejus Pronepos.*

CY GIST

Jean-Bernard de Bongueret le Blanc,
Doyen & Chanoine de l'Eglise Métropoli-

taine de Paris, neveu par sa mere de *Jean-Baptiste de Contes*, Doyen & Chanoine de l'Eglise de Paris, & Maître des Comptes; il mourut le 9 Décembre l'an 1702, âgé de 73 ans, dont il avoit été Doyen 24 ans, & Chanoine 36.

Jean-Baptiste de Brasseuse de Pressigny, Doyen & Chanoine de l'Eglise de Paris, arriere petit neveu par sa mere de M. de *Contes*, a fait ériger ce Monument à son parent, en reconnoissance des grands services qu'il en avoit reçu.

Et autour de la Tombe on lit :

Magdelaine de Bongueret sa sœur, & *Claude Moreau de Bongueret*, Chevalier, Seigneur d'Avroine & de Mony, son petit-neveu, ont eu part à ce Monument dans le même esprit de reconnoissance.

Au-dessous de cette Tombe est une autre petite Epitaphe conçue en ces termes :

HIC JACET

Magister Girardus de Colloduno, *Doctor in Decretis, & Ecclesiæ Parisiensis Canonicus. Obiit anno* M. CCC. XIX.

CY GIST

Maître *Girard de Collodun*, Docteur en Droit, & Chanoine de l'Eglise de Paris. Il mourut l'an 1319.

Cette Chapelle est fermée par une belle Grille de fer, faite aux dépens de *Pierre Faure*, Chanoine de Saint Aignan, en l'Eglise de Paris, en l'année 1746.

La Chapelle des Gondy.

19. Les deux Chapelles de Saint Louis & de S. Rigobert ont été réunies en une, dite la Chapelle de Gondy, du consentement de Messieurs du Chapitre, pour servir de Sépulture à l'Illustrissime Pierre Cardinal de Gondy, 169e Evêque de Paris, & à toute sa Famille, quoiqu'il eût droit de l'avoir dans le Chœur de cette Eglise, ainsi que les autres Prélats de l'Eglise universelle, & surtout par l'estime & la vénération singuliere que le Chapitre avoit pour sa mémoire.

Cette Chapelle de S. Louis s'étant trouvée trop resserrée pour la Sépulture & les Mausolés de ce Prélat & de son Frere Albert de Gondy, le Chapitre par Conclusion du 10 Mai 1602, lui accorda la Chapelle de Saint Rigobert, qui étoit à côté, dont on n'en a fait qu'une sous l'invocation de Sainte Paule : elle est située à l'Orient, & au chevet du Chœur de cette Eglise, & fut décorée telle qu'on la voit aujourd'hui, par les soins de Paule-Françoise-Marguerite de Gondy, Duchesse de Retz & de Lesdiguieres, tant pour la gloire du Seigneur, que pour honorer la mémoire de ses illustres Ancêtres. Les Panneaux sont ornés de superbes décorations ; l'Autel est fait d'un petit ordre ionique, & au milieu du Fronton, sont les Armes de la Maison de Gondy.

Le Tableau de l'Autel est singulier ; il représente un Christ, d'après Michel-Ange, au pied duquel le Prélat est d'un côté, & de l'autre la Sainte Vierge, qui paroît avoir un air assuré, pendant que les Anges qui sont au-dessus versent des larmes ; c'est une idée particuliere de ce fameux Peintre, pour exprimer d'un côté la foi & la constance de la Mere de Dieu; & de l'autre l'intérêt que le Ciel prend au Deïcide commis par les Juifs en la Personne de Jesus-Christ. L'original de ce Tableau est dans le Cabinet du Grand Duc de Florence.

Des deux Tombeaux que l'on voit dans cette Chapelle, celui qui est à gauche en entrant dans la Chapelle, est le Mausolée d'Albert de Gondy, composé de quatre Colomnes de marbre noir, dont les Bases & les Chapiteaux sont de marbre blanc, posés sur un Socle de pierre dure, supportant un entablement de marbre noir de sept pieds de long, qui forme sa Frise & sa Corniche, sur lequel est posée, en un marbre blanc, l'effigie d'Albert de Gondy à genoux sur un carreau devant un Prie-Dieu, qui supporte en bosse les Armes de la Maison de Gondy.

Sous le même Tombeau, entre les quatre Colomnes, est une Urne à l'antique, portée par quatre Chérubins, qui forment quatre Consoles posées sur le Socle; la Cuve est couronnée d'une Urne à l'antique avec ces quatre Lettres au pied:

D. O. M. S.

Au Piédestal qui porte la Cuve, sont deux bas-reliefs, représentant des Trophées de général des Galeres, composés de deux Ancres, de Dauphins, d'Avirons, de Harpons, &c. d'un côté; & de l'autre, des corps de Cuirasses, des Casques, des Enseignes de guerre &c. & sur les deux flancs de la Cuve, est gravée en lettres d'or l'Epitaphe suivante.

ÆTERNÆ MEMORIÆ
Illustrissimi & generosissimi
Alberti de Gondy,
Ducis Retzij,
Marchionis Bell-Insulæ,
Paris Franciæ, Equitum Magistri,
Regiarum Triremium Præfecti,
Duorum Regum Christianissimorum,
Caroli IX, & Henrici III Cubicularii,
Utriusque Militiæ Reggs. Torquat. donati,
Quinque Regibus nostris,
Quibus trium maxim. Provinciæ Prorex,
Octiesque exercituum Regiorum
Cum imperio Ductoris:
Quinque Præliis, permultisque Obsidionibus,
Egregiam operam navavit.
Ob industriam & fidem, pergrati animi,
Gravissimis & difficillimis Legationibus,
Omnibusque belli ac pacis muneribus.
Summa cum integritatis laude perfuncti,

Petrus S. R. E. Cardinalis de Gondy, frater,
Claudia-Catharina Claramontana uxor,
Henricus Parisiensis Episcopus filius,
Henricus, Dux Retzius, ex primogenito nepos,
Philippus - Emmanuel, Comes Juniacensis,
Regiarumque Triremium Præfectus filius,
Joannes-Franciscus, Abbas S. Albini, filius,
Carissimo fratri, amantissimo conjugi,
Optimoque parenti.

A la mémoire perpétuelle de très-illustre & très-puissant Seigneur, *Albert de Gondy*, Duc de Retz, Marquis de Belle-Isle, Pair de France, Maréchal & Général des Galeres de France, Colonel de la Cavalerie Françoise, grand Chambellan des Rois Charles IX & Henri III, Capitaine de cent Hommes d'Armes; il fut Gouverneur de trois grandes Provinces sous cinq de nos Rois, & huit fois Général des Armées; il s'est signalé par sa valeur & son intrépidité dans cinq batailles & un grand nombre de siéges; après avoir mérité les plus grands éloges dûs à son profond sçavoir, dans les différentes Ambassades dont il a été honoré, & s'être attiré les suffrages qu'on n'a pu refuser à son intégrité soit dans la paix, soit dans la guerre.

Pierre, Cardinal *de Gondy*, son frere; Claude-Catherine de Clermont son épouse; Henri, Evêque de Paris, son fils; Henri, Duc de Retz, son petit-neveu; Philippe-Emmanuel, Comte de Joigny, Général des Galeres, son fils; Jean-François, Abbé de S. Albin, son fils, ont érigé ce monument de leur amour & de leur vénération pour leur respectable Parent.

L'Ancre que l'on voit suspendue à la voute du même côté, indique qu'Albert de Gondy avoit été Général des Galeres.

Ce Seigneur étoit un Courtisan agréable; il posséda les bonnes graces des Rois Charles IX & Henri III, & la confiance de Catherine de Médicis; il fut fait Maréchal de France en 1574. Il eut l'honneur d'épouser au nom du Roi Charles IX, Elizabeth d'Autriche, Fille de l'Empereur Maximilien II, & fut envoyé en Ambassade extraordinaire en Angleterre, auprès de la Reine Elizabeth. Il représenta la personne du Connétable au Sacre d'Henri III, & fut créé Chevalier de l'Ordre du S. Esprit, & honoré de la dignité de Duc & Pair de France.

L'Autre Mausolée est celui de Pierre de Gondy, Cardinal, & 109e Evêque de Paris, Frere d'Albert de Gondy, sur lequel est posée son effigie en marbre blanc, à genoux sur un carreau, devant un Prie-Dieu, & au haut de la voute est attaché un Chapeau de Cardinal, pour marquer qu'il fut revêtu de cette dignité.

Les deux bas-reliefs sont composés de Chapeaux de Cardinaux, de Mîtres, de Croix, de Crosses, d'Encensoirs, de Navettes, de Livres, de Flambeaux, &c.; d'un côté & de l'autre, des Calices, des Bénitiers, des Burettes, des Chandeliers, &c. Au pied de l'Urne on a gravé les trois lettres

D. O. M.

Et sur le devant de la Cuve, l'Epitaphe suivante, en lettres d'or :

DEO OPTIMO, MAXIMO.
PETRUS, *Sanctæ Romanæ Ecclesiæ Cardinalis* de Gondy,
Lingonum & Parisiorum Episcopus,
Comes Juniacensis,
Sacri Ordinis Sancti Spiritûs

Les Curiosités

Commendator Torquatus,
Vir notâ in Deum pietate,
In Ecclesiam observantiâ,
In Reges fide, in Subditos curâ;
In Patriam caritate, in suos amore;
Domi dignitate publicè,
Præsertim in pauperes Vinctos,
Religiosasque Familias liberalitate;
Auctoritate Juris,
Disciplinæ Ecclesiasticæ Tenax;
Sacrarum Ædium collapsarum Reparator;
Novarum Reparator;
Frequens ad Pontifices Maximos Legatus;
Regibus Caroli IX, & Henrici Magni Carus,
Henrici Magni
Cum Pontifice Maximo & Ecclesia Conciliator,
Ludovici XIII, in Fonte Progenitor,
Mortalitatis memor, hoc sibi
Funeri suo, annis tres superstes
Monumentum poni
Curavit. Excessit
Ann. Domini 1616, ætatis 84:
XIII Kalendas Martias,
Plenus dierum
Et bonorum operum.

D. O. M.

Pierre de Gondy, Cardinal de la Sainte
Eglise Romaine, Evêque de Langres &

nsuite de Paris, Comte de Joigny, Comandeur de l'Ordre du Saint Esprit, homme recommandable par sa piété, par son culte envers l'Eglise, sa fidélité à son Roi, sa charité pour ses Domestiques, son amour pour sa Patrie & ses Parens. Sa charité s'étendit sur-tout sur les pauvres Prisonniers, & sur les pauvres Communautés Religieuses, il fut le Défenseur des droits & de la Discipline Ecclésiastique : il fit réparer à ses frais plusieurs Eglises ruinées ; il en fit bâtir de nouvelles. Chéri des Rois Charles IX & Henri III, il fut plusieurs fois nommé Ambassadeur auprès des Souverains Pontifes : il fut le Conciliateur du différend du Pape avec Henri le Grand : il fut aussi Parain de Louis XIII ; enfin, ne perdant pas de vûe le moment de sa fin, il a fait ériger ce Monument 14 ans avant sa mort. Il mourut l'an 1616, le 27 Février, âgé de 84 ans, plein de jours & de bonnes œuvres.

Les Alliances de la Maison de Gondy étant si étendues, qu'il auroit été presque impossible de séparer les Armes des uns & des autres dans un lieu si resserré, la Duchesse de Lesdiguieres s'est trouvée dans la nécessité de faire écarteler tous les Ecussons du Pere & de la Mere, afin de distinguer d'un coup d'œil les Armes des Peres & Meres, & des Enfans ; ce qui fut exécuté en 1695, par *Antoine Pezei*, *Frere servant*, Herault d'armes & Généalogiste de l'Ordre Royal de Mont-Carmel.

Le Panneau de la Chapelle du côté de l'Evangile qui est appliqué sur le Pilier, porte les Armes d'Albert de Gondy, Duc de Retz, Pair & Maréchal de France, dont l'Ecu est orné des Colliers des Ordres du Roi, accompagné des Bâtons de Maréchal de France passés en sautoir, du Manteau & de la Couronne Ducale. Le Cimier est un bras armé, tenant une massue d'armes, de sable, avec cette Devise : *Non sine labore*.

Les autres ornemens du Panneau sont des Rinceaux de feuilles d'Acantes, peintes d'outremer ; & pour attributs, deux Bonnets de la dignité de Grand Gonfalonnier de Florence, & le reste comme à celui de Pierre de Gondy.

Au bas dudit Panneau est un Piédestal, chargé de Trophées, de Couronnes Ducales, de Bâtons de Maréchal de France, de Boucliers, & d'Enseignes de guerre, où sont peintes les Armes de Magdelaine de Corbinelli, de Jeanne de Turin, Mere de Marie, de Pierre-Vive de Bonnefaye, de Jeanne de Ville, de Françoise Bilioti, & de Françoise Beleradelli.

Au bas du même Lambris est un Panneau en long, orné d'une Cartouche composée de Massues de Gondy, de Coquilles, de Dauphins & d'Avirons, qui désignent la Charge de Général des Galeres, le tout entremêlé de Guirlandes de fleurs.

Dans le Cartouche qui est au bas, on lit ces mots :

Albert de Gondy, Duc de Retz, Marquis de Belle-Isle, Pair, Maréchal, Gentilhomme de la Chambre du Roi, & Grand Chambellan sous les Rois Charles IX & Henry III, & Chevalier des Ordres du Roi; Généralissime des Armées de Sa Majesté; Gouverneur de Provence, de Metz, du Pays Messin & de Nantes, & Capitaine de cent hommes d'Armes. Il naquit à Florence en 1530... du mariage d'Antoine de Gondy, Seigneur du

Péron, & de Marie de Pierre-Vive, Gouvernante des Enfans de France. Ce Seigneur eut l'honneur d'épouser au nom de Charles IX, Roi de France, Elizabeth d'Autriche, fille de Maximilien II, Empereur, le 26 Novembre 1570. Il fut sans doute l'un des premiers hommes de son siécle, & l'un des plus sages Courtisans. Il mourut à Paris en 1602, âgé de 72 ans.

En tournant à droite, sur le Panneau qui sépare ceux d'Albert & de Pierre son petit-fils, sont des Lauriers, où sont attachés en trophées des Massues, des corps de Cuirasse, & des Boucliers, sur lesquels sont peintes les Armes de *Salviati*, *Capponi*, *Soderini*, *Strozzi*, & *Cavalcanti*, Maisons très-illustres en Italie.

Le Panneau suivant est chargé des Armes de Pierre de Gondy, Duc & Pair de France, accompagnées des mêmes ornemens; au bas sont les Trophées d'armes de Louise de Daillons, Fille de Jean, Seigneur du Lude, de Margueritte de Brosse, Fille de Jean, Maréchal de France, & de Jeanne de Naillac, d'Anne de Laval, Fille de Guy XVe. Sire du même lieu, de Guy de Laval, XIVe du nom, & d'Isabeau de Bretagne, son Epouse, de Margueritte de Montbron, & de Charlotte de Saint Maur.

Les Attributs représentent un petit Enfant supporté sur une Ancre, qui terrasse un Monstre marin, avec un Trident fleurdelisé ; le tout décoré de Dauphins, pour désigner la Charge de Général des Galeres, dont les Vertus sont représentées par les Guirlandes de fleurs dont les Panneaux sont chargés, & au bas est écrit :

Pierre de Gondy, Duc de Retz, Pair de France, Comte de Joigny, Marquis de la Garnache, Baron de Mortagne & de la Hardouinaye, Chevalier des Ordres du Roi ; il étoit fils de Philippes-Emmanuel de Gondy, Comte de Joigny, & de Françoise-Marguerite de Silly. Il naquit à Paris. Il donna des marques de son courage & de sa bravoure en plusieurs occasions, & entre autres dans l'Isle de Ré, où il eut l'épaule cassée d'un coup de mousquet, & un cheval tué sous lui. Il mourut le 20 Avril 1676, âgé de 74 ans.

Sur le Panneau suivant à droite contre le gros Pilier, sont les Armes de Henri de Gondy, Duc de Retz & de Beaupreau, ornées comme les précedentes ; & sur le Piédestal des Boucliers, des Enseignes de guerre, des Avirons, des Canons, des Ancres ; enfin tous les attributs de la Marine & de l'Artillerie ; le tout chargé des Armes des Alliances des Maisons d'Adrienne d'Estouteville, de Louise d'Albret, de Marguerite de Savoye, de Jeanne de Hoghsberg, Comtesse Souveraine de Neuf-Châtel, de Jeanne de Scepeaux, & de Jeanne de Saint Severain.

Dans le Panneau d'en bas est écrit :

Henri de Gondy, Duc de Retz & de Beaupreau, Marquis de Belle-Isle, Pair de France, Chevalier des Ordres du Roi, Capitaine de cent Hommes d'Armes. Il naquit du mariage de Charles de Gondy, Marquis de Belle-Isle, & d'Antoinette d'Orleans. Il signala sa valeur dans les Campagnes d'Italie & de Piedmont, & sur-tout au Siége d'Alby, où il eut le genouil cassé d'un coup de canon. Il mourut à Prinçay à Prinçay le 12 Août 1659, âgé de 69 ans.

Le Panneau suivant est orné d'un Manteau Ducal, qui forme un Cartouche, attaché sur un Piedestal de marbre ; les deux G G qui sont dans le couronnement forment le Chiffre & le Nom de la Maison de Gondy: le Fronton est fermé d'une Couronne Ducale, avec deux Massues de sable en sautoir, entouré d'un Cordon de l'Ordre, ce qui est exécuté pour tous les autres Manteaux qui sont répétés ; sur ce Manteau est écrit cette Sentence :

Celui-là seulement, dont l'ame est abbatue, abbaissée & courbée sous le poids de ses iniquités, qui a les yeux presqu'éteints par l'abondance des larmes, & qui soupire sans cesse après vos miséricordes, peut vous rendre, Seigneur, une gloire véritable, & satisfaire à votre Justice. Baruch.

Dans le Panneau suivant sont les Armes de Pierre de Gondy, Cardinal, Evêque de Paris ; il est décoré comme celui d'Albert son Frere ;

I

l'Ecu est orné du Cordon & de la Croix des Ordres du Roi, de la Couronne, du Manteau Ducal, & du Chapeau de Cardinal : le tout relevé de Guirlandes de fleurs, de Palmes, de Couronnes Ducales & du Cimier de Gondy.

Le Piedestal est orné de Trophées de la Religion, designés par des Livres, des Croix, des Calices, des Encensoirs, des Crosses, des Mîtres, des Burettes, des Navettes, des Ceps de vignes, qui marquent la piété, la libéralité & les aumônes de cet illustre Prélat.

Sur les Boucliers sont les Armes de Jacoba de Mazzaeghi & d'Elisabeth de Gliala Maneschi, & sur le Panneau d'en bas, on lit ces mots :

Pierre Cardinal de Gondy, fils d'Antoine de Gondy, Seigneur du Perron, & de Marie de Pierre-Vive, Gouvernante des Enfans de France, naquit à Lyon l'an 1533. Il étudia és Universités de Paris & de Toulouse. Il fut Commandeur de l'Ordre du S. Esprit, Chef du Conseil du Roi, Chancelier & Grand Aumônier de Catherine de Medicis, femme de Henri II, & d'Eli-

sabeth d'Autriche, épouse de Charles IX. Tréforier de la Sainte Chapelle de Paris, Abbé de S. Jean des Vignes & autres; Ambaſſadeur du Roi très-Chrétien vers Pie V, Gregoire XIII, Sixte V & Clement VIII, Souverains Pontifes. Il fut transféré de l'Evêché de Langres à celui de Paris en 1570, créé Cardinal le 18 Décembre 1587, & Proviſeur de Sorbonne en 1594. Henri le Grand de triomphante mémoire, le choiſit par ſon mérite ſingulier pour demander ſon abſolution au Pape, avec lequel il réconcilia ce Monarque. Ce Prélat baptiſa Louis le Juſte, 13e. du nom, en 1606. Il a fait des fondations très-conſidérables, notamment dans l'Egliſe de Paris, & des aumônes exceſſives dans la même Ville, pendant les guerres de la Ligue; ſi bien qu'il a été regretté comme le pere des Pauvres, des Priſonniers & des Maiſons Religieuſes, le Reſtaurateur de la Diſcipline Eccléſiaſtique, le Réparateur & le Fondateur des lieux ſaints, & le favori des Rois. Il ſe démit de l'Evêché de Paris en faveur de ſon neveu en 1598, & mourut comblé d'honneurs & de bonnes œuvres dans ſon Palais Epiſcopal, le 1 Mars 1616, âgé de 84 ans.

Sur le Panneau qui est à côté de celui de Pierre de Gondy, sont les Armes de Henri, Cardinal de Retz, qui portoit comme Philippe Emmanuel : le tout orné des Ordres du Roi, de la Mante de Cardinal & de la Couronne Ducale : sur les Boucliers sont les Armes de Huguette, de Villafans, & de Marguerite Dame de Saint Seigné, & sur le Panneau d'en bas est écrit :

Henri de Gondy, Cardinal de Retz, fils d'Albert de Gondy, Duc de Retz, Pair & Maréchal de France, Gouverneur de Provence, Général des Galeres, & de Claude-Catherine de Clermont : il naquit en 1572 .. Il fut Chanoine de Paris en 1587, & Maître de l'Oratoire du Roi, Abbé de Buzay & de Saint Jean des Vignes de Soissons ; il prit possession de l'Evêché de Paris par la démission de Pierre de Gondy son oncle, le 29 Mars 1598, il fut Proviseur de Sorbonne en 1616. Paul V le créa Cardinal le 26 Mars 1618 ; & l'année suivante il fut Commandeur de l'Ordre du S. Esprit ; il suivit Sa Majesté au voyage de Languedoc en qualité de Chef de son Conseil ; il mou-

rut devant Beziers avec un regret universel le 2 Août 1622, d'où son corps fut amené à Paris, & inhumé dans cette Chapelle, âgé de 50 ans.

Sur le Panneau suivant, qui est décoré comme le précédent, on lit cette Sentence écrite dans le Manteau Ducal:

Je sçais que mon Dieu est mon Sauveur; j'agirai avec confiance, & je ne craindrai point, parce que le Seigneur est ma force & ma gloire, & qu'il est devenu mon salut. Isaïe.

Le Panneau suivant, est orné des Armes de Jean-François de Gondy, premier Archevêque de Paris, qui sont les mêmes que celles de Henri son Frere, & dont les Boucliers portent les armes de Jeanne, de Baufremont, de Chrétienne de Cuzance, de Jeanne Dame Branbeat, & de Jeanne de Thierry: & sur le Panneau d'en bas est écrit:

Jean-François de Gondy, premier Archevêque de Paris, fils d'Albert de Gondy, Duc de Retz, & de Claude-Catherine de Clermont, né en 1584. Il fut Abbé de S. Aulbin d'Angers, & de

S. Martin de Pontoise, Conseiller ès Conseils d'État & Privé, Grand-Maître de la Chapelle du Roi & Commandeur de ses Ordres, Doyen, Chanoine & Coadjuteur de l'Evêché de Paris, dont il fut créé le premier Archevêque par Grégoire XV, à la recommandation de Louis le Juste, le 20 Octobre 1622, & sacré le 19 Septembre 1623, avec la suffragance des Evêchés de Chartres, de Meaux & d'Orleans, & de celui de Blois en 1693. Il mourut dans son Palais Archiepiscopal, le 21 Mars 1654, âgé de 70 ans ; il fut inhumé dans cette Chapelle.

Sur le Manteau Ducal du Panneau suivant, on lit cette Sentence :

L'image de la mort d'une personne qui nous est chere, nous doit rendre la nôtre présente.

Nous devons croire qu'étant maintenant un pur esprit, & ne pouvant plus aimer en nous que notre salut, il nous dit sans cesse : souvenez-vous de ce qui m'est arrivé, & de ce qui vous arrivera ; j'ai été, & je ne suis plus ; vous êtes, vous ne serez plus : Dieu *m'a jugé, il vous jugera; & ce jugement est éternel. Ainsi ne pensez aux mortels, que pour vous mettre en état, que votre mort soit pour vous un passage & une éternelle vie.*

Sur le Panneau suivant, sont les Armes de Jean - François - Paul de Gondy, Souverain de Commercy & d'Enville, second Archevêque de Paris, semblables à celles de Pierre de Gondy son Frere, ornées du Manteau Ducal, de la Croix Archiépiscopale, & du Chapeau de Cardinal, & décorées comme celles de Jean son Oncle, & dont les Boucliers portent les Armes de Louise de Clairon, d'Anne de Beuil, de Jeanne de Poix Dame d'Ignancour, & de Guillemette de Luxembourg; & sur le Panneau d'en bas, est écrit:

Jean - François de Gondy, Souverain de Commercy & d'Enville, fils de Philippe - Emmanuel de Gondy, Comte de Joigny, & de Françoise-Marguerite de Silly. Il fut Chanoine de Paris, Abbé de Buzay, de Quimperlay en Bretagne, & de la Chaume, Docteur de Sorbonne, Coadjuteur de son oncle à l'Archevêché de Paris en 1643, & Archevêque de Corinthe en 1644. Il harangua le Roi à Fontainebleau avec l'applaudissement du Clergé, & fut créé Cardinal par Innocent X, le 19 Février 1653, à la nomination de Louis le Grand. Il assista à Rome à la création d'Aléxandre VII, & prit possession de l'Archevêché de Paris par Procureur, le 21 Mars 1654, dont il se démit en 1664, ayant eu pour récompense l'Abbaye de S. Denis en France ; Clément X l'empêcha de se démettre du Cardinalat. Il mourut à Paris le 24 Août 1677 ; il eut la réputation de l'un des plus illustres personnages de son siécle. Son corps gît à S. Denis, près le tombeau de Suger, & son cœur au Calvaire du Marais à Paris.

Sur le Panneau suivant, sont les Armes de Charles de Gondy, Marquis de Belle Isle, Général des Galeres, qui ont pour attributs, des Dauphins, le Cimier un Bras d'or armé, tenant une massue d'Armes de sable, avec la Devise de la Maison ; on y a ajouté une Peau de lion, dont les pattes sont appuyées sur des branches de laurier, liées d'un cordon de gueule, parceque Charles de Gondy, fut nommé le petit Lion pour son courage & sa générosité; le tout relevé des Rinceaux d'ornemens.

Le Piedestal est enrichi de Trophées de Boucliers, & d'autres ornemens, avec les Armes de Beatrix de Joncheres, de Radegonde de Bourgneuf, de Françoise de Penhouet, d'Eleonore Picolomini, & d'Isabelle de Croy: & sur le Panneau d'en bas, est écrit:

Charles de Gondy, Marquis de Belle-Isle, Général des Galeres de France, fils d'Albert de Gondy, Duc de Retz, & de Catherine de Clermont; naquit à Belle-Isle en 1569. & fut tué au Mont S. Michel en 1596, âgé de 27 ans.

Le Panneau suivant est composé d'un Manteau Ducal qui forme un Cartouche posé sur un Piedestal de marbre, dont les deux GG qui sont dans le couronnement, forment le Chiffre & le Nom de la Maison de Gondy.

Le Fronton est sommé d'une Couronne Ducale, avec deux Massues de sable en sautoir, entourées du Cordon de l'Ordre, & sur ce Manteau est écrit cette Sentence :

C'est par des amertumes salutaires, que vous nous appellez à vous, ô mon Dieu, en nous retirant des douceurs pernicieuses & des plaisirs funestes qui nous avoient éloigné de vous. Saint Augustin.

Le Panneau suivant porte les Armes de Jean-François Paul de Bonne de Crequy, Duc de Lesdiguieres, décoré comme les autres ; & au bas du Piedestal sont des Trophées relevés des Armes de Louise de la Haye, de Marie de Bourgogne, de Marie de Lannoy Dame de Folleville, de Claude du Châtellier, & de Marie du Hanguest ; & au-dessous est écrit :

Jean-François-Paul de Bonne de Crequy, Duc de Lesdiguieres, Pair de France, fils de François-Emmanuel de Bonne de Crequy, & de Paul Françoise-Marguerite de Gondy, naquit à Paris le 27 Octobre 1678. Il n'avoit que deux ans quand le très-auguste &

très-invincible Monarque, Louis le Grand, Roi de France & de Navarre, l'honora d'un Régiment ; & l'on espere qu'il se rendra digne de cette grace singuliere, en imitant les actions héroïques de ses illustres ancêtres. Il mourut à Modene le 6 Octobre 1703.

Sur le Panneau suivant, qui est orné du Manteau Ducal, on lit cette Sentence :

Je m'en vais rendre compte de mes actions à mon Dieu : le souvenir de mes péchés me fait peur ; mais sa miséricorde me donne de la confiance. La multitude de mes fautes est presqu'infinie, sa bonté l'est davantage, & il peut en un instant me remettre beaucoup plus de péchés, que je n'en ai commis en toute ma vie ; ainsi je sens une joie secrete dans mon cœur de ce que l'heure de ma mort s'approche. Sainte Fabiole.

Sur le Panneau suivant sont les Armes de Philippe-Emmanuel de Gondy, ornées comme celles de Charles son Frere, des Ordres du Roi, de la Couronne Ducale, & de son Cimier avec sa Devise, entourées de Rinceaux, d'ornemens qui produisent des flammes, pour symboles de la Charité & de la Religion, parcequ'il quitta généreusement tous les hommes du monde, pour se retirer chez les Prêtres de l'Oratoire.

Les Boucliers portent les Armes d'Anne Pot, de Jeanne Duperrier Comtesse de Quintin, de Marie d'Amboise, de Marie de Villers-l'Isle-Adam, de Catherine de Chauvigny, de Catherine de Crequy, d'Isabelle de Montauban, & d'Anne de la Vieuville ; sur le Panneau d'en bas est écrit :

Philippe-Emmanuel de Gondy, Comte de Joigny, Marquis des Isles d'Or, Baron de Montmirail, Seigneur de Dampierre & de Villepreux, Chevalier des Ordres du Roi, Capitaine de cent hommes d'Armes ; Lieutenant Général ès mers du Levant, & Général des Galeres de France. Il étoit fils d'Albert de Gondy, Duc de Retz, & de Catherine de Clermont. Il prit naissance en 1580. Il se retira chez les Peres de l'Oratoire de Paris, où il mourut saintement en 1662, âgé de 82 ans.

Le Panneau suivant porte les Armes de Paule-Françoise-Margueritte de Gondy, écartellées de ses Alliances, & accollées de celles de François-Emmanuel de Bonne de Crequy, Duc de Lesdiguieres son Epoux; le tout orné du Manteau, de la Couronne Ducale, & de la Cordeliere, & pour Cimier deux Cygnes tenant dans leur bec une bague d'or diamantée, & pour ornemens des Rinceaux de Vases de flammes, & de Couronnes Ducales, avec le Cimier de Gondy; la fleur d'Acante qui paroît derriere les Cygnes, produit un seul Crequy; qui est François de Paule de Bonne de Crequy Duc de Lesdiguieres, Pair de France, seul issu de leur mariage.

Le Piedestal est décoré de petits Enfans jouant avec des Lions & de Massues de Gondy, qui marquent les tendresses & les amitiés conjugales; le tout relevé d'une Couronne Ducale, de Bâtons de Maréchal de France, d'Enseignes de guerre & de Boucliers, qui portent les Armes de Marie de Rieux, d'Anne de Montmorency, de Louise d'Albret, de Marie d'Amboise, de Jeanne de Hochbert, d'Adrienne d'Estouteville, de Jacqueline de Rohan, & de Philippe de Sarbruck, & sur le Panneau d'en d'en-bas est écrit :

Paule-Françoise-Marguerite de Gondy, Duchesse de Retz & de Lesdiguieres, Comtesse de Joigny, Marquise de la Garnache, Baronne de Mortagne, fille de Pierre de Gondy, Duc de Retz, & de Catherine de Gondy, née à Machecoul en Bretagne, le 12 Mars 1655. Elle a épousé François-Emmanuel de Bonne de Crequy, Duc de Lesdiguieres. La vénération & le respect qu'elle doit à la glorieuse mémoire de ses illustres Ancêtres, dont les corps reposent ici, l'ont obligée à leur marquer son souvenir & ses reconnoissances par la décoration & l'ornement de cette Chapelle ; qui sera un monument éternel de la piété, de la fidélité & de la religion de l'insigne Maison de Gondy. 1695.

Le Panneau suivant, porte, sur le Manteau Ducal, cette Sentence ;

Heureuse l'ame qui mêle ses larmes à la priere, devant le Dieu qu'elle adore, qui dans le tems de son affliction, se soutient par le souvenir de ses bonnes œuvres ; & qui après avoir été fidéle à Dieu pendant toute sa vie, attend à la mort la récompense qu'il a promise à ceux qui le serviront sincerement, & avec un cœur parfait. Saint Jerôme.

Sur le Panneau qui est à côté de la porte de fer, sont attachées en trophée sur un laurier, des Massues d'Hercule & de Gondy, des Bonnets de Grand Gonfalonnier, des Corps de Cuirasses, & des Boucliers qui portent les Armes de Marie de Bourbon, de François de Bourbon, Comte de Vendôme, d'Isabeau de Beauveau, de Marie de Luxembourg, de Marie de Savoie, & de Claude d'Acigné.

Tous ces Panneaux sont séparés par des montans couverts de Guirlandes de fleurs, de Bâtons de Maréchal de France, de Cordons des Ordres du Roi, & de Couronnes Ducales.

Au-dessous de ces Panneaux, à droite, il y a quatre Tableaux peints sur bois, dont le premier représente l'Annonciation ; le second, la Nativité ; le troisième, la Présentation au Temple, & le quatrième, l'Adoration des Mages.

La Cave de cette Chapelle renferme cinq Cercueils de plomb, de la Maison de Gondy.

1°. Celui d'Albert de Gondy, Duc de Retz, Pair & Maréchal de France.

2°. De Pierre de Gondy, son Frere, Cardinal, 109e Evêque de Paris.

3°. D'Henri de Gondy, Cardinal de Retz 110e Evêque de Paris, par la démission que lui en fit son Oncle ; il avoit été Maître de la Chapelle de l'Oratoire du Roi ; en 1610, il officia aux Obseques d'Henri le Grand ; en 1614, il se trouva aux Etats tenus à Blois ; en 1618, le Pape Paul V, le fit Cardinal ; & il conseilla à Louis XIII, la guerre contre les Religionnaires ; en 1608 & 1620, il fit des Constitutions Synodales ; en 1622, il mourut à Beziers, d'où son Corps fut apporté à Notre-Dame.

4°. Celui de Jean-François de Gondy, premier Archevêque de Paris, & Successeur de son Frere, en 1640. Ce Prélat assembla à Paris un Concile, où le Libelle intitulé l'*Optat Gaulois*, fut censuré; il mourut en 1654, & eut pour Successeur, Jean-François-Paul de Gondy, Cardinal de Retz, son Neveu, qui fut fait Cardinal le 19 Février 1662, par le Pape Innocent X, après s'être démis de son Archevêché. Il fut ensuite pourvu de l'Abbaye de S. Denis en France, & de celle de Buzay de Kemperlé; en 1675, il renvoya son Chapeau de Cardinal au Pape, qui, à la priere du sacré Collége, lui ordonna de le garder jusqu'à sa mort, arrivée à Paris, le 24 Août 1679, âgé de 66 ans, son Corps repose à Saint Denis en France.

5°. Celui de N. . . . . . . sans Inscription.

Il y a dans ce même Caveau un Barillet, qui renferme les Entrailles de François de Harlay, Archevêque de Paris, Duc & Pair de France.

Au bas des marches de l'Autel, il y a une petite Tombe de marbre noir sur laquelle est écrit l'Epitaphe suivante :

D. O. M.

Juxtà hunc lapidem,
Posita sunt Viscera,
Illustriss. ac Reverend. in Christo Patris,
D. D. Franc. de Harlay Chanvallon,
Primi inter Parisienses Archiepiscopos
Ducis & Paris Franciæ,
Regiorum Ordinum Commendatoris,
Eminentissimæ Sorbonæ
Regiæque Navarræ Præpositi ;
Ad Cardinalatum à Rege Lud. M. designati,
Et Generalium Cleri Galliæ Comitiorum
Præsidis.
Vir fuit omnibus cùm animi, tùm corporis
Dotibus ornatissimus, excelso à natalibus
Ingenio
Eloquentiâ genere fuso, cum lænitate quadam
Æquabili, eruditione altissimâ, strenuâ in rebus
Gerendis industriâ, longo usu cumulatâ,
Sincerâ
In Deum Religione, tenerâ charitate in
Proximum,
Fide in Regem eximiâ, comitate erga omnes
Beneficentissimâ ; pacis amore flagrans, quàm
Uberem
Ecclesiæ reliquit. Mortuus est postr. Non. Aug.

de l'Eglise de Paris.

nno Repar. Sal. M. DCXCV. *Vitæ* LXX.
Episc. XLIV.
In pace sit locus hominis pacifici,
Per viscera Misericordiæ
Dei nostri, &c.

D. O. M.

Sous cette pierre sont les Entrailles de très-illustre & très-révérend Pere en Dieu, M. *François de Harlay Chanvallon*, Duc & Pair de France, Commandeur des Ordres du Roi, Proviseur de la Maison de Sorbonne, & Supérieur de la Maison Royale de Navarre. Il fut le premier Archevêque de Paris, nommé par le Roi au Cardinalat. Il fut dix fois Président de l'Assemblée générale du Clergé. Il possédoit toutes les belles qualités de l'ame, & y joignoit tous les agrémens de l'extérieur. Son grand génie égaloit celui de ses Ancêtres. Eloquent sans affectation, aimable par sa douceur, profond dans son érudition, d'une sagacité peu commune dans l'administration des affaires, qu'il avoit acquise par un long usage d'une piété sincére envers Dieu, d'une affabilité peu commune envers tout le monde ; grand amateur de la paix qu'il a pris soin de laisser à l'Eglise.

Il mourut le 9 Août, l'an de J. C. 1695, âgé de 70 ans, & de son Episcopat 44.

Qu'un homme si pacifique repose dans le lieu de paix par les entrailles, de la Miséricorde de Dieu, &c.

Ces deux Chapelles sont fermées par deux Grilles de fer, au-dessus desquelles sont les Armes de Madame de Lesdiguieres Duchesse de Retz, qui a fait faire tous les Lambris, & peindre toutes les Armoiries, dans ladite Chapelle.

La Châsse de S. Marcel.

Vis-à-vis cette Chapelle de Gondy, on a pratiqué au dos de l'Autel des Féries, une Arcade chargée de sculptures & de dorures, au haut de laquelle on lit : *Sancte Marcelle, ora pro nobis*, qui renferme & où on expose à la vénération des Fidéles, la Châsse de S. Marcel 9ᵉ Evêque de Paris, qui est de vermeil doré, faite en forme d'Eglise, avec deux bas côtés : elle est couverte de fleurs de lys ciselées d'applique dans des compartimens à lozange, dont les enfoncemens sont de lames d'or, relevés autour de plusieurs figures d'or, représentans la vie de S. Marcel : le

Vitrage est d'or émaillé, & orné d'un grand nombre de pierres précieuses ; elle pése 498 marcs.

Guillaume d'Auvergne, Evêque de Paris, approuva, par un Acte de l'an 1262, un legs fait par Raimond de Clermont, Chanoine de cette Eglise, pour faire cette Châsse telle qu'on la voit aujourd'hui. Les Reliques précieuses qui y sont renfermées furent transportées dans cette Cathédrale par Eudes de Sully, alors Evêque de Paris, sous le regne de Philippe Auguste.

Dans un Mémoire imprimé depuis quelque tems, l'Auteur prouve que le Corps de S. Marcel a été transféré à Notre-Dame avant le XIe siécle, & qu'il y étoit même dès l'an 886. Il ajoute que cette translation se trouve dans le Martyrologe manuscrit d'*Usuard*, conservé à S. Germain-des-Prés : ce qui est cité encore dans une addition, qui paroît écrite d'une main presque aussi ancienne que celle qui a copié le texte.

Le jour de la Fête de l'Ascension, cette Châsse est portée en grande pompe & cérémonie par le Corps des Marchands Orphévres de Paris, à une Procession annuelle qui fait le tour de la Cité, composée de Messieurs du Chapitre, de ses quatre Filles en chappes & de M. l'Archevêque en habits Pontificaux, accompagné aussi de ses quatres Filles en chappes. On repose la Châsse de Saint Marcel dans une Maison rue de la Calandre, où l'on prétend qu'il a demeuré ; cette cérémonie attire un grand concours de monde, les uns par dévotion, & les autres par curiosité. C'est M. le Cardinal de Noailles qui a fait faire à ses frais & dépens cette Niche, pour renfermer cette Châsse.

20. La Chapelle de la Décolation de S. Jean-Baptiste a été décorée en 1728, avec beaucoup de goût ; la figure de la Vierge qui est posée sur l'Autel, est d'albâtre, & très-estimée des Connoisseurs : on estime aussi un Tableau peint sur bois par *C. Hurel*, qui représente l'Assomption de la Sainte Vierge ; il est encadré dans la Boiserie.

Dans cette Chapelle il y a trois figures élevées sur trois Colomnes de pierre.

Sur l'une est représenté l'Enfant Jesus tenant en sa main droite un compas posé sur un Globe qui est à ses pieds.

Sur l'autre Colomne est la figure de S. Joseph, tenant la figure d'un Chanoine par la main, qui est à genoux, revêtu de ses habits Canonicaux qui est sur la derniere Colomne, lesquelles deux figures ont la face tournée vers l'Autel de ladite Chapelle.

Il y a aussi dans cette Chapelle, une Tombe de marbre noir, sur laquelle on lit :

Cy Gyst Messire *Joachim Dreux*, Conseiller du grand Conseil, Docteur de Sorbonne, Chanoine & Sous-Chantre de Notre-Dame, décédé le 16 Décembre 1716.
Priez pour son Ame.

Cette Chapelle est fermée d'une belle Grille de fer, faite en l'année 1720, aux dépens d'Antoine Dorsanne, Chantre & Chanoine de l'Eglise de Paris.

La Chapelle de Vintimille.

21. Les deux Chapelles de Saint Eutrope & de Sainte Foye, n'en font

qu'une à présent depuis que le Chapitre les a concédées à Charles-Gaspard-Guillaume de Vintimille, des Comtes de Marseille du Luc, Duc de S. Cloud, Pair de France, Chevalier, Commandeur de l'Ordre du S. Esprit, & Archevêque de Paris, pour servir de Sépulture à son illustre Famille. Ce Prélat l'a fait rétablir à ses dépens, de maniere que l'or y brille de toutes parts dans les Panneaux & Lambris : l'Autel est fait en forme de tombeau ; le Tableau qui est au-dessus représente S. Charles Borromée, Cardinal & Archevêque de Milan, qui donne la communion aux Pestiférés, peint par *Charles Vanloo*, en 1743. La bordure, qui est très-belle & bien sculptée, est faite en forme de coquille, dont le haut est orné de Chérubins : le Tableau qui est vis-à-vis, représente S. Pierre en Prison, peint en 1640, par *Vouet* le jeune, qui a saisi le moment où l'Ange du Seigneur le délivre des ses chaînes, & donné par *Garnier & Pierre Auget*. Cette Chapelle est fermée de deux belles Grilles de fer, au haut desquelles sont posées les Armes de cet Archevêque,
d'un

'un côté, & de l'autre celles du
ompte de Luc, son Frere.

A côté de l'Autel dans un grand
anneau de marbre blanc, on a gravé
l'Inscription suivante :

Carolus - Gaspard - Guillelmus de Vintimille,
Ex Comitibus Massiliæ, Dux,
Parisiensis Archiepiscopus,
Dux S. Clodoaldi, Par Franciæ,
Regii Sancti Spiritûs Ordinis Commendator,
Hoc Sacellum ad Juæ Gentis sepulturam
decoravit.
Tum edito novito Breviario,
Tum translato Capitulo San-Germano
Antissiodorensi,
Ad Ecclesiam Parisiensem,
Cultum divinum amplificavit.
In Sedibus Massiliensi, Aquensi, Parisiensi,
Per annos sexaginta & tres Pontifex ;
In urbe etiam Aquinsi, dùm pestis grassaretur,
Caroli Medio lanensis charitatem & fortitu-
dinem æmulatus,
Multis undique rebus piè, sapienter, constan-
ter ac liberaliter gestis ;
Comitiorum Cleri Gallicani Præses octies,
Religioni profuit ;
Morum facilitate & dignitate
Quas in ipso vultu totoque corporis habitu
gerebat,

K

*Amorem pariter ac venerationem
Privatim & publicè confecutus,
Septemdecim annorum fpatio
Quibus Parifienfem Diœcefim gubernavit;
Cum hujus Ecclefiæ Canonicis vixit & amicus
& Pater,
In eorumdem animis perpetuò victurus;
Opiit die XIII Martii,
Anno D. M. DCC. XLVI,
Ætatis LXXXI.
Die XVII ejufdem menfis in Choro humatus;
Optimo Præfuli
Hoc grati animi monumentum,
Capitulum pofuit.*

Charles-Gafpard-Guillaume de Vintimille, des Comtes de Marfeille du Luc, Archevêque de Paris, Duc de S. Cloud, Pair de France, Commandeur de l'Ordre du Saint Efprit, a orné cette Chapelle pour fervir de fépulture à fa famille. Il augmenta le culte divin, tant par la publication du nouveau Bréviaire, que par la réunion du Chapitre de S. Germain l'Auxerrois à celui de l'Eglife de Paris. Il fut élevé aux Siéges pontificaux de Marfeille, d'Aix & de Paris, dans l'efpace de foixante & trois ans. Pendant la pefte qui ravagea la Ville d'Aix, il fut l'imitateur de la charité & du courage de Saint Charles Archevêque de Milan. Il fut huit fois Président de l'Assemblée du Clergé, à l'avantage de la Religion, & se signalant par sa piété, sa sagesse & sa générosité, il se concilia l'amour & la vénération de tous ceux qui le voyoient, par son extérieur affable, & par cette dignité inséparable de sa personne. Pendant dix-sept ans qu'il a gouverné le Diocèse de Paris, il a vécu comme un pere & un ami avec les Chanoines de son Eglise, dans la mémoire desquels il vivra éternellement. Il mourut le 13 Mars 1746, âgé de 81 ans, & le 17 du même mois il fut inhumé dans le Chœur de la Cathédrale. Le Chapitre, pénétré de la plus vive reconnoissance pour un si digne Prélat, a érigé ce monument à sa mémoire.

Dans le second Panneau de marbre blanc, on a gravé :

Carolo-Francisco de Vintimille,
Ex Comitibus Massiliæ du Luc,
Comiti du Luc,
D. D. Archiepiscopi Parisiensis Fratri,
Regiorum Ordinum Equiti Torquato,
Regis in Provincia Legato
Insularum Porquerolles & Lingoustier Præfecto,
Comiti Consistoriano Militari, &c.
Viro de Regno bene merito,
Ob suas præcipuè Legationes,

Apud Helvetios, & apud Carolum VI.
Imperatorem,
Ad quos missus est à Rege Ludovico XIV.
Canonici Parisienses
Hoc Monumentum posuere,
Quin & Genti Vintimilli
Genus ab illo ducenti
Nomen ipsius & Insignia gestanti,
Ad propagandam memoriam arctæ necessitudinis
Quæ DD. Archiepiscopum ejus fratrem &
Capitulum
Semper conjunxit,
Hoc Sacellum iidem ad Sepulchrum dedere.
Obiit in Castro de Savigni, die XIX Julii,
Anno D. M. DCC. XL, ætatis LXXXVIII.

Les Chanoines de l'Eglise de Paris ont érigé ce Monument à *Charles-François de Vintimille*, des Comtes de Marseille du Luc, frere de M. l'Archevêque de Paris, Commandeur des Ordres du Roi, Lieutenant de Roi dans la Provence, Gouverneur des Isles de Proquerolles & Lingoustier, Conseiller d'Etat d'Epée. Homme à qui la France doit beaucoup, à cause des Ambassades qu'il a remplies auprès des Suisses & de l'Empereur Charles VI, auxquelles il avoit été nommé par Louis XIV.

Le Chapitre a aussi accordé la Sépulture dans cette Chapelle à ses descendans & à toute sa famille portant son nom & ses armes, pour perpétuer la mémoire de l'étroite amitié qui a toujours regné entre feu M. l'Archevêque & le Chapitre : il mourut au Château de Savigni, le 19 Juillet 1740, âgé de 88 ans.

La Chapelle de Noailles.

22. Les Chapelles de S. Martin, de Sainte Anne & de S. Michel ont été réunies en une seule, depuis la concession de Messieurs du Chapitre, à Louis-Antoine de Noailles, Cardinal, Duc de S. Cloud, Pair de France, Chevalier, Commandeur de l'Ordre du S. Esprit & Archevêque de Paris, en considération des dépenses considérables que ce Prélat a faites pour cette Eglise, pour servir de Sépulture à son illustre Famille, comme un monument perpétuel de l'estime particuliere qu'ils ont toujours eue pour ses rares qualités vraiment pastorales, qui lui ont si justement attiré la vénération de tout le Royaume.

Le rétablissement de cette Chapelle, sous l'invocation de S. Louis, Roi de France, a été en partie fait aux dépens de ce Prélat, sous la conduite de *Boisfranc*, Architecte du Roi. Ce qui tient lieu de tableau de l'Autel, représente l'Assomption de la Vierge, en métail doré & sculpté en bas-relief, & appliqué sur un marbre jaspé. L'or y est prodigué partout, même sur les nuages qui se confondent avec les Anges & les Chérubins, qui sont aussi de métail doré; ce qui fait un effet admirable : Notre Seigneur est en bas relief au-dessus de l'Autel, qui donne les clefs à S. Pierre, exécuté par *Renier Fremin*, Sculpteur du Roi.

Aux deux côtés de l'Autel, sont deux Figures de grandeur naturelle de marbre blanc, faites en rond de bosse, élevées & posées sur des Piédestaux aussi de marbre, dont Saint Maurice du côté de l'Epitre, & Saint Louis du côté de l'Evangile. Ces deux morceaux ont été exécutés par *Jacques Bourseau*, Sculpteur du Roi. Sur les Piédestaux sont les Armes de M. le Cardinal de Noailles & de M. le Maréchal de Noailles.

Tous les Panneaux du tour de cette Chapelle en dedans sont de marbre blanc, encadrés dans des Lambris de marbre choisi de différentes couleurs. Entre les deux Croisées, presque au-dessous du Vitrage, du côté de l'Autel, il y a une Urne de porphire, ornée d'une tête de Chérubin & de festons de feuilles de Cyprès, qui renferme le Cœur du Cardinal de Noailles; le tout executé par *du Goubet*, Sculpteur du Roi.

Le Chapitre de Paris a fait graver l'Inscription suivante sur un des grands Panneaux de marbre blanc, qui est proche l'Autel, en reconnoissance des grands biens que cet illustre Prélat a faits à son Église.

Eminentissimo & Reverendissimo
Ludovico - Antonio de Noailles,
S. R. E. Cardinali, Parisiensi Archiepiscopo,
Duci S. Clodaldi, Pari Franciæ, Regii
Ordinis S. Spiritûs Commendat. &c.
Ob resarcitas & insigniter decoratas,
Complures ejus Ædis partes,
Caduca multis locis hac Basilica
Graviores imposterum ruinas minabatur;
Necessarios tanto operi sumptus, in se
Unum recipere voluit piè munificus Pontifex;
Nec satis habuit instaurare sacra tecta Templi,
Atque infirma & laborantia fulcire, nisi insuper
Carissimam sibi Sponsam, alienus ipse ab omni

Faſtu, eleganter adornaret. Sic autem divinæ
Domûs
Decori conſuluit, ut indè
Nihil detrimenti viva Chriſti Templa cape-
rent ;
Cui munificentiæ, non magis ex
Annuis reditibus,
Quam ex uberi modeſtiæ, & frugalitatis
Fundo ſuffecit.
Locandæ decentiùs S. Marcelli Capſæ,
Ædiculum ponè Sanctuarium condidit,
Duplicem Ambonem, & applicata
Utrique Altaria excitavit.
Cameram decurſatam, ſub minori
Campanili faſtiſcentem, demolitus,
Novam conſtruxit.
Templum interius, deterſo veteri ſitu,
Priſtino nitori reſtituit ;
Plumbeum tectum vetuſtate detritum
Inſtauravit ;
Effictam in modum Roſæ majorem
Feneſtram, quæ ſpectat ad Meridiem, refecit ;
Sacellum hoc, humandis Gentilium ſuorum
Corporibus aſſignatum, decoravit.
Capitulum Pariſienſe hoc grati
Ergà optimum Patrem & ſanctiſſimum
Præſulem animi Monumentum
Poſuit,
Anno R. S. M. DCC. XXVII.

A l'Eminentiſſime & Révérendiſſime Louis-Antoine de Noailles, Cardinal de la Sainte Egliſe Romaine, Archevêque de Paris, Duc de S. Cloud, Pair de France, Commandeur de l'Ordre du S. Eſprit, &c. Ce pieux & généreux Prélat a fait réparer à ſes dépens, & orner magnifiquement pluſieurs endroits de cette Egliſe qui tomboient en ruine. Ennemi de tout faſte, auquel il avoit renoncé, il ſe fit un devoir de contribuer à ce qui pouvoit ſervir d'ornemens à cette Egliſe, qu'il chériſſoit comme ſon épouſe ; & fit en ſorte par la ſolidité des ouvrages qu'il a fait conſtruire, que les Temples vivans de Jeſus-Chriſt n'y couruſſent aucun riſque. Il épargna ſur ſes revenus, & ſe réduiſit à une extrême frugalité, pour ſubvenir à cette dépenſe immenſe. Il a fait placer décemment la Châſſe de S. Marcel derriére le Sanctuaire. Il a fait conſtruire les deux Jubés & les deux magnifiques Chapelles qui y ſont appliquées. Il a fait démolir la voûte de deſſous le petit Clocher, qui menaçoit ruine, & l'a fait rebâtir à neuf. Il a fait reblanchir l'intérieur de cette Egliſe que le tems avoit rendue fort ſale. Il a fait rétablir les plombs qui couvrent le toît, qui étoient dépéris par la vétuſté. Il a fait refaire à neuf la grande Roſe du côté du Midi. Enfin, il a fait décorer cette Chapelle pour servir de sépulture à sa Famille. Le Chapitre de l'Eglise de Paris, dont il étoit le Pere par sa bonté & sa générosité, lui a consacré ce Monument, l'an de Notre Seigneur J. C. M DCC XXVII.

Dans un Ovale de marbre blanc placé au-dessous de l'Urne dont nous avons parlé ci-dessus, on lit :

Dans cette Urne est le Cœur de Louis-Antoine de Noailles, Cardinal, Prêtre, du titre de S. Sixte, Archevêque de Paris, Duc de S. Cloud, Pair de France, Commandeur de l'Ordre du S. Esprit, Proviseur de Sorbonne, & Supérieur de la Maison de Navarre, dont le Corps repose devant la Chapelle de la Sainte Vierge, décédé le 4 Mai 1729, âgé de 78 ans.

Requiescat in pace.

Sur un autre marbre blanc, on a gravé l'Epitaphe suivante. Nous ne donnerons ici que ces trois premieres lignes.

EPITAPHIUM

Eminentissimi Cardinalis de Noailles, *Inscriptum in marmore, sub quo jacet illius Corpus.*

Antè Sacellum B. M. Virginis in Navi.

Ad pedes Dei-paræ, &c. Voyez page 124.

EPITAPHE

De l'Eminentissime Cardinal DE NOAILLES, gravée sur le marbre sous lequel son Corps repose devant la Chapelle de la Vierge dans la Nef.

Ici repose, &c. *Voyez page* 125.

Au-dessous de cette Inscription Latine on a gravé sur un marbre blanc :

L'an M. DCC. LVI.

Très-haut & très-puissant Seigneur, *Adrien-Maurice* Duc *de Noailles*, Pair & premier Maréchal de France, Chevalier des Ordres du Roi & de la Toison d'Or, Gouverneur Général de la Province de Roussillon, premier Capitaine des Gardes de Sa Majesté, Ministre d'Etat, &c.

A fait achever la décoration de cette Chapelle, dont les Ouvrages avoient été interrompus depuis le décès de RR. Cardinal de Noailles son oncle, a fait revêtir de marbre la partie qui fait face à l'Autel ;

A fait placer au-dessus le Tableau représentant la Résurrection de Notre Seigneur, & les Saintes Femmes au Sépulchre, peint à Rome par *Natoire*;

Et après avoir fait redorer les bronzes, refaire le vitrage & les autres ornemens de la Chapelle, a fait graver les marbres destinés à recevoir les Epitaphes de ceux de son illustre Famille qui y reposent.

Vis-à-vis l'Autel est gravé sur un marbre blanc :

Dans cette Chapelle concédée à la Famille de Noailles, par Conclusion du Chapitre du 12 Novembre 1708, reposent les Corps du très-haut & très-puissant Seigneur Messire Anne-Jules, Duc de Noailles, Pair & Maréchal de France, Commandeur des Ordres du Roi, Gouverneur pour Sa Majesté des Comtés & Vigueries de Roussillon, Conflans & Cerdagne, Gouverneur particulier des Ville & Citadelles de Perpignan, ci-devant premier Capitaine des Gardes du Corps de Sa Majesté, & Viceroi de Catalogne, décédé à Versailles le 12 Octobre 1708, âgé de 58 ans, transporté de l'Eglise des Capucines de Paris, en cette Eglise, le 3 Décembre 1708.

de l'Eglise de Paris.

Et le même jour trois Décembre 1708, ont été transportés de l'Eglise des Capucines de Paris, dans l'Eglise de Notre-Dame de Paris, les Corps du fils aîné, non nommé, né le 2 Octobre 1674, & inhumé aux Capucines le 3 dudit mois.

De Louis-Marie de Noailles, baptisé à Saint Germain-en-Laïe le 20 Novembre 1675, décédé le 10 Mai 1680, & inhumé aux Capucines le 20 dudit mois.

D'Anne-Louise de Noailles, née & baptisée à Saint Germain-en-Laïe le 30 Octobre 1679, décédée le 28 Avril 1684, & inhumée aux Capucines le lendemain.

De Jean-Anne de Noailles, né le 13 Octobre 1681, baptisé le même jour à S. Roch, décédé le 28 Avril 1684, & inhumé aux Capucines le lendemain.

De Louis-Paul de Noailles, né le 15 Décembre 1676, baptisé à S. Roch le même jour, décédé le 31 Mars 1685, & inhumé aux Capucines le lendemain.

De Julie-Françoise de Noailles, née le 10 Décembre 1682, baptisée à S. Roch le 3 Octobre 1684, décédée le 20 Avril 1685, & inhumée aux Capucines le 21 dudit mois.

D'un fils, non nommé, né au mois de Septembre 1680, décédé le 6 Mai 1685, inhumé aux Capucines le lendemain.

De Marie-Christine de Noailles, née a mois d'Avril 1694, baptisée à Versailles décédée le premier Juin 1696, & inhumé aux Capucines le lendemain.

Tous Enfans dudit Seigneur Maréchal Duc de Noailles; & ont été inhumés le mêm jour, dans la Cave de cette Chapelle, auprès du Corps de Monseigneur leur pere, de haute & puissante Dame, Madame Marie-Emilie de Noailles, épouse de Messire Emmanuel de Rousselet, Marquis de Chateau-Renauld, Seigneur de la Poissonniere, &c. Chevalier de l'Ordre Militaire de S. Louis, Capitaine des Vaisseaux du Roi, Lieutenant Général pour sa Majesté de la haute & basse Bretagne, décédée le 7 Mai 1723, âgée de 33 ans.

De anonyme de Noailles, né & ondoyé une heure auparavant; fils de Louis de Noailles, Duc d'Ayen, Lieutenant Général des Armées du Roi, & de Françoise-Catherine-Charlotte de Cossé de Brissac, Duchesse d'Ayen, décédé le 8 Juin 1748.

de l'Eglise de Paris.

Dans le rond du dessous :

CY GIST

Très-haute & très-puissante Dame Marie-Françoise de Bournonville, &c.

Et ensuite sur les côtés, est gravé :

CY GIST

Illustre & religieux Seigneur, frere Jacques de Noailles, ci-devant Lieutenant Général des Galeres de France & des Armées du Roi, Baillif de l'Ordre de S. Jean de Jérusalem, Ambassadeur dudit Ordre près de Sa Majesté; Commandeur des Commanderies de S. Thomas de Trenquetaille en Provence, & de la Croix en Embrie, né à Paris, & décédé le 22 Avril 1712, âgé de 58 ans.

CY GIST

Haut & puissant Seigneur Messire Jean-Emmanuel, Marquis de Noailles, Brigadier des Armées du Roi, Lieutenant de Roi de la Province de Guyenne, né le 26 Décembre 1692, & décédé à l'Hôtel de Noailles le 16 Décembre 1725, âgé de 33 ans.

CY GIST

Très-haute & puissante Dame Marie-

Françoise de Bournonville, veuve de très-haut & très-puissant Seigneur Anne-Jules [de] Noailles, Pair & Maréchal de France, Ch[e]valier des Ordres du Roi, Gouverneur [de] Roussillon & de Catalogne, premier Capita[ine] des Gardes du Corps de Sa Majesté, & décédée à l'Hôtel de Noailles, le 16 Jui[l]let 1748, âgée de 94 ans.

Le grand Tableau qui est au-dess[us] de toutes ces Inscriptions, représen[te] la Résurrection de Notre Seigneur & les Saintes Femmes: il a été pein[t] à Rome en 1735, par *Natoire* Pein[-]tre d'un grand mérite, & est enca[-]dré dans une bordure délicatemen[t] sculptée & dorée, au-dessus de laquelle sont les Armes de M. le Maréchal de Noailles.

Cette Chapelle est fermée de deux belles Grilles de fer, ornées de do-rures, qui supportent d'un côté les ar-mes du Cardinal de Noailles, & de l'au-tre celles du Maréchal Duc de Noailles.

23. La Chapelle de S. Fereol & de S. Ferustien, fondée en 1320, par *Hugues de Besançon*, Chantre & Cha-noine de cette Eglise, & depuis décorée avec beaucoup de magnificence par *Michel le Masle*, Prieur, Chantre & Chanoine de cette même Eglise, &

ecretaitre des Commandemens du ardinal Duc de Richelieu. Il a fait eindre en 1654, par *Philippe Champagne*, dans les Panneaux qui sont ncadrés dans les Lambris, plusieurs ujets tirés de l'ancien & du nouveau Testament. Le Tableau de l'Autel représente S. Michel qui terrasse le Démon : celui qui est vis-à-vis représente l'Annonciation, peint en 1669 par *Boulogne le Pere*, donné par *de Ber-Quan & Simon Grouard*. Les Armes de M. le Cardinal de Richelieu sont dans le milieu du Vitreau, & au bas, dans deux Panneaux, les Armes de Monsieur le Masle.

Le Marche-Pied de l'Autel couvre la Tombe, en marbre noir, de Pierre de Lescot, Abbé de Cluny, & Chanoine de cette Eglise, décédé en 1578, âgé de 68 ans. Il a excellé dans l'art de l'Architecture, sous les quatre derniers Rois de la Race des Valois : une partie du Louvre a été bâtie sur ses desseins.

Epitaphe qui est sous le Marche-Pied de la Chapelle.

DEO OPTIMO MAXIMO.

Petro Lescotio *de Gente* DD. *Alissy*, *Domino à Clugny*, *Monasterii Beatæ Mariæ Abbati Commendatorio*, *Regum sub quibus vixit*, *Francisco primo, Henrico secundo, Carolo nono, Henrico tertio à Consiliis, hujus insignis Ecclesiæ Parisiensis Canonico. Obiit quartâ Idûs Septembris, anno Domini 1578, ætatis suæ 68.*

Leo de Lescot *ex fratre nepos, è successione Clanius, à resignatione Claromontanus Abbas, Regius in Senatu Parisiorum supremæ Curiæ Parlamenti Consiliarius, in Ecclesiâ Parisiensi Canonicus, Patruo suo carissimo de se bene merito mœrens hoc Monumentum posuit. Obiit tertiâ Idûs Novembris, anno Domini 1614.*

Pars ego prima mei, mecum ergò immortale creatum;

Expecto in Patria peregrè heic me ex parte relictum;

Hæc mea quæ terris, mea non domus, ultima cœlo est.

A Dieu très-bon & très-grand;

Et à *Pierre de Lescot* de la Famille d'Alissy,

bbé Commendataire de l'Abbaye de Notre-ame de Clugny, Conseiller des Rois sous e regne desquels il a vecu; sçavoir, François I, Henri II, Charles IX & Henri III, hanoine de l'Eglise de Paris. Il mourut le quatriéme des Ides de Septembre, l'an du Seigneur 1578, âgé de 68 ans.

Leon de Lescot son neveu paternel, par succession de la famille des Clany, & par résignation Abbé Royal de Clermont, Conseiller de la Grande Chambre du Parlement, Chanoine de l'Eglise de Paris, a fait ériger ce Monument avec douleur à son cher Oncle, en reconnoissance des services qu'il en a reçu. Il mourut le troisiéme des Idés de Novembre de l'année 1614.

La partie la plus noble de mon être a été créée avec moi immortelle,

J'attends dans le Ciel ma Patrie bien éloignée de la terre, la réunion de mon Corps qui reste ici sur terre;

C'est ici ma demeure sur la terre; mais elle ne l'est pas; ma derniere demeure est dans le Ciel;

De plus dans la même Chapelle repose le Corps de Michel le Masle,

Prêtre, Chantre & Chanoine d[e] l'Eglise de Paris, Prieur des Roches, qui trépassa le 25 Février de l'année 1662.

On voit ensuite en dehors de la Chapelle adossée contre un Pillier, une Epitaphe sur laquelle on lit:

Ci-devant cette Chapelle gist vénérable & discrete personne Maître *Jean de Montigny*, en son vivant Docteur Régent en la Faculté de Décret à Paris, Archidiacre de Sezanne en l'Eglise de Troyes, Chanoine de ceans, Conseiller du Roy notre Sire en sa Cour de Parlement, qui trépassa l'an 1471, le 3 d'Octobre. Dieu lui fasse pardon.

24. La Chapelle de S. Jean-Baptiste & de la Magdeleine. Le Tableau de l'Autel représente Notre Seigneur au Jardin des Olives, conforté par un Ange dans son agonie. Le retable d'Autel représente Notre Seigneur qui porte sa Croix, allant au Calvaire accompagné de deux Larrons, de S. Jean, la Magdelaine & la Sainte Vierge. Le devant de l'Autel représente Notre Seigneur dans le Tombeau. Sur la muraille vis-à-vis l'Autel, il y a un Médaillon en marbre

lanc représentant la mere de douleur.

Dans les quatre Panneaux de menuiserie en face de l'Autel, on a eprésenté les quatre Fins de l'homme; & dans ceux au-dessous de la Croisée, la Magdelaine, & le repentir & la pénitence de S. Pierre qui pleure son péché, peints par *de Saint Yves*, en 1702.

Dans cette Chapelle il y a plusieurs Tombes.

Sur la premiere, on lit :

DEO OPTIMO MAXIMO,

Et piæ memoriæ clarissimi Viri Magistri Jacobi Charton, Pontesiani, quem naturæ bonitas, tranquilli moderatiq; mores, ingenii sagacitas, strenuusq; labor ac doctrina feliciter utriq; respondens, Sorbonnæ Socium ac Doctorem, Ecclesiæ Parisiensis Penitentiarum ac Canonicum, totiusq; Ordinis Carmelitarum in Francia Superiorem ascripsere. Christianæ pietati utilem per omnia Virum, cujus ex ore populus documenta vitæ, peccatores medicamenta vulnerum, mœsti ac timidi solatia conscientiæ incerti ac fluctuantes agendi consilia, probi ac sapientes solidioris prudentiæ responsa exciperent. Qui pias omnes in causas extendens se, se semper in propriam salutem intentus, annos vitæ duos & septuaginta, indefessi laboris suprà quinquaginta exegit, ac biennali ante exitum conflictatus morbo, quo se tanquam in solitudinem reciperet, atque unicè meditaretur annos æternos, tandem mortales exuvias æternitati maturus deposuit, die 4 Novembris, anno 1669.

Quo verò sibi aliisq; Fidelibus post fatum prodesse pergeret Anniversarium sacrum in hac Ecclesiâ perpetuò celebrandum fundavit.

Illi bene præcare.

AU DIEU TRÈS-BON ET TRÈS-GRAND,

Et au pieux ressouvenir d'Homme très-illustre, Me. *Jacques Charton*, de Pontoise, que la bonté de son naturel, la douceur & la modération de son caractere, la sagacité de son génie, son travail assidu, & sa science qui cadroit admirablement à tout, avoient élevé au Doctorat, & aggrégé à la Maison de Sorbonne, l'avoient fait choisir pour être Chanoine & Pénitencier de l'Eglise de Paris, & Supérieur Général de l'Ordre des Carmes dans toute l'étendue de la France. Il avoit sur-tout le talent d'inspirer la piété chrétienne, il instruisoit le peuple par ses discours, il donnoit aux Pécheurs des remédes sûrs pour les playes de leurs ames, il rasturoit les consciences timorées, il fortifioit les tristes & les chancelans par de bons conseils ; les gens de bien & les Sages trouvoient dans ses entretiens une prudence consommée pour leur conduite ; il n'étoit occupé que de la piété & de son salut. Il vécut soixante & douze ans, dont il en passa cinquante dans un travail continuel ; & deux ans avant sa mort il fut attaqué d'une maladie qui le réduisit comme dans une solitude où il médita continuellement les années éternelles. Enfin mûr pour l'éternité, il dépouilla sa mortalité le quatriéme jour de Novembre de l'année 1660.

Et pour se procurer après sa mort quelque avantage, ainsi qu'au reste des Fidéles, il fonda à perpétuité dans cette Eglise une Messe anniversaire.

Sur la seconde, à côté vers la porte, on lit cette autre :

HIC JACET

Jacobus Charton *Presbyter Pontesianus,*
Sacræ Facultatis Parisiensis Doctor
Et Socius Sorbonicus,

Ecclesiâ Parisiensi Canonicus & Pœnitentiarius,
Jacobi Charton *ex fratre nepos*,
Expectans Resurrectionem mortuorum.
Obiit ultimâ Decembris die anno 1684.
Illi benè precare.

CY GIST

Jacques Charton, Prêtre de Pontoise Docteur de la Faculté de Paris, & Aggrégé de Sorbonne, Chanoine & Pénitencier de l'Eglise de Paris, neveu par son pere de Jacques Charton son Prédécesseur, en attendant la Résurrection des Morts, Il mourut le dernier de Décembre l'an 1684.

Priez Dieu pour lui.

Sur la troisiéme, on lit :

In spem Israël
Hic jacet
Joannes Bernardus Oursel,
Presbyter Parisiensis
Sacræ Facultatis Parisiensis
Doctor Theologus,
Hujus Ecclesiæ Canonicus
Et Pœnitentiarius,
Doctrinâ
Et morum omnem sanctitatem spirantium,
Lenitate

de l'Eglise de Paris.

Lenitate
Æquè insignis.
Quarto Idus Januarii 1730.
Obiit ætatis suæ, ætatis sexagesimo quinto.

Illi bene præcare.

Cy gist, dans l'espérance d'Israël, *Jean-Bernard Oursel*, Prêtre de Paris, Docteur en Théologie de la Faculté de Paris, Chanoine & Pénitencier de cette Eglise, également remarquable par la douceur de son caractere qui inspiroit toute sainteté, & par sa Doctrine. Il mourut le quatriéme des Ides de Janvier de l'année 1730, âgé de 65 ans.

Priez Dieu pour lui.

On voit ensuite en dehors de la Chapelle adossée contre un Pilier, une Epitaphe sur laquelle on lit :

Cui hac Inscriptio ?

Clarissimo Viro Theologiæ Doctori, Canonico & Pœnitentiario Parisiensi, Ludovico Godebetto Ambiano, *illustrium* Gondiorum *Patrui Cardinalis & Nepotis Episcopi Parisiensis Vicario Generali, qui quanto honore & observantiâ Ecclesiam Parisiensem coluerit, in vita & in morte testatus suis, omnibusque piis, desiderium sui non inter mori-*

turum relinquens ; diem clausit extremum tertio Idûs Julii, anno Domini 1607. Cujus Manes in pace quiescant.

Benè de se merito Robertus Baldensius, Theologus, Canonicus Parisiensis, Sancti Severini Archipresbyter ; atque Vir nobilis Antonius le Quieux, apud Ambianos juridicando Præfectus, hoc mœrentes Monumentum posuere.

Pour qui cette Epitaphe ?

C'est pour un très-illustre Personnage, Docteur en Théologie, Chanoine & Pénitencier de Paris, *Louis Godebert* d'Amiens, Vicaire Général, des illustres *de Gondy* l'Oncle Cardinal, & le Neveu de l'Evêque de Paris ; qui a fait voir pendant sa vie & à sa mort même, le cas qu'il faisoit & le respect qu'il avoit pour l'Eglise de Paris. Il mourut regretté des siens, & de tous les gens de bien, le troisiéme des Ides de Juillet, l'an de Notre Seigneur 1607. Qu'il repose en paix.

Robert Baldens, Théologien, Chanoine de Paris & Archiprêtre de Saint Severin, & noble Homme *Antoine le Quieux*, Lieutenant-Général d'Amiens, ont fait ériger avec larmes ce Monument, en reconnoissance des services qu'il leur avoit rendus.

25. La Chapelle de S. Eustache, dont le Tableau de l'Autel représente la Transfiguration de Notre Seigneur, peint d'après *Raphael*; il y a vis-à-vis un autre petit Tableau représentant la Cêne de Notre Seigneur, peint sur bois par de *Somme*, qui est très-estimé des Connoisseurs. Au-dessous de ce Tableau, on voit le Tombeau en marbre noir du Maréchal de Guébriant, mort le 24 Novembre 1643, d'une blessure au bras d'un coup de fauconneau qu'il reçut en faisant le Siége de Rothweil.

Renée du Bec-Crépin, son épouse, fit transporter son Corps à Paris, qui fut mis en dépôt dans l'Eglise de Saint Lazare, jusqu'au 8 Juin 1644, qu'il fut porté avec pompe, à dix heures du soir, à Notre-Dame, où on lui fit un service, auquel assisterent toutes les Cours souveraines & le Corps de la Ville, par ordre de la Reine Anne d'Autriche, alors Régente ; honneur qu'on n'avoit rendu jusqu'alors qu'aux Rois & aux Fils de France : & pour honorer les services qu'il avoit rendus

à l'Etat, on devoit ériger un Tombeau magnifique à la gloire de c[e]
fameux Général ; mais on ignore c[e]
qui en a empêché l'exécution.

Il avoit épousé Renée du Bec-Crépin, Fille du Marquis de Vardes,
qui fut employée dans différent[es]
Négociations, principalement en P[o]-
logne, avec le titre d'Ambassadric[e]
extraordinaire, honneur qu'on n'a[-]
voit point encore fait à une Femme[:]
elle mourut à Périgueux le 2 Septembre 1659, & fut inhumée dan[s]
cette Chapelle auprès du Maréchal
son Mari.

Au dessous du Tombeau, on voi[t]
leurs Epitaphes suivantes :

Piis & heroïcis Manibus,
Joannes-Baptistæ de Budes,
Comitis de Guesbriant,
Galliæ Polemarchi,
Qui ex antiquâ Britanniæ minoris
Gente editus,
Per omnes Militiæ gradus, ad Rei bellicæ
Apicem, solo virtutis suffragio evectus,
Germaniam implevit rerum gestarum
Gloriâ ; & post multas victorias,
In Obsidione Rohwelliæ urbis lethaliter
Vulneratus, captâ urbe, magno

Exercitûs desiderio & Reip. damno,
Vivis sublatus est, die 24 Novembris
1643, ætatis 42.
Delphino filio moderatorem
estinaverat Ludovicus Justus, Galliæ Rex;
Demùm Regio funere elatus, frequenti
Ordinum concursu, in hac Orbis Gallici
Principe Basilica honorificè conditus est.

Hic etiam sita est
Renata du Bec-Crépin,
Incomparabilis Fæmina,
Natalium splendore & virtutum gloriâ,
Non impar Marito Uxor, quæ inter
Viduitatis luctum & lacrymas,
A Christianissimo Rege, Serenissimæ
Poloniæ Reginæ Mariæ Gonzagæ;
Comes itineris addita:
Suprà Sexûs conditionem, & ad
Singularem prudentiæ Commendationem,
Legationis munere fungens,
Apud Septentrionis Principes,
Germaniam, Poloniam, Italiam,
Et Palias Orbis lagas
In administrationem sui traxit.
Tandem à Ludovico Magno
Regiæ Sponsæ Mariæ Theresiæ,
—Electa Comes honoraria,
Dùm in Aquitaniam ad Reginam

Pergeret apud Petrocovios obiit
Die Septemb. 1659, *ætatis* 59.
Hîc etiam Marito justa persolvi,
Singulis annis curavit,
Die XXIV *Novembris.*

Cy gît *Jean-Baptiste de Budes*, Comte de Guesbriant, Maréchal de France, issu d'une des plus anciennes Maisons de Bretagne, lequel, après avoir passé par tous les différens grades de la Guerre, parvint par sa valeur au dégré le plus éminent. Il laissa dans toute l'Allemagne des monumens de sa gloire; & après avoir remporté plusieurs victoires, il fut blessé mortellement au Siége de Rohweil : il mourut après le Siége de la ville, également regretté des Soldats & de l'Etat. Louis le Juste l'avoit désigné Gouverneur de son fils. Il a été inhumé dans cette Métropole avec une pompe vraiment royale, à laquelle les différens Ordres de l'Etat se sont fait un devoir d'assister.

Ici repose aussi *Renée du Bec-Crepin*, qu'on pouvoit appeller une Femme incomparable, digne par sa haute naissance & par ses vertus d'être l'épouse d'un si grand homme ; pendant son veuvage, le Roi voulut qu'elle accompagnât dans son voyage, Marie de Gonzague, Reine de Pologne. Elle fut revêtue du titre d'Ambassadrice extraordinaire en Pologne, honneur qui étoit au-dessus de son Sexe, & dont elle fut redevable à sa prudence & à ses rares qualités. Elle fut aussi employée dans différentes Négociations auprès des Princes du Nord, d'Allemagne, de Pologne, d'Italie & d'autres Souverains de l'Univers. Enfin, Louis XIV l'ayant élevée à la dignité de Dame d'Honneur de la Reine Marie-Thérèse son épouse, elle mourut à Périgueux, en allant en Guienne trouver la Reine, au mois de Septembre 1659, âgée de 59 ans. Elle a fondé un Service, qui se célèbre dans cette Eglise, tous les ans le 24 Novembre, pour le repos de l'Ame de son Epoux.

Cette Chapelle est fermée par une Grille de fer, au-dessus de laquelle sont les Armes du Maréchal de Guesbriant.

26. La Chapelle de S. Jean l'Evangeliste & de Sainte Agnès. Le Tableau de l'Autel représente deux Chanoines à genoux en habit de Chœur, avec leurs deux Patrons au-dessus, & entre les deux Chanoines leurs Ecussons.

En descendant les bas côtés du Chœur, dans la Croisée du côté du Cloître.

27. LA Chapelle de S. Marcel, autrefois de S. Julien du Mans. Le Tableau de l'Autel représente la Sainte Vierge tenant son Fils Jesus.

En suivant les bas côtés de la Nef.

28. LA Chapelle de S. Nicolas, actuellement la Chapelle du Grand Pénitencier : cette Chapelle est décorée d'une belle Menuiserie & d'un Confessional dans le milieu ; elle est fermée par une belle Grille de fer faite aux dépens de la Fabrique.

Le Tableau de l'Autel représente...

Le grand Tableau vis-à-vis représente Saint Paul & Sylas, que les Magistrats de Philippe, Ville de Macédoine, avoient fait mettre en prison. Faisans leurs prieres au milieu de la nuit, il se fit un grand tremblement de terre, les fondemens de la prison furent ébranlés, les portes s'ouvrirent, & leurs chaînes se romirent. A ce spectacle le Géolier voyant tous les Prisonniers sauvés, eut se tuer; mais S. Paul le rassura en lui criant : ne vous faites point de mal, nous voici tous. On apporta de la lumiere, le Géolier se jetta à leurs pieds tout tremblant, & demanda aux Apôtres ce qu'il falloit faire pour être sauvé, peint en 1666 par *Nicolas de la Platte-Montagne*, & donné par *Mederic de Veau* & *Nicolas de Bonniéres*. Cette Chapelle a fini d'être décorée telle qu'elle est en 1763.

29. La Chapelle de Sainte Catherine. Cette Chapelle a été accordée par le Chapitre à Charles de la Grange Trianon, Diacre & Chanoine Jubilé de cette Eglise, Abbé Commendataire de l'Abbaye de S. Sever, Ordre de S. Benoît, Diocèse de Coûtance, Prieur de Saint Martin, du vieil Belesme, & de Divette près Chevreuse, Conseiller en la Grand'Chambre du Parlement de Paris, & Doyen des Conseillers Clercs, pour lui servir de sépulture. Il mourut le 10 Juillet 1733, âgé de 80 ans, & le dernier de sa Fa-

mille, très-illustre & très-ancienne dans la Robe.

Il fit par son Testament une donation considérable au Chapitre pour faire décorer sa Chapelle, pour faire l'Aigle qui est dans le Chœur, & pour subvenir à la réparation de l'Orgue, à la charge d'une Messe anniversaire en musique pour le repos de son ame.

Cette Chapelle est ornée d'une belle Menuiserie. Le Tableau de l'Autel représente le Martyre de Sainte Catherine, peint par *Vien*, en 1752.

Vis à vis l'Autel est un Tombeau de marbre noir veiné, sur lequel s'éleve une Pyramide de marbre dont le fond est de chipolin. Au bas de la Pyramide est un Médaillon de marbre blanc où est représenté en relief l'Abbé de la Grange ; ses Armes sont sur le Tombeau, & au bas est gravé sur un marbre blanc cette Epitaphe :

DEO OPTIMO MAXIMO.

Hic jacet

Beatam expectans Resurrectionem,

Carolus de la Grange Trianon,

Diaconus Parisinus, à die septimâ mensis

de l'Eglise de Paris.

*Aprilis 1679,
Hujusce Ecclesiæ Canonicus à die quartâ
Aprilis 1728, Jubilæus,
Abbas, Baro Sancti Severi, in supremâ Curiâ
Parlamenti Senator.
Urbanitate quâ Generis nobilitati par esset,
Æquabilitate vitæ
Benefica in omnes voluntate omnibus cha-
rissimus ;
Decorem Domûs ejus imprimis dilexit ;
Chorum eleganti ditavit Aquilâ,
Sacellum istud suo ære ornavit.
Obiit die Veneris, decimâ mensis Julii,
Anno 1733.
Octoginta annos natus.*

Requiescat in pace.

Ici repose, en attendant la Résurrection bienheureuse, *Charles de la Grange-Trianon,* ordonné Diacre à Paris le 7 Avril 1679, & Chanoine Jubilé de cette Eglise le 4 Avril 1728, Abbé, Baron de Saint Sever, & Conseiller au Parlement. Sa douceur égaloit la noblesse de son extraction ; il s'attira l'amour de tous ceux qui le connoissoient par l'égalité de son humeur, & par sa générosité. Il a sur-tout aimé à orner cette Eglise. Il a fait présent d'un magnifique Aigle, pour être placé dans le Chœur, & a orné cette Chapelle à ses dépens. Il mourut le 10 Juillet 1733, âgé de 80 ans.

Requiescat in pace.

Cette Chapelle est fermée d'une belle Grille où sont ses Armes. Elle a été décorée telle qu'on la voit aujourd'hui en l'année 1752.

30. La Chapelle de S. Julien le pauvre & Sainte Marie Egyptienne, qui a été accordée par le Chapitre à Nicolas Parquet, Chanoine honoraire de l'Eglise de Paris, ancien Vicaire Général du Diocèse, ancien Curé de la Paroisse de Saint Nicolas des Champs, Abbé Commendataire de l'Abbaye Royale de Notre-Dame de la Crette, Ordre de Citeaux, & Syndic du Clergé, pour lui servir de Sépulture. Il l'a fait orner telle qu'on la voit aujourd'hui à ses dépens, & l'a fait fermer d'une belle Grille de fer qui porte ses Armes. Cette Chapelle a été décorée en l'année 1756. Il est mort le 14 Septembre 1757, & son Corps repose dans la Cave de cette Chapelle.

Le Tableau de l'Autel représente

ozime donnant la sainte Communion à Sainte Marie Egyptienne, célébre Pénitente du cinquiéme siécle. Ce Tableau est très-beau & très-estimé des Connoisseurs, & passe pour un des meilleurs que *Baugin* ait peint : il a été gravé par *Duflos*.

Le Tableau vis-à-vis représente les Nôces de Cana, où Notre Seigneur fit son premier miracle, en changeant l'eau en vin, peint en 1681, par *Cotelle*, & a été donné par *les Confreres de Sainte Anne*, ou autrement *du May*, suivant le nouveau Réglement du Corps des Orfévres ; ce qui empêcha, cette année là, de faire élection de nouveaux Confreres de Sainte Anne.

31. La Chapelle de S. Laurent, dont le Tableau de l'Autel représente ce Saint que l'on étend sur un gril ; le grand Tableau qui est vis-à-vis représente les Miracles extraordinaires que Dieu fit à Ephese par les mains de Saint Paul, jusques là même que les linges & mouchoirs qui avoient touché le Corps de ce grand Apôtre, étant appliqués sur les Malades, les guérissoient & chassoient les Démons du corps de ceux

qui en étoient possédés, peint en 1646, par *Louis Boulogne*, & donné par *François de la Haye* & *Guillaume Langlois*.

32. La Chapelle de Sainte Genevieve. Le Tableau de l'Autel représente la Sainte Vierge & son Fils Jesus, accompagnés de S. Jean-Baptiste & de Sainte Genevieve, peint par *Baugin*.

33. La Chapelle de S. George & de S. Blaise. Le Tableau de l'Autel représente la Sainte Vierge douloureuse de la mort de J. C. son Fils, & des Anges à côté versant des larmes, qui expriment l'intérêt que le Ciel prend au deïcide commis par les Juifs en la personne du Sauveur, peint par *Baugin*.

34. La Chapelle de S. Leonard, dont le Tableau de l'Autel représente ce Saint en habit de Guerrier, peint par *Philippe Champagne*, en 1669; le Tableau qui est vis-à-vis, est un Vœu de Madame la Grande Duchesse, pour sa maladie, peint par *Dumesnil*, Pere.

A chaque porte collatérale de la Croisée de la Nef, il y a un Benitier de marbre blanc, sur lequel on lit ces mots qui sont mêlés de caracteres Grecs & Romains :

ΝΙΨΟΝΑΝΟΜΗΜΑΤΑ.
ΜΗΜΟΝΑΝΟΨΙΝ.

Ce qui signifie *Lava iniquitates ; Iniquitates lava*, c'est-à-dire Lavez vos péchés.

LE TRÉSOR
ET LA GRANDE SACRISTIE.

LE Trésor & la grande Sacristie sont pratiqués dans l'arcade qui est entre la Chapelle de S. Pierre Martyr, & celle de S. Denis & Saint George, sur le même alignement des autres Chapelles qui éclairent le bas-côté méridional du Chœur.

Le Bâtiment qui les contenoit étant très-ancien, & menaçant ruine, on l'a démoli pour en construire un plus solide, & en même-tems plus commode & plus convenable pour le service de l'Eglise.

On a commencé au mois d'Avril

1756, les fouilles pour les fondations du nouveau Bâtiment du Tréſor, & on a été à deux pieds au-deſſous des fondations de l'Egliſe qui avoient vingt-quatre pieds. A environ vingt pieds de profondeur, l'eau eſt venue en ſi grande abondance, qu'on a été obligé d'établir des pompes jour & nuit. A vingt-ſix pieds de profondeur on a mis la premiere aſſiſe qui eſt de pierre de taille dure d'Arcueil, poſée ſur un lit de mortier, de chaux & ſable de riviere; toutes les autres aſſiſes ſont pareillement de pierre dure coulées avec pareil mortier de chaux & ſable.

Le Jeudi 12 du mois d'Août 1756, M. l'Abbé de *Saint Exupery*, Doyen de l'Egliſe de Paris, en Surplis & en Aumuce, accompagné de Meſſieurs *Guillot de Monjoye* & de *Corberon*, Chanoines & Intendans de la Fabrique de l'Egliſe de Paris, auſſi en Surplis & Aumuce, a poſé au nom du Chapitre la premiere Pierre au rez-de-chauſſée du nouveau Bâtiment du Tréſor, faiſant l'angle de la ſeconde Porte de l'Archevêché du côté du Parvis, & on a mis dans ladite Pierre qu'on avoit creuſé une boëte de plomb de quatorze pouces en quarré, dans laquelle on a remis sur du charbon broyé une Médaille de bronze de trois pouces de diametre, représentant d'un côté le Buste en relief de Louis XV, & autour ces mots : *Ludovicus XV, Rex Christianissimus* ; & sur le revers de ladite Médaille sont ces mots : *Capitulum Ecclesiæ Parisiensis Regi munifico dicat, Decano D. Saint Exupery, & D. D. Guillot de Monjoye & de Corberon, Canonicis Fabricæ Præpositis.*

M. D. CC. LVI.

Ensuite on a remis une couche de charbon broyé, & une Plaque de cuivre sur laquelle est gravée cette Inscription latine :

IMMORTALITATI.

Anno Reparata Salutis M. D. CC. LVI,
Die Jovis, duodecimâ Augusti,
Benedicti XIV Summi Pontificatûs XVI,
Ludovici XV, Regni XLI,
Christophoro de Beaumont, Archiepiscopo
Parisiensi,
Ab anno M. D. CC. XLVI.

Les Curiosités

Joanne de S. Exupery, Capituli Ecclesiæ Parisiensis Decano;

Harum Ædium sacris rebus asservandis, munificentiâ Regis extructarum, primum Lapidem nomine Capituli supradictæ Ecclesiæ posuit D. de S. Exupery, Abbas Sancti Dionisii Remensis, præsentibus DD. Guillot de Monjoye & de Corberon, Canonicis Fabricæ præpositis, & pluribus è Dominis Parisiensibus Canonicis.

Operâ M. Jacobi Soufflot, Ædium Legiarum Architecti & Inspectoris.

Par-dessus cette Plaque, on a remis du charbon broyé, & ensuite on a refermé la Boëte avec son couvercle de plomb, sur lequel on a remis encore du charbon broyé.

On a mis une semblable Boëte contenant une Médaille de la même façon, & une Plaque de cuivre, dans une pierre de la même assise, faisant l'encoignure du Bâtiment du Trésor du côté de l'Eglise. Sur ladite Plaque de cuivre est gravée cette Inscription françoise :

A L'IMMORTALITÉ.

L'an de Grace M. D. CC. LVI,
Le Jeudi 12 du mois d'Août,

Benoît XIV, étant dans la feiziéme année du Souverain Pontificat,

L'an XLI du Regne de Louis XV, Chriſtophe de Beaumont, Archevêque de Paris, depuis M. D. CC. XLVI.

Jean de S. Exupery, Doyen du Chapitre de l'Egliſe de Paris.

La premiere Pierre de cet Edifice, conſtruit des bienfaits du Roi, & deſtiné à ſervir de Sacriſtie & Tréſor, a été poſée au nom du Chapitre de ladite Egliſe, par M. de S. Exupery, Abbé de Saint Denis de Rheims, en préſence de MM. Guillot de Menjoye & de Corberon, Chanoines & Intendans de la Fabrique, & de pluſieurs autres de Meſſieurs du Chapitre :

Sous la conduite de M. *Jacques Soufflot*, Architecte & Contrôleur des Bâtimens du Roi.

Ce Bâtiment a été commencé en l'année 1756, & il a été fini en l'année 1758.

Cette reconſtruction a été faite de la libéralité du Roi Louis XV, ſous les ordres & la conduite de M. le Marquis de Marigny, Directeur Général des Bâtimens du Roi, & ſur les Plans & Deſſeins de *Jacques Ger-*

main Soufflot, Architecte & Contrôleur des Bâtimens de Sa Majesté. Ce grand Architecte, gêné par l'irrégularité d'un petit espace, par la différence des façades & l'assujettissement des souffrances de toutes espece, a sçu malgré toutes ces difficultés allier les beautés de l'Art aux commodités de la distribution.

La grande Sacristie destinée à l'usage seul des grands Offices, forme la Piece principale ; elle est précédée d'une espece de Vestibule noble & majestueux, de plain-pied avec le Chœur & son bas-côté. La Porte est de forme quarrée à deux Vantaux ; elle est entourée d'un Chambranle de marbre de Languedoc de la hauteur de seize pieds. Au-dessus est une Table de marbre de bleu turquin, sur laquelle est en relief le mot SACRISTIE en lettres de bronze dorées d'or moulu. Les Vantaux sont enrichis, ainsi que le Dormant, d'une Sculpture admirable. Dans ce Dormant on a placé l'Ecusson de France décoré de Palmes & de Guirlandes. Les Vantaux représentent, sous la forme d'épis de froment & de vigne chargée de raisin, les at-

Coupe en travers de la Sacristie et Trésor de l'Église de Notre-Dame de Paris.

Porte de la Sacristie de Notre Dame
Exécutée sur le Dessein de Mr Soufflot.

tributs & symboles des Saints Mysteres, les Vases sacrés, & généralement les principaux Ornemens du Service de l'Eglise.

Dans ce Vestibule à droite est une Porte entourée d'un Chambranle de marbre de Languedoc, laquelle communique dans la Chapelle de Saint Pierre Martyr. Cette Chapelle est ornée d'une belle Menuiserie & de deux beaux Tableaux, l'un représentant S. Pierre guérissant les Malades de son ombre, peint par *Laurent de la Hire*, en 1635, l'autre le Naufrage de S. Paul dans l'Isle de Malthe, peint par *Charles Poerson*, en 1653; elle a son Arcade fermée d'une belle Grille de fer. En face de cette Grille, & immédiatement au-dessous de la Croisée, est une Fontaine en niche avec une Cuvette, le tout de marbre, destinée pour le lavement des mains des Officians. Dans l'angle à droite de cette Fontaine, est un Escalier par lequel on descend dans deux Voutes souterraines, & néanmoins éclairées; l'une est sous la Chapelle, & l'autre est sous la Sacristie.

A gauche de ce beau Vestibule est une Porte en face de l'autre, & décorée de même. Par cette Porte on descend à une Sacristie basse, destinée pour l'habillement de Messieurs les Chanoines, lorsqu'ils veulent célébrer les Messes basses dans les Chapelles autour du Chœur. Cette Sacristie est pratiquée en Voûte sous les Chapelles de S. Geraud, S. Denis & S. Georges.

De ce Vestibule on entre tout de suite & de plain-pied dans la grande Sacristie, destinée uniquement pour le Service du Chœur; elle est ornée d'une belle Menuiserie, la Voûte en forme sphérique est très-richement sculptée, ainsi que les Panaches.

Le Mur du fond de cette Sacristie est terminé en face du Vestibule par un Escalier à deux rampes, servant à monter dans une pièce voûtée en forme sphérique à la hauteur de celle de la Sacristie, destinée à mettre les Châsses & les Reliques de l'Eglise de Paris: Cette Pièce est pareillement ornée d'une très-belle Menuiserie, l'Armoire du fond est très-richement sculptée. A l'Arcade qui sépare cette Pièce d'avec la Sacristie est une très-belle Grille de fer ouvrante à deux battans surmontée d'un couronnement magnifique.

On monte ensuite au second étage ans une très-grande Pièce éclairée par quatre grandes Croisées, dont deux donnent sur la premiere Cour, & les deux autres sur la seconde Cour de l'Archevêché. Cette Piece est destinée à serrer tous les Ornemens de l'Eglise de Paris ; la Voûte construite en brique mises sur le plat, est une preuve de la solidité de cette espece de construction.

Au bout de cette Piece est un Escalier qui conduit dans une Piece dont un côté communique à la Gallerie qui est autour du Chœur, & l'autre à un Réservoir contenant soixante muids d'eau, avec des tuyaux de descente qui communiquent dans les Voûtes basses de la Sacristie, pour fournir de l'eau en cas d'incendie.

Au troisiéme étage est une grande Piece de même grandeur que celle de dessous, destinée à servir de Magasin, & à serrer tout ce qui est nécessaire pour le Service de l'Eglise.

Au-dessus est une Platte-forme couverte de plomb laminé, ornée de balustrades, qui couronne l'Edifice entier sur l'une & l'autre Cour de l'Archevêché.

Pour ce qui concerne le Bâtimen
extérieur, les deux Façades sur le
deux Cours de l'Archevêché son
très-riches en Architecture. Du côt
de la premiere Cour de l'Archevêché
ce Bâtiment qui a soixante-quatre
pieds de hauteur, présente une très
belle Façade ornée d'un soubassemen
décoré en refend de deux Arcades,
au milieu desquelles est une Tabl
de marbre blanc, sur laquelle e
gravée cette Inscription Latine :

LUDOVICI XV,
Optimi & Religiossimi Regis Pietas,
Ergà Capitulum Parisiense,
Plurimis jam spectata beneficiis,
Hoc Sacræ Suppellectilis Conditorium,
Longi temporis labe caducum,
A fundamentis refici,
Et in ampliorem speciem restitui
Regio sumptu curavit.
Anno D. M. D. CC. LVIII.

La piété de Louis XV
Très-bon Roi & très-religieux,
Après avoir déjà comblé de ses bienfaits
Le Chapitre de l'Eglise de Paris,
A fait reconstruire avec une magnificence
royale,

Et

Et dans une beaucoup plus belle forme,
Ce Bâtiment du Tréfor de l'Eglife
Qui tomboit de vetuté.

L'an M. D. CC. LVIII.

Au-deſſus ſont deux rangs de Croiſées, couronné par un grand entablement orné de Conſoles. Entre les Croiſées du premier rang, eſt une Niche ſurmontée d'un Fronton ſurmonté de deux Conſoles ſculptées. Dans cette Niche eſt la Piété Royale. Cette figure qui a neuf pieds de haut eſt vêtue à l'antique ; elle tient dans ſa main gauche une Corne d'abondance remplie de fleurs, quelle prend de ſa main droite pour répandre ſur un Autel de forme antique qui eſt à ſon côté droit. Sur cet Autel eſt une Croix qui paroît en relief au-devant d'une de ſes faces ornée de Guirlandes de fleurs. Au deſſous du Fronton dans une Table renfoncée, eſt cette Inſcription en lettres de relief de bronze doré d'or moulu :

PIETAS AUGUSTA.

Au-deſſus de cette Figure, entre les Croiſées du ſecond rang, eſt un

Médaillon qui contient le Buste du Roi en profil du côté de l'Eglise, autour duquel sont ces mots en lettres de relief de bronze doré d'or moulu, LUD. XV. REX. CHRIS. Ce Médaillon, soutenu par un musle de Lion, est renfermé dans une bordure enrichie de Sculpture & environné de Guirlandes, & de branches de Palmes.

Toute la Sculpture tant intérieure qu'extérieure de ce beau & magnifique Bâtiment, a été faite par le fameux *Michel-Ange Slodtz*, Sculpteur du Roi & de son Académie Royale de Peinture & Sculpture.

Des deux Arcades qui paroissent à ce Bâtiment, l'une est feinte, & l'autre est percée, & forme l'entrée principale du Palais Archiépiscopal, & a occasionné, par la nécessité de la maintenir dans la même place où elle étoit auparavant, d'assez grandes difficultés pour la distribution intérieure & extérieure des parties de cet Edifice.

LE TRÉSOR.

LE Trésor est l'endroit où l'on conserve avec autant de décence que de dignité les Vases sacrés, & plusieurs Saintes Reliques, qui sont ornées d'un grand nombre de perles, de saphirs orientaux, de topases, d'agates, & autres pierres précieuses, & grand nombre de riches ornemens pour l'Office divin.

Dans l'Armoire du milieu, en face de la Grille du Trésor.

Le Chef de S. Philippe Apôtre, en forme de Buste, de vermeil, la tête en est d'or. Elle renferme une partie du Chef de ce glorieux Martyr. Le Doyen de Sainte Sophie & celui des Chanoines Réguliers de Panechrante en firent présent à Geoffroy de Mesry Connétable de Constantinople; cette Relique ayant été envoyée en France fut mise en la possession des Chanoines de Saint Sernin de Toulouse, qui l'envoyerent à Jean Duc de Berry ; ce Prince en fit présent à l'Eglise de Paris en 1406. Le Chef est soutenu de quatre piliers quarrés & une piece ovale dans le milieu posée dessus un Socle, accompagné de deux grands Anges ayant les aîles éployées, aussi de vermeil. Sur le Buste est un Collier d'or émaillé enrichi de grosses perles, & de pierres précieuses. Au Pectoral d'or pendu au Collier, est un grand saphir d'orient estimé quinze mille livres. Au-dessous est un grand Médaillon d'or, au milieu duquel est une Face de Notre Seigneur, d'or émaillé, avec quatre Figures de Saints de même ; la Tête de Notre Seigneur est entourée de rubis, de saphirs, & perles fines. Ce Médaillon s'attachoit autrefois à la bille de la Chappe de M. le Chantre, les jours de Fêtes solemnelles.

Au bas du Chef de S. Philippe est gravée cette Inscription :

Posteritati. Joannes Biturigum *Dux.* Jo. Francorum Regis, *F.* Phil. Franc. Regis N. Sacrum hoc B. Philippi Apostoli Caput, lamina aurea inclusum, Paris. Ecclesiæ dono dedit.

Anno salutis M. CCCC. VI.

de l'Eglise de Paris. 269

Karolus nonus exhausto bellis civilibus ærario, Thecam conflari jussit.

Parisienses Canonici hâc quâ vides formâ & materiâ restituerunt. M. CCCC. LXXX.

On porte cette Châsse en Procession au dehors de l'Eglise, le jour de S. Jacques & S. Philippe, & ensuite on l'expose au milieu du Chœur pendant la Grand'Messe.

L'Image de S. Jean-Baptiste, de vermeil, sur son Pied de même. Ladite Figure tient entre ses mains un Reliquaire long & rond dans lequel est un Doigt de S. Jean-Baptiste. Ce Doigt a été donné par le Pape Adrien V, qui avoit été Chanoine de l'Eglise de Paris, en 1244. Il fut remis entre les mains de Perceval de Larania qui le donna à Robert de Berencourt, Chanoine, pour l'apporter à l'Eglise de Paris, suivant la volonté du Pape. Jean-Baptiste de Contes, Doyen de l'Eglise de Paris, a fait faire en 1664 ce Reliquaire tel qu'il existe aujourd'hui. Sur le pied est gravée cette Inscription :

Exhibitum hîc Sancti Joannis-Baptistæ Digitum, ab Adriano Papâ V, Ecclesiæ

Parisiensi olim testamento datum, Dominus Joannes-Baptista de Contes, ejusdem Ecclesiæ Decanus, hanc imaginem suis sumptibus factam exornavit, anno 1664.

On l'expose sur le maître Autel le jour de la Fête de S. Jean-Baptiste & le jour de la Décolation de ce Saint pendant la Grande Messe.

L'Image de la Sainte Vierge, de vermeil, sur un pied de même, tenant l'Enfant Jesus entre ses bras. On l'expose au Chœur sur le grand Autel pendant la Messe, deux fois dans le courant de l'année.

Un Reliquaire de vermeil, en forme de couronne en quatre faces, la premiere, renfermant un peu de la Sainte Couronne d'épine, qui paroît être du jonc marin ; la 2e, de l'Eponge qui a servi à abreuver Notre Seigneur lors de sa Passion ; la 3e, un petit morceau d'Etoffe de sa Robe ; & la 4e un peu de la Pierre de son Tombeau. Toutes ces Reliques viennent de la Sainte Chapelle, & ont été données à cette Eglise par S. Louis.

On l'expose au Chœur sur le grand Autel pendant la Messe, le jour de la Suscéption de la Sainte Couronne d'épines.

Un Reliquaire de vermeil, en forme de petite tour surmontée d'une Croix, renfermant un Doigt de S. Nicolas. On l'expose au Chœur sur le grand Autel pendant la Messe le jour de S. Nicolas.

La Châsse de S. Germain, Evêque de Paris. Cette Châsse renferme dans la partie inférieure la Soutane de Saint Germain, Evêque de Paris; cette Soutane de couleur brune est de fil mêlé de laine, de la grandeur & de la figure d'une Aube; une Manche en a été coupée. Il y a de petits lizérés de fil blanc de haut en bas de chaque côté, & un lizeré, aussi blanc, simple autour du poignet; sur la doublure du bord d'en bas de la Soutane sont écrits ces mots en lettres Gothiques: *C'EST LA ROBBE DE S. GERMAIN*. Dans la partie supérieure de la Châsse est un Os du pied droit de S. Babolen, premier Abbé du Monastére de Saint Maur-des-Fossés près Paris. Cet Ossement a été donné le premier Avril 1751, par M. Christophe de Beaumont, Archevêque de Paris, à M. Jean-Louis Chevalier, Chanoine de l'Eglise de Paris, qui en a fait présent à l'Eglise de Paris, l'année 1763. Il a fait auſſi préſent de la Châſſe pour renfermer ces deux Reliques ; cette Châſſe eſt décorée de Pilaſtres en Architecture, d'un très-bon goût, & terminée en haut par une gloire de Chérubins, d'où partent quantité de rayons ; elle eſt du fameux *Philippe Caffiery*, Sculpteur-Cizeleur du Roi, qui l'a exécuté en l'année 1763.

Le Chef de S. Denis, premier Evêque de Paris. Il eſt fait en forme de Buſte de vermeil doré, & renferme une portion de la Tête de ce glorieux Martyr qu'on voit à travers un Criſtal. On l'expoſe au Chœur ſur le grand Autel, le jour de l'Octave de S. Denis, pendant la Grande Meſſe.

Le Chef de S. Gendulphe. Il eſt fait en forme de Buſte & eſt de vermeil, ayant ſur la tête une Mitre, dont pluſieurs parties ſont émaillées. Il y a un Criſtal au front, à travers lequel on voit ſa Tête. Il y a longtems que l'Egliſe de Paris poſſéde ce Reliquaire, puiſqu'il y a des Martyrologes de 400 ans qui en font mention. Le Corps de S. Gendulphe eſt renfermé dans une Châſſe ſous l'Autel S. Denis. On expoſe le Chef au Chœur sur le grand Autel, le jour de Saint Gendulphe, pendant la Grande Messe.

Un petit Reliquaire d'Argent en forme de Tombeau, avec une petite Croix d'argent au-dessus, contenant une partie du Doigt de S. Vincent de Paul, donné par le Supérieur Général de la Congrégation de la Mission le premier Septembre 1730.

Une petite Boëte d'or, servant pour les Ablutions le Jeudi Saint & la nuit de Noël.

Huit Médailles, dont quatre d'or, pésant chacune un marc, & quatre d'argent de la même grandeur que celles d'or. Voyez-en la description, page 58.

Dans un Etuy, un Couteau pointu à manche d'yvoire, sur lequel sont écrits ces mots : *Hic Cutellus fuit Fulcheri de Buolo, per quem Wido dedit areas Drogonis, Archidiaconi Ecclesiæ sanctæ Mariæ ante eamdem Ecclesiam sitas pro Anniversario matris suæ.*

Ce Couteau a appartenu à Foucher Dubeuil, par lequel Guidon a donné à l'Eglise de Sainte Marie les Emplacemens de Dreux, Archidiacre, situés devant ladite Eglise, & ce pour l'Anniversaire de sa mere.

Ce Coureau est une donation faite à l'Eglise de Paris par Guy du Beuil, de quelqu'emplacement situé dans le Parvis, sur la fin du onziéme siécle, vers l'an 1094.

Dans le même Etuy on voit un petit morceau de bois, long d'un demi pied, épais d'un pouce, & taillé à quatre faces, sur lequel on lit : *Ebrardus & Hubertus de Spedona Villa, Servi scilicet Beatæ Mariæ Parisiensis, per hoc lignum Fulconi Decano rectum fecerunt in Capitulo Sanctæ Mariæ, de Conquestu antecessorum suorum quem tenuerant absque Canonicorum permissione.*

Evrard & Hubert, de la Ville d'Epone, Serfs de la Bienheureuse Vierge Marie de Paris, ont par ce Titre, écrit sur ce morceau de bois, fait droits à Foulques, Doyen du Chapitre de l'Eglise de Paris, de l'Héritage acquis par leurs ancêtres, qu'ils avoient possedé sans la permission des Chanoines.

Ce morceau de bois est une réparation & excuse que deux Serfs de l'Eglise de Notre-Dame de Paris, demeurans à Epone, Terre située au Diocèse de Chartres, entre Meulan & Mantes, & qui appartient encore à l'Eglise de Paris, firent en plein Chapitre, entre les mains du Doyen Foulques, pour s'être mis, sans l'agrément du Chapitre, en possession des biens qu'avoient gagnés leurs pere & mere.

Un Livre de velin, relié en velours rouge, contenant le serment fait par Charles VIII, le 5 Juillet 1484, entre les mains de Louis de Beaumont, Evêque de Paris, assisté de Messieurs du Chapitre, dans le Parvis devant les Portes de l'Eglise, & jurant sur les Saints Evangiles, de garder les Immunités & Priviléges de l'Eglise de Paris, & des Eglises en dépendantes.

Dans la seconde Armoire, à droite.

L'Image de vermeil de la Sainte Vierge, dont la Couronne est d'or, enrichie de diamans, rubis & perles. Elle tient de la main gauche un petit Reliquaire en forme de petit oratoire, couvert d'un crystal de roche, qui renferme un morceau de la Ceinture de la Sainte Vierge. C'est un présent du Roi Charles VI, en l'année 1420. Elle est portée en Procession, le jour de la Réduction de Paris, & le jour de la Fête de l'Assomption.

Un Reliquaire de S. Cerboney, Evêque de Piombino en Toscane, donné par Robert de Pise, Chanoine de l'Eglise de Paris. Ledit Reliquaire est de vermeil, fait en pyramide accompagné de deux Apôtres. Dans le haut est la Croix de Notre Seigneur, & à ses deux côtés sont les Figures de la Sainte Vierge & de S. Jean. On l'expose au Chœur sur le grand Autel, pendant la Grande Messe, le jour de la Fête de Saint Cerboney.

Deux Chandeliers de vermeil, très-bien travaillés, servans pour les Acolytes les jours de Fêtes solemnelles.

Un Reliquaire de vermeil, en forme de Buste, renfermant une partie du Chef de Sainte Ursule. On l'expose au Chœur, sur le maître Autel, pendant la Grande Messe, le jour de Sainte Ursule.

Une petite Croix de vermeil, avec son Crucifix; aux deux côtés sont les

Images de la Sainte Vierge & de Saint Jean, & aux quatre coins sont les quatre Evangelistes émaillés. Sur cette Croix sont cinq Reliquaires. Celui d'en-haut contient des Reliques de Sainte Agathe.

Trois Vases de vermeil, avec leurs Anses & Couvercles, surmontés d'une petite pierre, & ayant un Oiseau servant de gouleau, donnés à l'Eglise de Paris en l'année 1500. Ces Vases servent pour la consécration des Saintes Huiles le Jeudi Saint.

Un Calice de vermeil avec sa Patene, bien travaillé & ciselé, avec fleurs de lys, donné par M. le Cardinal de Gondy, en l'année 1598.

Un autre Calice de vermeil avec sa Patene, autour duquel sont huit Figures des Apôtres, & au Nœud huit Figures émaillées, & sur le Pied un Ecusson aux Armes du Chapitre.

Un autre Calice de vermeil avec sa Patene, bien ciselé & semé de fleurs de lys; au Nœud sont douze Figures des Apôtres, en forme de Médailles. Ce Calice a été donné par Denis Dumoulin, Evêque de Paris.

Un autre Calice de vermeil, à la

Pomme duquel font des Chérubin & des fleurs, avec sa Patene.

Un grand Calice d'argent avec sa Patene, représentant la Vie de la Sainte Vierge, à la Pomme duquel sont les quatre Evangelistes, donné par M. le Charron, Archidiacre de Josas & Chanoine de l'Eglise de Paris, en l'année 1642.

Un autre Calice d'argent avec sa Patene, ayant à la Pomme de petites Niches, avec des Colomnes torses, dans lesquelles sont les Figures du bon Pasteur, de la Sainte Vierge & de S. Joseph.

Dans la troisiéme Armoire, à gauche.

Un Soleil d'argent, servant à donner la Bénédiction, fait en l'année 1718, par le fameux *Germain*, Orfévre du Roi. Ce sont des Epis de bled & des Grappes de raisin qui forment la branche du Soleil, la Gloire d'où sortent les rayons dorés, est ornée tout-autour de Nuages, & de Têtes de Chérubins, devant & derriere.

Un Reliquaire d'or, orné de pierreries en forme de Croissant, entouré d'un Cristal de roche, qui renferme une Côte de S. Louis. Le Roi Philippe le Bel s'étant trouvé à Lyon, au couronnement du Pape Clement V, obtint la permission de transférer le Chef de ce S. Roi, à la Sainte Chapelle de Paris, & l'Ossement à l'Eglise de Paris. On l'expose sur le grand Autel pendant la Messe, le jour de Saint Louis.

Un grand Ciboire d'argent, fermé de son Couvercle doré en dedans, & chargé d'ornemens de vermeil sur la Coupe, sur le Couvercle & sur le Pied. La Poignée est composée d'un Grouppe de trois enfans de vermeil, & est ornée par le haut sur le Couvercle d'une Couronne avec une Croix de vermeil. Ledit Ciboire sert à donner la Communion au Chœur les jours de Fêtes, où il y a Communion générale.

Un Tombeau d'argent, surmonté d'une Croix, servant à mettre le Saint Sacrement, le Jeudi Saint & le Vendredi Saint.

Un Bras de S. Simeon, de vermeil, donné par Philippe Auguste, en l'année 1198. On l'expose au Chœur, sur le grand Autel, pendant la Messe, le jour de S. Siméon.

Une grande Burette de vermeil, représentant en relief la Cene. Cette Burette sert à mettre le vin, les jours qu'il y a Communion générale au Chœur ; elle sert aussi pour l'Offrande aux Messes des Morts.

Un Calice de vermeil, bien travaillé & ciselé, à la Pomme duquel sont des Anges tenant les Instrumens de la Passion.

Un autre Calice aussi de vermeil, bien travaillé & ciselé, à la Pomme duquel est Moyse, David & Aaron, & autour de la Coupe Notre Seigneur portant sa Croix.

Deux Encensoirs d'argent.

Un très-beau Plat d'albâtre oblong, représentant une Nativité.

Un Réliquaire qui renferme un Ossement de S. Rigobert, Archevêque de Rheims, donné en l'année 1362 par le Chapitre de Rheims à celui de Paris. Il est de vermeil, en façon d'Eglise. Il y a deux Anges qui portent des Reliques dans un Cristal de roche. On l'expose sur le maître Autel à la Messe, le jour de S. Rigobert.

Un Reliquaire d'argent, en forme de bras, qui renferme un Ossement de S. André, Apôtre, donné à l'Eglise de Paris par Philippe Auguste, en l'année 1220. On l'expose sur le maître Autel à la Messe, le jour de S. André.

Un autre Reliquaire d'argent, en forme de bras, qui renferme un Doigt de S. Blaise, Evêque de Sebaste en Arménie, donné à l'Eglise de Paris par le Cardinal Pierre de Capoue, en l'année 1218.

Trois grands Vases d'argent, avec deux Anses chacun, & leur Couvercle surmontées d'une Croix, faits en l'année 1732. Ces Vases servent pour la consécration des Saintes Huiles, le Jeudi Saint.

Dans la quatriéme Armoire, à droite en entrant.

Un grand Soleil de vermeil, de cinq pieds de haut, servant à exposer le S. Sacrement dans le Chœur. Il est composé d'un Ange qui soutient une espece de table en cul de lampe, sur laquelle est placé l'Agneau Pascal, qui se repose sur le Livre mystérieux de l'Apocalypse, fermé aux sept Sceaux; au-dessus est une grande Gloire chargée autour de rayons, & de Têtes de Chérubins devant & derriere, & au milieu de la Gloire est un double Cristal de roche, en forme de Boëte, fermant avec charnieres, dans laquelle est un Croissant d'or, pour mettre la Sainte Hostie. Au-dessous on apperçoit quatre Vieillards qui adorent dans la frayeur & le tremblement Jesus-Christ présent dans l'auguste Mystere de nos Autels.

Ce grand Ouvrage d'orfévrerie est du dessein de M. *de Cotte*, le Pere, qui a pris cette idée dans le quatiéme Chapitre de l'Apocalypse. Il a été modelé par *Bertrand*, & exécuté par *Ballin* en 1708. C'est un présent de M. de la Porte, Chanoine de l'Eglise de Paris. Ce Soleil pese trois cens marcs.

Sur le Pied du Soleil, est gravée l'Inscription suivante :

Du regne de Louis le Grand, XIV du nom, du Pontificat de son Eminence Messire Louis-Antoine Cardinal de Noailles, Archevêque de Paris.

L'an 1708, le 7 Juin, jour de la Fête-Dieu, Messire *Antoine de la Porte*, né & baptisé à Paris en l'Eglise de S. Severin, le 16 Févier 1627, Chanoine de l'Eglise de Paris le 3 Août 1650, Prêtre le 4 Mars 1651, a donné à l'Eglise de Paris ce Soleil d'argent vermeil doré, dont M. *Robert de Cotte*, Conseiller du Roi, premier Architecte & Intendant Général des Bâtimens, Jardins, Arts & Manufactures de Sa Majesté, a inventé & donné le dessein, tiré du quatrième Chapitre de l'Apocalypse, qu'il a fait exécuter par le sieur *Claude Ballin*, Orfévre ordinaire du Roi, après avoir été modelé par le sieur *Philippe Bertrand*, Sculpteur ordinaire du Roi.

Voyez les Conclusions du Chapitre du 23 Janvier & 8 Juin 1708.

L'an 1706, le 2 Janvier ledit Sieur *de la Porte* a donné à l'Eglise de Paris un Ornement précieux de drap d'or & d'argent.

Voyez les Conclusions des 2 & 6 Janvier 1706.

L'an 1708, par Contrat passé le 6 Septembre pardevant Me. *Richard* & son Confrere, Notaires à Paris, signé par M. le Marquis d'Antin, pour & au nom de Sa

Majesté, ledit sieur *Antoine de la Porte* a fait un don considérable au Chapitre de l'Eglise de Paris, & à l'Hôtel-Dieu de cette Ville, dont M. le Marquis d'Antin a remercié ledit sieur *de la Porte*, par une Lettre qu'il lui a écrite de Fontainebleau de l'ordre du Roi.

Conclusions du Chapitre des 17, 22 & 29 Août, & 7 Septembre 1708.

L'an 1709 au mois de Mars, ledit Sieur *de la Porte* par un Placet écrit & signé de sa main, présenté au Roi par M. le Marquis d'Antin, a offert à Sa Majesté, & l'a suppliée de lui permettre de faire peindre six grands Tableaux, qui représentent six Mystéres de Notre Seigneur, & de la Sainte Vierge, pour l'ornement & la décoration du Chœur, ce que le Roi a accepté par une Lettre écrite audit Sieur *de la Porte*, par M. le Marquis d'Antin, de l'ordre de Sa Majesté.

Conclusions du Chapitre du 15 Avril 1709.

En mémoire & reconnoissance de ces dons, le Chapitre a fondé sur son propre fonds, & sur la Manse Capitulaire, une Messe solemnelle de la Vierge, qui sera célébrée tous les ans pendant la vie dudit sieur

de l'Eglise de Paris. 285

de la Porte, en son intention, le jour de Saint Antoine son Patron, pour laquelle sera distribuée la somme de 200 livres ; & après la mort dudit Sieur *de la Porte*, cette Messe sera changée en Obit solemnel, qui se célébrera tous les ans le jour de son décès, qui sera inscrit dans le Nécrologe, & imprimé dans l'Obituaire de l'Eglise de Paris, & pour lequel sera distribuée la même somme de 200 livres.

Le Chapitre a aussi ordonné qu'on fera peindre le portrait dudit sieur *de la Porte*, pour en perpétuer la mémoire à la postérité, ce qui a été exécuté aux dépens du Chapitre par le sieur *Jean-Baptiste Jouvenet*, Peintre ordinaire du Roi.

Voyez la Conclusion du Chapitre du 4 Janvier 1709.

Messieurs Phelippes *de la Porte*, Maître des Comptes, frere du sieur *Antoine de la Porte*, *Jacques Phelippes de la Porte*, Maître des Comptes, fils de *Phelippes*, & neveu d'*Antoine*, & *Claude Anjorrant*, Conseiller du Parlement aux Requêtes du Palais, neveu dudit sieur *Antoine*, à cause de défunte *Anne de la Porte* son épouse, en mémoire de leur frere & oncle, & de la reconnoissance du Chapitre, ont fait graver cette Inscription au mois de Janvier 1710.

Nicolaus Bonnart Scripsit.

La Croix d'Anseau de vermeil, ornée dans toute sa longueur de Pierres précieuses, perles, diamans, émeraudes, rubis, & saphirs orientaux. Elle est ainsi nommée, parce que Anseau, Prêtre & Chantre du S. Sépulchre de Jérusalem, & ancien Chanoine de l'Eglise de Paris, l'envoya à l'Eglise de Paris, en l'année 1109, du tems de l'Evêque Galon. Au milieu de cette Croix, est enchâssée une portion très-considérable de la vraye Croix de Notre Seigneur, qui est couverte d'une autre Croix de vermeil, enrichie de Pierreries, où est attaché le Christ. L'Evêque & le Chapitre de l'Eglise de Paris allerent au-devant d'elle, un Vendredi 30 Juillet 1109, jusqu'à Fontenay-aux-Roses, d'où ils la porterent dans l'Eglise de S. Cloud. Elle y resta en dépôt jusqu'au Dimanche suivant, que les Evêques de Paris, de Meaux & de Senlis, & le Chapitre de Paris, l'allerent chercher. Elle fut apportée sous un Dais, & ensuite exposée à la vénération des Fidéles. La Fête de cette Réception se célébre dans tout le Diocése, le premier Dimanche du mois d'Août.

Une Croix de vermeil, ciselée dans toute l'étendue des Croisillons, aux quatre coins de laquelle sont les quatre Animaux en relief, représentans les quatre Evangélistes. Cette Croix est appellée la Croix des Solemnels mineurs.

La Crosse, la Mitre & l'Etole d'Eudes de Sully, 74e. Evêque de Paris, mort le 13 Juillet 1208, & enterré dans le Chœur de Notre-Dame sous une Tombe de cuivre, où on voyoit sa Figure en bosse avant la derniere réparation faite au Chœur.

La Crosse d'Etienne 2e., dit Tempier, 81e. Evêque Paris, mort le Dimanche avant le jour de la Nativité de Notre-Seigneur, l'an 1279, & enterré dans le Sanctuaire de Notre-Dame, du côté de l'Evangile. Cette Crosse est de cuivre doré d'or moulu.

Une pareille Crosse de Denis du Moulin, 100e. Evêque de Paris, mort le 15 Septembre 1447. Il est enterré dans le Sanctuaire de Notre-Dame du côté de l'Epitre.

Une autre Crosse de même, d'un Evêque de Paris, dont on ignore le nom.

Deux Chandeliers de vermeil, très-bien travaillés, servans pour les Acolytes, les jours de Fêtes solemnelles.

Dans la cinquiéme Armoire à droite, au-dessous de la Croisée.

Les deux Châsses de S. Côme & Saint Damien, de vermeil, faites en forme d'Eglise, & enrichies autour de plusieurs bas-reliefs ; elles renferment des Reliques de S. Côme & S. Damien, & aussi de S. Paul, Saint Leger, S. Denis, S. Crépin & Saint Crescence. On porte ces deux Châsses en Procession dans la Cité le 27 Septembre, jour de la Fête de Saint Côme & S. Damien. Elles sont exposées dans l'Eglise pendant trois jours ; sçavoir, la veille de la Fête, le jour de la Fête, & le lendemain, depuis six heures du matin jusqu'à six heures du soir. Pendant ces trois jours, il y a un grand concours de monde

à

Notre-Dame, attiré par dévotion, pour la guérison des Descentes & des Hernies.

La Châsse de S. Lucain, de vermeil, faite en forme d'Eglise, & ayant des obélisques aux quatre coins. Elle renferme le Corps de S. Lucain, qui est honoré comme Disciple de S. Denis, & martyrisé en Beauce. Son Corps a été transféré de l'ancienne Châsse dans la nouvelle, telle qu'elle existe aujourd'hui, le 3 Août 1666. On porte cette Châsse en Procession dans l'Eglise, le 30 Octobre, jour de la Fête de S. Lucain, & on l'expose au milieu du Chœur pendant la Messe.

Cette Châsse est aussi portée aux Processions pour les calamités publiques, entre les Châsses de Sainte Géneviéve & S. Marcel.

Un Coffret de vermeil, bien travaillé à jour, dont quatre Animaux servent de Pieds, renfermant une Tête toute entiere d'une des Compagnes de Sainte Ursule. Dans un petit Sac de soye, fond violet avec fleurs rouges & vertes, sont plusieurs Ossemens des Compagnes de Sainte Ursule; une partie des Cheveux des

Compagnes de Sainte Ursule, & plusieurs Reliques de S. Alexandre, Martyr. On expose ce Reliquaire au Chœur sur le maître Autel, pendant la Grande Messe, le jour de Sainte Ursule.

Une grande Coupe, d'un fruit de Callebasse très-antique, qui se trouve dans l'Afrique, bordée autour d'argent, ornée de Figures hyérogliphiques, montée sur un pied d'argent. Elle sert le Jeudi Saint, à la Cene de Messieurs du Chapitre.

Un Réchaud d'argent ciselé, travaillé à jour, avec des Anneaux d'argent, monté sur quatre pieds d'argent, servant pour mettre sur l'Autel, dans le tems du grand froid.

Une Boëte d'argent avec sa cuiller de même, servant à mettre le Saint Crême, pour la consécration des Saintes Huiles le jour du Jeudi Saint

Une Boëte d'yvoire en forme de tombeau, garnie de cuivre doré, contenant quantité de Reliques; sçavoir, de S. Justin, Martyr; de Saint Victor, Martyr; de S. Benoît, Martyr; des Ossemens des Vierges de Cologne, Martyres, de S. Grand,

Martyr ; de Saint Acate ; Martyr ; de S. Candide, Martyr, & de Saint Eugene ; Martyr.

Dans une petite Boëte, couverte de maroquin rouge, & fermant à clef, une partie des Vertebres de Pierre de Luxembourg, Chanoine de l'Eglise de Paris, dont le Corps est à Avignon, dans l'Eglise des Célestins. Cette Relique a été tirée de la Châsse où est son Corps, le 5 Mars 1632, & envoyée par Madame la Duchesse de Ventadour, à l'Abbé de Ventadour, Chanoine de l'Eglise de Paris, pour en faire présent à l'Eglise de Paris.

Pierre de Luxembourg étoit né à Ligny, en Barrois, ville du Diocèse de Toul, le 20 Juillet 1360. Il fut Chanoine de Notre-Dame à douze ans. Peu de tems après le Pape Clément VII le nomma Archidiacre de Dreux en Normandie, ensuite il lui donna l'Evêché de Mets à l'âge de quinze à seize ans ; peu de tems s'étant écoulé, le Pape Clément VII, célébrant la Messe, le créa Diacre, Cardinal, sous le titre de S. Grégoire au voile d'or, en présence de tous les Cardinaux, Seigneurs & Princes de sa Cour. Pierre de Luxembourg est mort le 2 Juillet 1387, à Villeneuve, près Avignon, âgé de 18 ans. Il fut enterré après la Messe célébrée par un Cardinal dans la Chapelle de Saint Michel à Avignon, dans le Cimetiere de S. Michel, ainsi qu'il l'avoit demandé par son Testament. Il étoit en si grande odeur de sainteté, qu'au moment qu'on le portoit en terre, tout le Peuple se jetta dessus son cercueil & sur le drap mortuaire, pour en avoir un petit morceau. On prétend qu'il se fit plusieurs miracles par son intercession, & que pendant les deux années qui ont suivi son décès plusieurs Morts sont ressuscités. On célébre sa Fête à Avignon tous les ans le 5 Juillet.

Dans la sixiéme Armoire à gauche, en entrant.

Un grand Reliquaire d'or, appellé le Tableau de S. Sébastien, donné par Jean Duc de Berry, en l'année 1413. Ce Reliquaire pese quatrevingt sept marcs quatre onces d'or, & est enrichi de plusieurs rubis ballais, saphirs, émeraudes & perles fines. Il contient des ossemens considérables de plusieurs Saints, entr'autres de S. Sébastien, S. Barthelemi, S. Etienne, S. André, Saint Matthieu, S. Paul, S. Anne, Saint Cyprien, S. Pantaleon, & de plusieurs autres Saints. On porte ce Reliquaire en Procession dans l'Eglise le jour de la Toussaint, & le jour de S. Sébastien, & on l'expose sur l'Autel pendant la Messe. On le porte aussi en Procession aux Augustins le jour de la Réduction de Paris.

Une grande Croix d'or travaillée en filigramme, dont une partie a été faite par S. Eloy. Cette Croix est enrichie de pierreries de différentes couleurs. Sur le milieu du derriere de la Croix est une Médaille de Saint Michel, d'or émaillé; elle a été donnée par Jean Duc de Berry en l'année 1406. Elle sert les jours de grandes Fêtes & à toutes les Processions solemnelles. Elle est garnie de son vase, & de son bâton de vermeil.

Un Livre d'Epîtres & un Livre d'Evangiles, servant les jours des Fêtes solemnelles. Ces deux Livres sont écrits sur velin, & sont ornés d'un grand nombre de Tableaux, vignettes & miniatures. Le Livre d'Evangiles est de vermeil, ayant d'un côté, dans le milieu, un Christ sur le Calvaire, & aux quatre coins les quatre Evangélistes, & de l'autre côté, dans le milieu, Notre Seigneur montant au Ciel : sur le dos du Livre sont ciselés différens attributs des Ornemens de l'Eglise.

Le Livre d'Epîtres est aussi de vermeil, ayant d'un côté, dans le milieu, la Naissance de la Vierge, & de l'autre côté le Couronnement de la Vierge, & aux quatre coins de chaque côté, les quatre Peres de l'Eglise, S. Augustin, S. Ambroise, S. Jérôme & S. Jean Chrisostome. Sur le dos du Livre sont les attributs de la Sainte Vierge. Ces deux Livres sont d'une beauté & d'une ciselure admirable. Ils ont été faits l'année 1756.

Un autre Livre d'Epîtres & d'Evangiles, servant pour les Processions, écrit sur velin.

Le fond du Livre est de vermeil, entouré de chaque côté d'une bordure en argent, ayant aux quatre coins les quatre Peres de l'Eglise, & au milieu d'un côté, Notre Seigneur dans un Médaillon, entouré de guirlandes ; & de l'autre, la

Sainte Vierge dans un Médaillon, entouré pareillement de guirlandes. Ce Livre a été donné à l'Eglise de Paris, en l'année 1763, par Michel-Claude Judde, Prêtre, Licentié en Droit, Habitué de l'Eglise de Paris.

Un Bâton cantoral de vermeil, couvert dans toute sa longueur de lames de vermeil semées de fleurs de lys, surmonté d'une niche dans laquelle est une figure de la Sainte Vierge, & autour sont gravés ces mots : *Tolle Baculum meum in manu tua, & vade. Lib. Regum IIII. Cap. IIII. In virga enim percutiet te, & Baculum suum levabit super te. Isaiæ* 10. Ledit Bâton donné l'année 1406, par Germain Paillart, Grand Chantre de l'Eglise de Paris, & depuis Evêque de Luçon.

Une Croix de vermeil, appellée la Croix de Chambly. Elle renferme une portion considérable de la vraye Croix. Elle est très-richement travaillée, & a tant sur le Pied que sur les Fleurons, quatorze Emaux, avec une petite Croix de vermeil, couvrant la vraye Croix. C'est un présent de Pierre de Chambly, Chanoine de Notre-Dame, qui la donna à cette Eglise en 1327. Cette Croix sert les Dimanches & Fêtes solemnelles, lorsque c'est un Chanoine qui officie. C'est aussi celle que M. l'Archevêque présente, en habits Pontificaux, au Roi & à la Reine, & aux Enfans de France, lorsqu'ils viennent à Notre-Dame.

Un Calice d'or avec sa Patene aussi d'or, donné par M. Petitpied, Chanoine & Sous-Chantre de cette Eglise, en l'année 1697. Ce Calice sert tous les Dimanches au grand Autel, lorsque c'est un Chanoine qui dit la Grande Messe. Autour de ce Calice, dessous le Pied est cette Inscription :

Nicolaus Petitpied, *Doctor Theologus, Socius Sorbonicus, Canonicus Ecclesiæ Parisiensis, dedit hunc Calicem aureum cum Patena Ecclesiæ Parisiensi, anno* 1697.

Un beau Calice de vermeil, appellé le Calice de Noailles, représentant sur la Coupe l'Histoire de la Sainte Vierge, & sur la poignée, quatre Anges tenant les Instrumens de la Passion, le tout ciselé & travaillé magnifiquement avec la Patene représentant la Cene ; ledit Calice venant de M. le Cardinal de Noailles, donné au mois d'Août 1744, par M. Prévôt, Chanoine de cette Eglise.

Deux Instrumens de paix pour les Fêtes solemnelles, dont l'un est d'or représentant la Passion de Notre Seigneur, l'autre est de vermeil, représentant aussi la Passion de Notre Seigneur.

Un Bassin, une Cuvette & deux Burettes de vermeil, servant les jours de Fêtes solemnelles, donnés par M. Petitpied, Chanoine & Sous-Chantre de cette Eglise, en l'année 1697. Autour du Bassin est gravée cette Inscription :

Nicolaus Petitpied, *Doctor Theologus, Socius Sorbonicus, Canonicus Ecclesiæ Parisiensis, dedit hoc Bacile cum Urceolis & cupula ex argento deaurato Ecclesiæ Parisiensi, anno* 1697.

Un Canon de velin avec le Lavabo, & le *In Principio* ; le tout enrichi de miniatures admirables, avec leur Cadre d'argent, enrichi d'ornemens de vermeil, donné l'année 1739, par M. Vivant, Chantre & Chanoine de cette Eglise.

Une Baguette de vermeil, à l'extremité de laquelle est l'Image de la Sainte Vierge, & à l'autre bout un Serpent, servant au Spé les Dimanches, pour annoncer dans la Sacristie quels sont les Officians de la Semaine, donnée par Adrien Morissant, Bénéficier de l'Eglise, en l'année 1632.

Cette Baguette a été faite, pour en remplacer une autre que Louis VII. avoit donnée à l'Eglise de Paris, en l'année 1147, pour réparation d'un dommage que ses Officiers avoient fait sur les Terres du Chapitre. L'Acte de justification étoit écrit sur cette Verge, en mémoire des Libertés de l'Eglise de Paris ; & pour cette raison, le Roi, l'Evêque, & tous les Chanoines convinrent qu'elle seroit conservée très-soigneusement.

La Châsse de la Sainte Vierge, de vermeil, faite en forme d'Eglise avec son Clocher, au-dessus duquel il y a une Couronne dans laquelle est la Figure de la Sainte Vierge, ornée autour de plusieurs Figures en relief, aussi de vermeil. Cette Châsse renferme une Tunique de la Sainte Vierge avec plusieurs autres Reliques, qui ont été apportées en 1503, par Guillaume Briçonnet, Chanoine de cette Eglise, & depuis Evêque de Meaux. On lit cette Inscription en lettres Gothiques :

Maître *Jean de Louviers*, Chanoine de céans, a fait refaire cette Châsse à ses dépens, en façon & matiere, pour son Jubilé, à l'honneur de Notre-Dame, & des saintes Reliques qui sont dedans, le 14 Aoust 1503.

Priez Dieu pour lui.

Une Croix de vermeil, servant à la Chapelle de la Sainte Vierge, ayant un Pied quarré long soutenu par huit boules, ayant dans le bas du Pied en-devant, un très-beau bas-relief représentant la Nativité de Notre Seigneur, & de l'autre côté, les armes de M. le Cardinal de Noailles, ladite Croix donnée par lui à l'Eglise, le 14 Septembre 1729.

Dans la septiéme Armoire à gauche, au-dessous de la Croisée.

Des Chandeliers, Croix & Bénitiers.

Dans la huitiéme Armoire en suivant.

UNE grande Croix de vermeil, portant six pieds de haut & le Christ trois pieds, servant à l'adoration le jour du Vendredi Saint ; au bas de cette Croix est enchâssé un petit morceau du bois de la vraye Croix de Notre Seigneur.

Une Croix d'argent très-bien travaillée & ciselée, ayant dans le bas du Pied en devant, un bas-relief représentant Notre Seigneur dans le Jardin des Olives, & de l'autre côté un Nom de Jesus, servant à la Chapelle de la Sainte Vierge.

Une grande Croix d'ébene noire, garnie d'un Christ d'argent, trois grands Fleurons & un beau Vase d'argent ; avec son bâton garni de nœuds d'argent, ladite Croix servant pour les Obits & Enterremens.

Dessous la grande Armoire du milieu il y a sept Tiroirs tournans, qui renferment les sept plus beaux Ornemens destinés à l'Office du Chœur.

Le premier renferme l'Ornement de Guesbriant, servant le jour de

Pâques, & de l'Assomption. Cet Ornement est magnifique, enrichi de Broderie en or, & de Cartouches contenans les attributs de la Sainte Vierge en Broderie d'or & de soye: il a été donné par Monsieur le Maréchal de Guesbriant, en l'année 1635.

Le 2e. l'Ornement à Tableaux, dont le fond est un satin brodé en or & en soye, les Orfrois sont des Tableaux en or, nués d'un ouvrage au-dessus de tout ce qu'on peut dire. Le fond de cet Ornement a été fait en 1751.

Le 3e. l'Ornement de Noailles, dont le fond est un satin blanc avec une lizéré d'or, dans lequel sont renfermés des Bouquets de soye de différentes couleurs, & les Orfrois très-richement travaillés en or & en soye. Cet Ornement a été fait à Saint Cyr, sous la direction de M. le Maréchal de Noailles, en l'année 1735.

Le 4e. l'Ornement de Vintimille, dont le fond est une Etoffe de Lyon cannelée blanche à grands Bouquets d'or, couvrant presque la totalité du fond, les Orfrois à fond rouge cannelé, couverts de grands bouquets d'or, enrichis de points d'Espagne &

de franges très-riches. Cet Ornement a été donné par M. de Vintimille, Archevêque de Paris, la veille de l'Assomption de l'année 1738.

Le 5e. l'Ornement de de la Porte, d'une riche étoffe d'or & d'argent à grandes fleurs & compartimens brochés d'or & d'argent. Cet Ornement a été donné par M. de la Porte, Chanoine de l'Eglise de Paris en l'année 1706.

Le 6e, l'Ornement de la Pentecôte, dont le fond est de velours rouge, semé d'Anges en broderie d'or, & les Orfrois représentans différens Saints sous des niches, le tout en broderie d'or. Cet Ornement sert le jour de la Pentecôte & le jour de la Toussaint. Il a été donné à l'Eglise de Paris en l'année 1500. Il étoit autrefois tout rempli de perles; mais comme il s'en perdoit beaucoup toutes les fois qu'il servoit, le Chapitre a décidé par sa Conclusion du 27 Juillet 1740, de les supprimer, & on a remis en place de la broderie.

Le 7, l'ornement de Refuge, servant le jour de la Fête-Dieu & de S. Denis. Cet Ornement est de velours rouge cramoisi, semé de fleurons en broderie d'or, & les Orfrois font d'or nué. Il a été donné par M. de Refuge, Chanoine de l'Eglise de Paris en l'année 1512.

On voit dans cette Piéce, appellée le Tréfor, trois portraits qui y ont été mis par ordre du Chapitre. Sçavoir, celui de M. le Cardinal de Noailles, Archevêque de Paris, celui de M. de Vintimille, Archevêque de Paris, & celui de M. de la Porte, Chanoine de l'Eglife de Paris.

La Piéce qui est au-dessus au second étage, est destinée à renfermer tous les Ornemens de l'Eglise.

Parmi ces Ornemens il y en a de très-beaux & de très-anciens, qui méritent qu'on en fasse le détail.

Un Ornement de velours violet, brodé en totalité de bouquets d'or & d'argent, les Orfrois à tableaux, & écussons aux armes de France & de Baviere. Cet Ornement sert le jour de Noël & le jour de S. Louis. Il a été donné par la Reine Isabelle de Baviere, pour l'accomplissement du vœu qu'elle avoit fait à Dieu & à la Sainte Vierge, pour le rétablissement de la santé du Roi Charles VI son époux, en l'année 1420.

Cet Ornement étoit autrefois tout rempli de perles; mais comme il s'en perdoit beaucoup toutes les fois qu'il servoit, le Chapitre a décidé par sa Conclusion du 27 Juillet 1740, de les supprimer, & on a remis en place de la broderie.

Une Chappe magnifique d'un fond tissu d'argent, brodée en or dans la totalité, donnée par M. le Cardinal de Noailles en l'année 1728.

Un Ornement de velours cramoisi chargé de plusieurs branches d'arbres & de personnages, le tout de broderie d'or, servant pour le jour de la Trinité. Cet Ornement est très-ancien. Il a été donné à l'Eglise de Paris en l'année 888.

Deux Chasubles antiques servant pour la Cérémonie des Saintes Huiles le Jeudi Saint; l'une d'une ancienne étoffe couleur d'or, rouge & blanche, façon des Indes, garnie d'un grand galon d'or, faite en l'année 1200; l'autre de drap d'or, ayant des Orfrois de figures en broderie d'or, faites en l'année 1400.

Le Dais servant pour le jour de la

grande Fête-Dieu, consistant en quatre pentes de velours cramoisi, chargées au dehors de plusieurs figures & personnages en broderie d'or nuée, représentant la Manne dans le Désert, la Cene, la Manducation de l'Agneau Pascal, & l'Offrande de Melchisedech à Abraham, le ciel dudit Dais de satin cramoisi, semé d'Anges en broderie d'or & d'argent, le tout enrichi d'une très-grande quantité de perles fines. Plus les six bâtons dudit Dais de vermeil. Ce Dais est de la plus grande beauté, quoiqu'il existe avant l'année 1500.

Un Ornement de velours noir avec Orfrois de drap d'argent, & un grand galon d'argent à lames, & à chaque piéce un écusson aux armes de Richelieu, donné par M. le Cardinal de Richelieu en l'année 1642.

Un Ornement de velours noir avec Orfrois de moire d'argent, & un grand galon d'argent, & à chaque piéce un écusson aux armes du Roi de France donné par le Roi Louis XIV en l'année 1715.

Dans cette Piéce il y a encore une quantité d'Ornemens très-riches, mais dont le détail seroit trop long.

On voit dans cette Piéce un très-beau Tableau représentant une Magdelaine soutenue par deux Anges, peint par *Baugin*.

Dans le fond de la Piece est un autre Tableau de six pieds sur quatre de haut, représentant M. Dionis le Blanc, Archidiacre de Brie, Chanoine & Official de Paris, étant à genoux en Surplis & Aumusses, vis-à-vis Notre Seigneur qu'on ensévelit, donné par lui en 1620.

Dans la Chapelle S. Géraud est une grande Armoire qui renferme la Baniere de Notre-Dame. Le fond de cette Baniere est de velours cramoisi, parsemé de fleurs de lys d'or. Les trois Figures qui y sont représentées sont d'or nué. Celle du milieu représente la Sainte Vierge tenant l'Enfant Jesus ; elle a sur la tête une Couronne d'étoiles, enrichie de perles fines & de pierres précieuses. Celles des deux côtés représentant S. Denis & S. Etienne sont pareillement entourées de perles fines, & portées toutes les trois, sur un pied d'estal relevé en bosse d'or. Cette Baniere qui est entourée d'un Cadre, large de quatre doigts, très-richement rodé en or, a été rétablie à neuf en l'année 1763, par *Mosquin Dolé*.

Dans une Chapelle autour du Chœur est renfermé le Chandelier Pascal. Ce Chandelier qui est très-artistement travaillé, est de bronze, ayant six pieds de haut & quatre pieds de large sur chaque face triangulaire. C'est le seul qui soit aussi considérable. Il a été fait l'an 1700.

Indépendamment de ce que nous venons de décrire, qui est, soit dans le Trésor, soit dans l'étage supérieur, il y a encore beaucoup d'autres pieces d'argenterie & d'Ornemens, qui sont tant dans la grande Sacristie, que dans le Chœur. Mais comme le détail en seroit trop long, nous nous dispensons de les rapporter.

Le Plan de la nouvelle Sacristie & du Trésor, se trouve chez M. DUMONT, rue neuve Saint Mery, à l'Hôtel de Jabac.

SAINT JEAN-LE-ROND.

SAINT Jean-le-Rond étoit une petite Eglise donnant sur le Parvis, adossée au mur de la Tour du côté du Cloître. Cette Eglise qui existoit dès l'an 900, étoit la Paroisse mais étant devenue très-vieille, on l'a démolie en 1748, & on en a transporté le Titre dans l'Eglise de Sain Denis-du-Pas. Henri Boileau, Avocat Général y fut enterré en 1491. Gilles Ménage, connu par son esprit & sa vaste érudition, & mort le 23 Juillet 1692, y fut enterré le 25 du même mois. Jean-Baptiste Duhamel, connu par d'excellens ouvrages de Philosophie, de Mathématique & de Théologie, y a été aussi inhumé le 7 Août 1706.

Lorsqu'on a démoli cette Eglise, on a transporté tous les Corps & tous les Ossemens qu'on y a trouvé, & on les a enterrés dans l'Eglise de Notre-Dame, dessous la Tour du côté de l'Archevêché. On a aussi transféré dans l'Eglise de S. Denis-du-Pas, les huit Chanoines titulaires de cette Eglise, dont deux d'entr'eux faisoient les fonctions de Curés, de même que les Fonts Baptismaux, & la célébration de l'Office Divin. Ces huit Chanoines sont soumis à la Jurisdiction du Chapitre, & font partie du Chœur de Notre-Dame.

On a bâti en 1751, sur une partie du terrein qu'occupoit l'Eglise de Jean-le-Rond, la grande Porte du Cloître. La Façade est décorée de quatre Colomnes d'ordre Dorique. Au-dessus de l'Attique sont placés quatre beaux Vases sculptés avec des flammes au-dessus. Dans l'épaisseur de ce Bâtiment on a pratiqué deux logemens pour le Suisse du Cloître, & le Suisse de cette Eglise. Ce Bâtiment est de feu M. *Boffrand*, habile Architecte, qui a donné le dessein de celui des Enfans trouvés.

SAINT DENIS-DU-PAS.

Derriere le Chœur de l'Eglise de Notre-Dame, est une petite Eglise qu'on appelle S. Denis-du-Pas. Elle est regardée comme la premiere Eglise qui ait été bâtie à Paris. On prétend que c'est dans cette Eglise, que S. Denis endura le supplice du feu étant mis sur un Gril, dans une Fournaise que l'on y voit encore, & d'où il sortit sans être endommagé.

On lisoit sur une Tombe qui étoit

dans cette Eglise, en grands Caracteres Gothiques, autour d'une Figure revêtue d'habits Sacerdotaux:

Hîc jacet Odo Clemens, *Decanus Sancti Martini Turonensis, & Archidiaconus Parisiensis.*

Ici repose *Odon Clement*, Doyen de Saint Martin de Tours, & Archidiacre de Paris.

Sur une autre Tombe de cuivre très-épaisse, étoient gravés en gothique ces mots:

C'est *Nicolas Debaye*, natif de Baye au Diocèse de Chaalons, qui étant Sous-Diacre en 1400, Chanoine de Soissons & Curé de Montigny Lancoux, Diocèse de Sens, fut fait Greffier du Parlement, & mourut Chanoine, Prêtre de Paris.

On voit aujourd'hui gravée sur une Tombe de marbre blanc l'Epitaphe de Marie-Anne de Paris, Fille de Louis-Nicolas de Paris, Correcteur des Comptes, & de Marie-Anne-Ameline de Quincy, morte le 5 Mai 1757.

Cette Eglise a servi, dans le dernier siécle, a plusieurs Cérémonies.

Henry de Gondy, Evêque de Paris, y donna le *Pallium* à André Frémiot, Archevêque de Bourges, le Dimanche 8 Janvier 1606. Le Cardinal Pierre de Gondy y maria, le 8 Mai 1610, Henri de Gondy, Duc de Retz, à Jeanne Despreaux. L'Evêque de Paris, ci-dessus nommé, y fit plusieurs Sacres d'Evêques, le 15 Novembre 1615, celui de Guillaume de Riez, le 16 Août 1616, celui d'Henri Clausse, Evêque d'Aire. Le 25 Juin 1617, Louis Berthier y fut sacré Evêque d'Heliopolis.

Il y a dans cette Eglise dix Chanoines, dont cinq sont Prêtres, trois Diacres & deux Sous-diacres. Ils sont soumis à la Jurisdiction du Chapitre, & font partie du Chœur de Notre-Dame.

Saint Denis-du-Pas s'appelle aujourd'hui S. Denis & S. Jean Baptiste, depuis la réunion qu'on en a faite en 1749, du titre Paroissiale de S. Jean-le-Rond. C'est cette Eglise qui est aujourd'hui la Paroisse du Cloître, & qui est desservie par les deux Curés de S. Jean le-Rond. On fait dans cette Eglise les Baptêmes, Mariages & Enterremens de ceux qui demeurent dans le Cloître; les Chanoines de S. Denis-du-Pas & de Sain Jean-le-Rond y acquittent séparément leurs Fondations.

Le Chapitre de l'Eglise de Paris exerce seul sur cette Eglise toute Jurisdiction, soit spirituelle, soit temporelle; il y va tous les Dimanches avant la Messe en Procession, depuis le Dimanche de Quasimodo, jusqu'au premier Dimanche après le 17 Octobre, Fête de S. Cerbonet; il y va aussi en Procession le matin le jour de la Chandeleur pour la Bénédiction des Cierges; le Mercredi des Cendres; pour la Bénédiction des Fonts la veille de Pâques, & de la Pentecôte; toute la semaine de Pâques après les Vêpres; la veille de S. Baptiste, après les premieres Vêpres, & après les Laudes; la veille de la Visitation après les premieres Vêpres, la veille de S. Denis, après les premieres Vêpres, & après les Laudes, & le jour de la Toussaint, après les secondes Vêpres.

SAINT AIGNAN.

LA Chapelle de S. Aignan est située dans le Cloître, du côté de la rue des Marmouzets, on y entre aussi par la rue de la Colombe. Cette Chapelle qui a deux Chanoines appellés Chanoines de S. Aignan, & deux Vicaires perpétuels, a été fondée en l'année 1120, par Etienne de Garlande, Archidiacre de l'Eglise de Paris, & Chancelier de France, en l'honneur de S. Aignan, Evêque d'Orléans, du consentement de Gilbert, Evêque de Paris, & du Chapitre. Les Chanoines & les Vicaires de S. Aignan, y célèbrent la Fête du Saint, tous les ans le 17 Novembre.

DES CONFRÉRIES
de l'Eglise de Paris.

DEs Confréries les plus remarquables de cette Eglise, la premiere est celle qu'un Titre de 1205 appelle *Confraternitas Beatæ Mariæ Parisiensis surgentium ad Matutinas.*

O

Elle étoit composée de pieuses Personnes de la Ville, qui, à l'exemple des Chanoines, se levoient au milieu de la nuit, & venoient assister à leurs Offices. Quoique cette Confrérie ne subsiste plus, l'Eglise de Paris a toujours conservé l'usage de dire les Matines à minuit, excepté les veilles de certaines Fêtes.

La seconde Confrérie est celle de S. Augustin, qui fut érigée en cette Eglise, vers l'an 1180, du tems de Maurice de Sully 73e. Evêque de Paris, & approuvée en 1212, par le Pape Innocent III. Dès son origine elle a été composée d'un Abbé & de plusieurs Bénéficiers du Chœur. Le nombre étoit de quarante, tous Prêtres.

On voit sur une Tombe qui est dans la Nef, qu'Antoine Brunet, Chanoine de S. Aignan en l'Eglise de Paris, décédé le 27 Février 1574, étoit Abbé de cette Confrérie.

Ce sont toujours des Chanoines, qui sont Abbés de cette Confrérie.

Charles Baudouin, Chanoine & Sous-Chantre, en a été Abbé en 1655.

Nicolas Foucault Chanoine, en 1665.

Jacques le Gendre Chanoine, en 1680.

Louis Pertatvillemareuil, Chanoine en 1704.

André-François Bombes, Chanoine en 1705.

Armand-Victor Guichon, Chanoine, en 1720.

Urbain Robinet Chanoine, en 1748.

Bernard Imbault Chanoine, en 1759.

Sebaſtien-Michel Camialle Chanoine, en 1762.

Le jour de la Fête de S. Auguſtin, les Confreres chantent la veille les premieres Vêpres, la Grande Meſſe & les ſecondes Vêpres, & le lendemain, une Grande Meſſe des Morts, pour tous les Confréres, dans la Chapelle de S. Thomas de Cantorbery, la plus voiſine de celle de S. Auguſtin, qui fait aujourd'hui partie de la Sacriſtie des Meſſes.

La troiſiéme Confrérie eſt celle de S. Côme & S. Damien, établie en l'Egliſe de Paris, en l'année 1475. On porte les Châſſes de ces deux Saints, en Proceſſion dans la Cité, le 27 Septembre, jour de leur Fête, & elles ſont expoſées pendant trois jours dans l'Egliſe, vis-à-vis la Chapelle S. Denis. Le jour de la Fête, on chante à ladite Chapelle une Meſſe ſolemnelle, & le lendemain un Service pour tous les Confréres trépassés

La quatriéme est celle de S. Crépin, qui fut érigée en 1379, par Charles V, Roi de France, dit le Sage, en faveur des Garçons Cordonniers. Au mois d'Octobre 1429 les Maîtres Cordonniers se joignirent du consentement du Chapitre de l'Eglise de Paris, à cette Confrérie. Le 19 Juin 1555, intervint un Arrêt du Parlement, portant Réglement entre les Maîtres & les Compagnons. Enfin y ayant eu un Procès considérable entre les Maîtres & les Garçons Cordonniers, depuis l'année 1750, jusqu'à l'année 1758, les uns & les autres présenterent au Chapitre de l'Eglise de Paris, un projet de Transaction & de Reglement pour leur Confrérie; le Chapitre l'approuva par sa Conclusion du 26 Avril 1758, & ladite Transaction, & les Statuts & Réglemens pour la Confrérie, furent homologués par Arrêt du Parlement du 21 Août 1758.

Le 25 Octobre, Fête de S. Crépin & S. Crépinien, les Maîtres Cordonniers celebrent la Fête de leurs Saints, dans la Chapelle S. Crépin; l'Office consiste dans les premieres Vêpres, la Messe, & les secondes

Vêpres, & le lendemain une Grande Messe des Morts, pour tous les Maîtres décédés dans le courant de l'année.

Le Dimanche suivant, les Garçons Cordonniers célébrent leur Fête dans ladite Chapelle de S. Crépin; l'Office consiste dans la Grande Messe & les Vêpres, & le jour des Morts un Service pour tous les Confréres

Ils célébrent aussi la même Fête le Dimanche dans l'Octave de l'Ascension.

C'est toujours un Bénéficier de l'Eglise de Paris qui est leur Chapelain, & la Confrerie des Garçons Cordonniers est obligée de rendre compte de son administration tous les ans, le premier Dimanche de Juillet, devant M. le Doyen, ou devant le Chanoine que M. le Doyen a choisi pour le remplacer, étant accompagné du Chapelain de la Confrérie.

DE L'OFFICE DIVIN.

IL n'y a point de Cathédrale en Europe, où l'Office se fasse avec autant d'exactitude, d'édification & de majesté, que dans l'Eglise de Paris. On y chante tous les jours les Matines à minuit, selon l'ancien usage conservé dans cette Eglise, la seule des Séculieres qui les disent à cette heure; & le Chapitre de l'Eglise de Paris a pris de sûres mesures pour perpétuer à jamais cette louable pratique de célébrer à minuit les Matines, & de transmettre ce pieux usage à la postérité la plus reculée. On n'est jamais tenu présent à cet Office de nuit, pas même en cas de maladie.

Outre l'Office Canoniale, il y a trois fois la semaine une Messe de fondation pour les Morts; sçavoir, les Lundi, Mercredi, & Vendredi, cette Messe se chante avant la Messe Canoniale. Il y a aussi Chapitre ces trois mêmes jours.

Pendant le Carême, il y a tous les jours deux Messes, l'une des Morts, & l'autre du Jour; il y a aussi Sermon le Dimanche, Mardi, Jeudi & Vendredi, à dix heures & demie du matin.

Tous les Samedis de l'année, & les veilles des grandes Fêtes, il y a Motet à la Chapelle de la Sainte Vierge après Complies, & après le Motet on chante le *De profundis* en faux bourdon, & un Enfant de Chœur chante l'Oraison pour le repos de l'Ame de Durand Vigier de Mondor, Chanoine de l'Eglife de Paris, mort le 13 Novembre 1586.

Le Samedi Saint après Complies, on chante à la Chapelle de la Vierge le *Regina*, & un Motet en grande Symphonie, ce qui attire un grand concours de monde.

Tous les jours de l'année, le Célébrant dit au coin de l'Autel, avant le *Lavabo*, le *De profundis*, pour Denis Dumoulin, Evêque de Paris, mort le 15 Septembre 1447, & enfuite il jette de l'eau bénite fur fa Tombe; & à la fin de la Meffe, il dit à la fin du dernier Evangile, le *De profundis*, & arrivant à la Porte du Chœur du côté de la Sacriftie, il jette de l'eau bénite fur la Tombe de Jean de Villeblain, Chanoine de l'Eglife de Paris & Archidiacre d'Arras, mort en l'année 1392.

Tous les jours de l'année le Spé, c'eft-à-dire l'ancien des Enfans de Chœur, recommande au Célébrant, au *Memento* des Morts, les ames de Pierre de Gondy, d'Hardouin de Perefixe, de François de Harlay, & de Louis-Antoine Cardinal de Noailles, tous Archevêques de Paris.

Tous les jours les Enfans de Chœur après la Grande Messe, en sortant de l'Eglise, disent le *De profundis*, avec l'Oraison, sur la Tombe de Jean Lupi, Chanoine & Sous-Chantre de l'Eglise de Paris, mort en 1373. Sa Tombe est à l'entrée de l'Eglise, vis-à-vis la Porte rouge.

Tous les Dimanches de l'année, les Enfans de Chœur disent en sortant de Matines le *De profundis* avec l'Oraison, sur la Tombe d'Hugues Pasté, Chanoine de S. Aignan, mort le 7 Janvier 1484. Sa Tombe est autour du Chœur, vis-à-vis la Porte rouge.

Tous les Vendredis de l'année, les Enfans de Chœur chantent à sept heures du matin, à l'Autel des Féries, une Messe de la Sainte Croix, fondée le 17. Février 1501, par Pierre Cerizay, Chanoine de l'Eglise de Paris, & par Pierre V, Cardinal de Gondy, le 5 Février 1611, & après la Messe, ils chantent le *De Profundis*, &c. avec les Oraisons *Deus qui inter Apostolicos Sacerdotes*, &c. *Fidelium*, &c.

Tous les Samedis, les Enfans de Chœur chantent à sept heures du matin, une Messe de la Sainte Vierge, fondée par Denis Dumoulin, Evêque de Paris, mort le 15 Septembre 1447, & avant la Messe, ils chantent le *Veni Creator*, fondé le 18 Septembre 1562, par André Bérard, Chapelain, & après la Messe le *De profundis*, & les Oraisons *Deus qui inter Apostolicos Sacerdotes*, *Inclina* & *Fidelium*, pour Denis Dumoulin & André Bérard.

Tous les Mois, la premiere Fête solemnelle qui arrive, les Enfans de Chœur chantent en chant sur le Livre après Matines, vis-à-vis le grand Autel, *Ave Maria gratia plena per sæcula*, & *Requiescat in pace*, fondé le 22 Avril 1485, par Pierre Henri, Chanoine, & Sous-Chantre, mort en 1501.

Les Chanoines Jubilés, c'est-à-dire, ceux qui sont Chanoines depuis 50 ans, sont tenus présens à tous les Offices, excepté aux Matines de nuit, & aux Messes de la Fondation du Chapitre, sans être obligés d'y assister, & ils jouissent du droit de distribution qui est attaché à chaque Office ; mais pour l'obtenir il faut qu'ils présentent Requête au Chapitre.

On sonne le Couvre-Feu tous les jours à sept heures du soir avec la Cloche de la Fête.

Pour ce qui concerne le Chœur, il est divisé en trois parties. La premiere comprend le Maître Autel & son circuit, jusqu'au bas des marches du Sanctuaire ce qui est de la Jurisdiction de l'Archevêque : la seconde depuis les mêmes marches du Sanctuaire jusqu'au Trône de l'Archevêque, ce qui forme l'espace des Portes collatérales, & dans cet endroit, il y a prévention entre la Justice de l'Archevêque & celle du Chapitre, & en cas de concurrence, elles agissent de concert. Enfin la troisiéme partie est depuis la grande Porte du Chœur du côté de la Nef, jusques au bout des Stalles des Chanoines, & de celle du Chancelier, & du Pénitencier, ce qui est de la Jurisdiction du Chapitre.

DES PROCESSIONS ANNUELLES
du Chapitre.

LE 3 Janvier, à huit heures du matin, le Chapitre va à Sainte Géneviéve du Mont, chanter la Messe avec les Religieux, où la Ville se trouve en habits de cérémonie.

Le Dimanche de la *Quinquagésime*, à dix heures, il fait la Procession autour de l'Eglise en dehors.

Le 22 Mars, jour de la Réduction de Paris, le Chapitre va à dix heures chanter la Messe aux Grands Augustins, accompagné de ses quatre Filles, & précédé des Carmes de la Place Maubert, des Jacobins de la rue Saint Jacques, & des Grands Cordeliers; la Ville en Corps accompagne cette Procession, où on porte la Châsse de la Vierge, & le grand Tableau de S. Sébastien : les Cours Souveraines se rendent aux Augustins. Quand le jour de cette Cérémonie arrive dans la quinzaine de Pâques, elle est remise au premier Vendredi d'après la *Quasimodo*.

Cette Procession a été établie pour rendre graces à Dieu de ce qu'à pareil jour de l'an 1594, la Ville de Paris se soumit à Henri IV, & rentra par là sous l'obéissance de son légitime Souverain.

Le Dimanche des Rameaux le Chapitre part en silence à sept heures du matin, & porte en Procession la Châsse de la Vierge à Sainte Geneviève-du-Mont, où M. l'Archevêque, & en son absence M. le Doyen, fait la bénédiction des Rameaux, ensuite le Prédicateur du Carême de l'Eglise de Paris fait un Sermon dans la Nef. Après quoi on part pour revenir à Notre-Dame. En revenant on chante une Antienne à un Autel dressé pour cet effet à la porte du Collége des Cholets, & delà étant arrivé près le petit Châtelet, M. l'Archevêque prend ses habits Pontificaux pour chanter *Attollite portas*, à la porte du petit Châtelet, & y délivrer un Prisonnier pour dettes, lequel porte le bas de la Robe de l'Archevêque ou du Doyen : le Concierge de cette Prison présente des bouquets à tout le Clergé ; mais lorsqu'il pleut, la Cérémonie se fait à la porte de Notre-Dame.

Le 25 Avril, Fête de S. Marc, le Chapitre va à huit heures dire une Antienne à S. Paul, & delà chanter la Messe à S. Mery.

Le 27 Avril il va faire Station à l'Hôtel-Dieu avant la Messe, en mémoire du feu du Petit-Pont, arrivé en 1719.

Le Lundi des Rogations, à six heures, on porte la Châsse de la Vierge à l'Abbaye de Montmartre, où on chante la Messe, avec les quatre Filles du Chapitre ; & en passant sur le Pont-au-Change, le Célébrant entre dans une Boutique pour bénir la Riviere ; en revenant de Montmartre la Procession se repose à S. Lazare, ensuite à S. Laurent, à S. Martin-des-Champs & à S. Mery ; en tems de pluie elle ne va qu'au Pont-au-Changes, & delà chante la Messe à Saint Denis de la Charte.

Le Mardi, à huit heures, le Chapitre va dire la Messe aux Carmelites de la rue S. Jacques ; en chemin il chante une Antienne à la Vierge de la porte de l'Hôtel-Dieu ; ensuite au chevet de l'Eglise de S. Benoît, & delà au Portail de Saint Etienne-d'Egrès ;

& en revenant s'arrête au chevet de l'Eglise de S. Côme.

Le Mercredi, il part à sept heures; en passant dans la rue S. Victor, il s'arrête à la porte de S. Victor, & chante une Antienne vis-à-vis un Autel dressé à cet effet, ensuite il va à S. Marcel où il entre dans l'Eglise, & chante une Antienne, après quoi il va à Sainte Geneviève, où il assiste à la Messe chantée par les Religieux.

Le Jeudi, jour de l'Ascension, à huit heures, il y a Procession générale autour de la Cité; le Chapitre & ses quatre Filles sont tous en Chappes : l'Archevêque en Habits Pontificaux, & ses quatre Filles en Chappes y assistent : on y porte la Châsse de la Sainte Vierge, & les Orfévres portent celle de S. Marcel. Cette Procession est très-majestueuse & très-édifiante.

Le 19 Juin le Chapitre va à huit heures & demie à S. Gervais pour y chanter la Grande Messe.

Le jour de la Fête-Dieu, à huit heures, la Procession sort & fait le tour de la Cité, sans reposer; on y porte le grand Soleil, sous un riche Dais. Cette Procession, est très-belle & très-majestueuse, étant d'une noble simplicité conformément à l'ancien usage.

Le Jeudi, jour de l'Octave, on fait la Procession autour de l'Eglise en dedans, avec le petit Dais & le petit Soleil.

Le troisiéme Dimanche après la Pentecôte, le Chapitre part à huit heures pour aller chanter la Grande Messe au Sépulchre.

Le 29 Juin, à neuf heures, on va à S. Pierre-aux-Bœufs faire la Station.

Le 30 Juin, à huit heures, le Chapitre va chanter la Messe à S. Paul.

Le 4 Juillet, à huit heures, il va à S. Martin-des-Champs, chanter la Messe avec les Religieux, à l'issue de laquelle on va au Chapitre, où M. le Chancelier de Paris fait un Discours Latin pour la délivrance d'un Prisonnier, & le Prieur lui en fait un autre.

Le 11 Juillet, à huit heures & demie, il va à S. Benoît chanter la Messe.

Le 21 Juillet il va chanter la Messe à S. Victor, à huit heures, avec les Chanoines Reguliers de S. Victor.

Le Dimanche dans l'octave de la Fête de la Magdelaine, il va faire la Station à cette Paroisse.

Le 31 Juillet, à huit heures & demie, il va chanter la Messe à Saint Germain-l'Auxerrois.

Le 3 Août, à huit heures & demie, il va chanter la Messe à S. Etienne-d'Egrès.

Le 10 Août le Chapitre alloit autrefois en Procession à S. Laurent; mais à présent il y envoye six Bénéficiers pour y chanter la Grande Messe.

Le 15 Août, jour de l'Assomption de la Vierge, il y a Procession générale autour de la Cité. Cette Cérémonie a été instituée le 10 Février 1638, par Louis XIII, qui mit son Royaume sous la protection de Dieu & de la Sainte Vierge, en action de graces de la grossesse de la Reine Anne d'Autriche son épouse, qui après 23 ans de stérilité, mit au monde Louis XIV.

Les Cours Souveraines & le Corps de la Ville de Paris assistent tous les ans à cette Procession. Dans les commencemens il y eut de grandes contestations pour le rang entre le Parlement & la Chambre des Comptes, ce qui empêcha ces deux Cours d'y assister pendant plusieurs années.

En 1672, Louis XIV, régla les rangs, & ordonna que les deux Cours n'entreroient point dans le Chœur; que le Parlement, après s'être assemblé dans le Chapitre, viendroit joindre la Procession à la porte du Chœur, dans la Nef à droite, & que chaque Membre marcheroit à la file, pendant que de l'autre côté la Chambre des Comptes viendroit de l'Officialité, pour joindre aussi le Clergé & le suivre à la file à gauche, de façon que le premier Président de la Chambre des Comptes marcheroit à la gauche du premier Président du Parlement; viendroit ensuite la Cour des Aides qui marcheroit sur deux files, & ensuite la Ville qui marcheroit pareillement sur deux files, ce qui s'exécute ponctuellement depuis ce tems-là.

En 1717 le Duc d'Orléans, alors Régent du Royaume, assista à cette Procession, au nom de Louis XV, avec le cortége & les honneurs Royaux. En 1738 cette Procession fut des plus solemnelles, à cause de la centiéme année de son institution; elle se fait tous les ans à pareil jour dans toutes les Eglises du Royaume, suivant la Déclaration de Louis XIII, du 10 Février 1638, par laquelle il ordonna que tous les Archevêques & Evêques de son Royaume feroient faire le jour de l'Assomption de la Sainte Vierge, la commémoration de cette Déclaration à la Grande Messe, dans toutes les Eglises de leurs Diocèses; il voulut aussi qu'après Vêpres, le même jour, les Cours Souveraines, ou les premiers Juges de chaque lieux, assistassent à une Procession qui se feroit dans toutes les Villes, Bourgs & Paroisses du Royaume, en reconnoissance des grands succès de la guerre, qu'il attribua à la protection de la Sainte Vierge : & voulant dignement la remercier de tant de faveurs qu'il en avoit reçues, il mit son Royaume sous sa protection, & fit vœu de rétablir le grand Autel de cette Cathédrale, & en laissa l'exécution à Louis XIV son fils, qui l'a accompli avec beaucoup de magnificence, & tel qu'on le voit aujourd'hui.

Le 24 Août le Chapitre va, à neuf heures, chanter la Messe à Saint Barthelemy.

Le 25 Août, Fête de S. Louis, Messe solemnelle pour le Roi à dix heures.

Le 27 Août, à huit heures & demie, il va chanter la Messe à S. Mery.

Le 2 Septembre, à neuf heures, on fait la Procession dans la Cité avec les Châsses de S. Côme & de S. Damien, où un grand nombre de personnes de l'un & l'autre sexe assiste avec beaucoup de dévotion.

LE CHAPITRE DE NOTRE-DAME.

LE Chapitre de l'Eglise de Notre-Dame de Paris, est le plus considérable du Royaume, par le grand nombre de ses Bénéfices. Il est composé de huit Dignités & cinquante-un Canonicats.

Ces huit Dignités:

1°. Le Doyenné, qui est à la nomination du Chapitre.

2°. La Chantrerie, qui est à la nomination de M. l'Archevêque.

3°. L'Archidiaconé de Paris, qui est à la nomination de M. l'Archevêque.

4°. L'Archidiaconé de Josas, qui est à la nomination de M. l'Archevêque.

5°. L'Archidiaconé de Brie, qui est à la nomination de M. l'Archevêque.

6°. La Sous-Chantrerie, qui est à la nomination du Chapitre.

7°. La Chancellerie, qui est à la nomination de M. l'Archevêque.

8°. La Pénitencerie, qui est à la nomination de M. l'Archevêque.

Les Canonicats sont tous à la nomination de M. l'Archevêque, à l'exception des deux Canonicats de S Aignan, qui sont nommés par le Chapitre.

Outre ces huit Dignités & Canonicats, il y a six Vicaires perpétuels, sous les titres de S. Maur-des-Fossés, de S. Denis de la Charte, de Saint Victor, de S. Martin-des-Champs, de S. Marcel, & de S. Germain l'Auxerrois, & deux Vicaires de Saint Aignan.

La Vicairerie de S. Maur-des Fossés & de S. Germain l'Auxerrois ont été réunies au Chapitre en l'année 1748, pour augmenter la distribution du bas-Chœur.

Il y a outre cela huit Bénéficiers, Chanoines de S. Jean-le-Rond, dont deux Prêtres, Curés du Cloître, trois Diacres & trois Sous-Diacres.

Dix Bénéficiers, Chanoines de Saint Denis-du-Pas, dont cinq sont Prêtres, trois Diacres & deux Sous-Diacres.

Outre cela un Chapelain Sous-Diacre de Sainte Catherine dans l'Eglise de Paris, & un Chapelain Sous-Diacre de S. Aignan dans l'Eglise de Paris.

Tous ces Bénéficiers sont des Annexes de l'Eglise de Paris, & ne font qu'un même Corps avec l'Eglise de Paris, & sont entiérement soumis à la Jurisdiction du Chapitre.

Il y a en outre six Clercs de Matines ou Basses-Contre, huit Machicots, deux Serpents, douze Enfans de Chœur, un Maître de Musique, un Maître de Latin, quatre Organistes qui touchent l'Orgue par Quartier, & quatre Marguilliers Laïcs qui assistent à l'Office les jours de Fêtes solemnelles & 130 Chapelains,

Les jours de Fêtes annuelles & solemnelles, le Doyen, l'Archidiacre de Paris, le Chantre & les Chanoines qui sont Conseillers au Parlement, portent la Soutanne rouge, & les autres Chanoines la Soutanne violette avec les Paremens cramoisi.

Le Chapitre de cette Eglise Métropolitaine est en jouissance & possession immémoriale d'exercer toutes les fonctions Curiales sur les Dignités, Chanoines, Bénéficiers, Chapelains, Chantres, Habitués, & autres Officiers Clercs de la même Eglise, demeurans en la Ville, Fauxbourgs & Banlieue de Paris, & des Eglises qui en dépendent, & qui sont celles de S. Etienne-d'Egrès, de S. Méderic, du S. Sépulcre & de S. Benoît. Ce droit a été confirmé par Arrêt du Parlement, rendu le 7 Septembre 1651.

Il y a dans cette Eglise cent trente Chapelains qui ont le droit de dire la Messe dans l'Eglise de Paris, & d'assister au Chœur. Ils ont le droit de *Committimus*.

Parmi ces Chapelains, il y en a cinquante-sept qu'on appelle de l'ancienne & de la nouvelle Commuauté. Ils ont été fondés en l'an 1186. Tous les Vendredis & Samedis de l'année, ils s'assemblent à sept heures du matin dans la Chapelle de S. Barthelemi & de S. Vincent, qui est la seconde en entrant dans la Nef, & ils y psalmodient l'Office des Morts dans le tems qu'un d'entr'eux dit une Messe basse, après laquelle on en dit encore une seconde. Lorsqu'il meurt un Chapelain de cette Communauté, on célèbre dans la Chapelle de S. Barthelemi un Service solemnel pour le repos de l'ame du défunt.

Toutes ces Chapelles sont à la Collation du Chapitre de Notre-Dame.

LES FILLES DE NOTRE-DAME.

IL y a quatre Chapitres qu'on appelle les quatre Filles de Notre-Dame, sur lesquelles le Chapitre de l'Eglise de Paris a Jurisdiction, sçavoir, les Chapitres de S. Etienne-d'Egrès, S. Benoît, S. Mery & le Sépulchre.

Le Chapitre de Saint Etienne-d'Egrès est composé d'un Chefecier qui a une prébende attachée à sa Chefecerie, & de onze autres Chanoines.

Ces Canonicats sont à la nomination de deux Chanoines de Notre-Dame qui ont ce droit attaché à leurs Prébendes.

Il y a outre cela un Chapelain qui est à la nomination de S. Etienne d'Egrès.

Le Chapitre de S. Benoît est composé de six Canonicats, qui sont à la nomination de six Chanoines de Notre-Dame, qui en nomment chacun un. Il a y outre cela un Semi-Prébendé, la Cure ou Vicairie perpétuelle de S. Benoît, qui est à la nomination du Chapitre de S. Benoît, & la Communauté des Chapelains qui est composée de douze Chapelains, en outre vingt-sept Chapelains qu'on appelle Forains. Tous ces Chapelains sont à la nomination du Chapitre de S. Benoît.

Le Chapitre de S. Mery est composé d'un Chefecier qui a une Prébende, à laquelle la Cure est attachée, de six Canonicats & onze Chapelains. Ces Bénéfices sont nommés par deux Chanoines de Notre-Dame,

qui

qui ont ce droit attaché à leurs Prébendes.

Le Chapitre du Sépulchre est composé de douze Canonicats & de onze Chapelains, qui sont à la nomination alternativement de deux Chanoines de Notre-Dame, qui ont ce droit attaché à leur Prébende.

JURISDICTION DU CHAPITRE.

LE Chapitre de l'Eglise de Paris est indépendant de la Jurisdiction de M. l'Archevêque, & a sa Jurisdiction séparée, qui est exercée de même que celle de M. l'Archevêque, par un Official, un Promoteur, & un Greffier, laquelle s'étend sur les Chanoines, Bénéficiers, Chapelains & Officiers de l'Eglise de Paris, sur les quatre Filles de cette Eglise, sur l'Hôtel-Dieu de Paris ; tous lesquels Bénéficiers sont Justiciables de l'Official du Chapitre, & sont tenus de comparoître en personne au Synode, qui se tient tous les ans au Chapitre le Mardi de la seconde semaine de Carême.

Le Chapitre a aussi une autre Jurisdiction pour sa Temporalité, sçavoir,

P

haute, moyenne, & basse Justice, appellée *La Barre du Chapitre*. Elle est exercée par un Chambrier Lai, ou Bailli, un Lieutenant, un Procureur Fiscal, un Greffier & un Huissier. Elle a pour ressort l'étendue du Cloître, du Terrein, du Parvis & l'intérieur de l'Eglise.

Cette Jurisdiction connoît en premiere instance de toutes les Causes civiles, criminelles, & de Police, & des Droits Seigneuriaux dépendans de la censive du Chapitre. Toutes les Sentences dont est Appel dans toutes les Seigneuries appartenant au Chapitre ressortissent à la Barre du Chapitre, & ensuite à la Grande Chambre du Parlement.

Les Audiences se tiennent le Lundi à trois heures de relevée dans l'Auditoire, Cloître Notre-Dame.

Le Chapitre tient tous les ans son Synode, le Mardi de la seconde semaine de Carême, auquel sont obligés d'assister tous les Bénéficiers de l'Eglise, tous les Chapelains, les Chapitres de S. Etienne-d'Egrès, S. Benoît, S. Mery & du Sépulcre, & les Prêtres de l'Hôtel-Dieu, lesquels sont tous soumis à la Jurisdiction immédiate du Chapitre.

JURISDICTION DU CHANTRE.

CEtte Jurisdiction connoît de tout ce qui concerne les petites Ecoles de la Ville, Cité, Université, Fauxbourgs & Banlieue de Paris. Elle est exercée par un Juge Collateur & Directeur des petites Ecoles, un Vice-Gérent, un Promoteur, un Greffier, un Huissier & un Clerc. L'Appel des Sentences du Chantre va immédiatement au Parlement. Les Audiences se tiennent le Jeudi à trois heures de relevée.

DES OFFICIERS DE L'EGLISE.

OUTRE les Ecclésiastiques qui composent le Chœur, & dont nous avons parlé ci-dessus, il y a d'autres Personnes attachées à l'Eglise, & occupées pour le Service & la majesté du Culte Divin.

1°. Un Tréforier, qui a en fa garde tous les effets tant du Tréfor que de la Sacriftie, & qui, en conféquence des effets très-riches dont il eft chargé, eft obligé de donner au Chapitre une Caution confidérable. Il a fous lui un Prêtre, & en outre un Garçon du Tréfor.

2°. Un Chevecier, qui eft toujours un Prêtre, chargé particulierement de la garde du Chœur, & obligé par fa place de coucher dans Eglife, fuivant l'ufage immémorial.

3°. Un Sacriftain des Meffes.

4°. Un Sacriftain de la Chapelle de la Sainte Vierge.

5°. Un Clerc de la Sacriftie des Meffes.

6°. Quatre Marguilliers Laïcs, qui font obligés d'affifter au Chœur tous les jours de Fêtes folemnelles. Ils occupent les deux premieres Stales, en bas de chaque côté, du côté du Sanctuaire. Ils précédent le Diacre & le Soudiacre, lorfqu'ils vont chanter l'Epitre & l'Evangile. Ces Marguilliers Laïcs font redevables de leur établiffement à Eudes de Sully, 74e. Evêque de Paris. C'eft en l'année 1204, qu'ils ont été établis. Ils ont beaucoup de Droits & Priviléges attachés à leur place.

7°. Dix Francs-Sergens qui assistent à l'Office les Fêtes annuelles & solemnelles & les jours de cérémonies extraordinaires. Leur place est à la grande Porte du Chœur.

Leurs Titres annoncent que leur origine est très-ancienne, dont voici le fait: Dix hommes distingués d'entre le Peuple libre, dont la Religion & les bonnes mœurs étoient connues, se donnerent d'eux-mêmes à l'Eglise de Paris, & géroient les affaires de Messieurs les Evêques & Chanoines pendant plusieurs siécles, & furent nommés Serviteurs libres, *Liberi Servientes*. Dans ces tems-là les Francs-Sergens étoient défrayés aux dépens des biens de l'Eglise, où ils étoient si nécessaires, que lorsque les Rois de France ont accordé des Priviléges au Chapitre, ses Francs-Sergens y ont été compris ainsi qu'on peut le voir par les Lettres originales de S. Louis, du mois de Mai 1248, qui les nomment Francs-Fieffés, & qui leur confirme les mêmes Privileges que Philippe Auguste leur avoit accordés en 1190, ainsi que les autres Rois ses Successeurs.

Ces Francs-Sergens ont encore plusieurs autres Priviléges; ce sont eux seuls qui ont le Privilége de prendre à l'entrée de la grande Porte de cette Eglise, le Corps des Chanoines & autres Personnes distinguées qui y ont le droit de Sépulture, pour les porter au Chœur, & delà à l'endroit où ils doivent être inhumés.

8°. Six petits Huissiers, qui font le Service journalier de l'Eglise, les jours de grandes Fêtes, ils sont obligés d'être tous les six aux deux Portes collatérales du Chœur, & les jours ordinaires, il n'y en a que trois qui font le Service.

9°. Deux Sonneurs, l'un pour la grande Sonnerie, l'autre pour la petite. Ces deux Sonneurs étoient autrefois deux Prêtres, mais depuis long-tems le Chapitre a donné ces Places à deux Laïcs.

10°. Deux Suisses.

L'HOSTEL-DIEU.

L'Administration de l'Hôtel-Dieu appartenoit autrefois toute entiere au Chapitre de Notre-Dame, tant pour le spirituel que pour le temporel; mais en 1505, la Direction temporelle fut commise par Arrêt du Parlement, à des Administrateur Laïcs.

Aujourd'hui le Chapitre est seul Supérieur spirituel de l'Hôtel-Dieu, & il y exerce sa Jurisdiction par quatre Députés qu'ils nomme tous les deux ans, & qu'on appelle Administrateurs ou Visiteurs de l'Hôtel-Dieu.

L'Hotel-Dieu est desservi pour le Spirituel par vingt-quatre Ecclésiastiques, dont huit pour le Chœur, treize pour les Salles, un Confesseur pour les Etrangers & Domestiques, & un Sacristain.

Le premier de ces Ecclésiastiques a la qualité de Maître au Spirituel de l'Hôtel-Dieu; tous sont sous la

Jurisdiction immédiate du Chapitre de l'Eglise de Paris.

LES HOMMES ILLUSTRES DE L'EGLISE DE PARIS.

LE Chapitre de Paris est des plus illustres de toute la France, pour avoir donné un nombre infini de grands Personnages, distingués par leur piété, leur naissance, leur érudition & par leurs bienfaits envers l'Eglise; il nous seroit impossible de les rapporter tous ici; nous en avons déja cité plusieurs dans le Corps de cet Ouvrage, dont les Epitaphes font assez leurs éloges. Qu'il nous suffise d'apprendre au Public, que du vénérable Chapitre de Paris, il est sorti six Papes, Gregoire IX, Adrien V, Boniface VIII, Innocent VII, Gregoire XI & Clement VIII; trente-neuf Cardinaux, trente-quatre Archevêques, cent cinquante Evêques, qui ont été Doyens ou Archidiacres & Chanoines de cette Eglise dès les premiers siécles, & surtout dans le douziéme. Ce Chapitre étoit composé de Personnes distinguées par leur piété & leur science, entr'autres, ceux que nous allons citer.

Adam de Petit-Pont, ainsi nommé parce qu'il avoit enseigné dans ce quartier où il étoit en réputation ; il étoit Chanoine de cette Eglise en 1145 ; il fût ensuite Evêque de Saint Asaph en Angleterre. Il assista à un Concile de Latran tenu au sujet de quelques propositions de Pierre Lombard, sous lequel il avoit eu le soin des Ecoles de Paris. Il assista aussi au Concile de Paris en 1145, tenu contre Gilbert de la Poirée, Evêque de Poitiers.

Hugues de Champfleury, qui après avoir été Chanoine de Paris, fut Evêque de Soissons & Chancelier de France, sous le Regne de Louis le Jeune ; il disputa contre Gilbert de la Poirée, alors Evêque de Poitiers ; il souscrivit divers Chartres, en 1151, & années suivantes.

Pierre, Chantre de l'Eglise de Paris, lequel nom de Chantre lui resta, parcequ'il étoit revêtu de cette Dignité. Il fut un des plus célèbres Docteurs du douziéme Siécle, &

Auteur de plusieurs Ouvrages d Théologie, dont la plûpart sont Manuscrits; il donna un Livre intitulé *Verbum abbreviatum*, dont on imprima la partie qui est contre les Moines qui agissent contre le Vœu de pauvreté. Il a aussi composé la Grammaire des Théologiens, Ouvrage très-utile pour l'intelligence des Saintes Ecritures; un Traité des Distinctions; un Ecrit touchant les Miracles; trois Livres des Sacremens; des Gloses sur la Bible, & une Somme des Cas de conscience. Il se retira à l'Abbaye de Longpont, Ordre de Cîteaux, entre Compiegne & Soissons, où il mourut vers l'an 1197.

Michel de Corbeil, Doyen de l'Eglise de Paris, qui fut nommé Patriarche de Jérusalem; mais avant de prendre possession de cette dignité il fut nommé Archevêque de Sens en 1194. Il fit de grands biens à l'Eglise de Sens, ainsi qu'à celle de Paris. Il mourut vers la fin de Novembre 1199.

Pierre de Poitiers, Chancelier de l'Eglise de Paris, l'un des premiers Scholastiques de son tems. Il enseigna la Théologie dans les Ecoles de Paris. Il composa en 1170, un Traité des Sentences, dédié à Guillaume, Archevêque de Sens, & des Commentaires sur quelques Livres de la Sainte Ecriture, il mourut en 1200.

Pierre de Corbeil fut son successeur ; sa science & sa piété le rendirent recommandable dans le 13e. siécle. De Chanoine de l'Eglise de Paris il devint Evêque de Cambray, & ensuite Archevêque de Sens: Enseignant la Théologie dans l'Université de Paris en 1200, il avoit eu pour Disciple le Pape Innocent III, qui l'employa depuis dans plusieurs affaires importantes. Il a fait plusieurs Ouvrages, qui ne sont pas venus jusqu'à nous ; nous n'avons que des Fragmens de ses Ordonnances Synodales. Il mourut le 3 Juin en 1222. On voit encore son Epitaphe dans le Chœur de son Eglise, où il célébra un Synode.

Pierre le Mangeur, après avoir été Doyen de l'Eglise de Troyes, fut Chancelier de celle de Paris; il enseigna la Théologie ; il est Auteur de l'Histoire Scholastique, dédiée à l'Archevêque de Rheims, nommé *Guillaume aux blanches mains*, Ouvrage qui a été en grande réputation dans les XIII, XIV & XV siécles, qui comprend un Corps de Théologie politique. Il se retira à l'Abbaye S. Victor, où il mourut. On y voit encore son Epitaphe.

Le célébre Pierre de Lescot, Abbé de Cluny, & Chanoine de Notre-Dame, mort en 1578, âgé de 68 ans.

Enfin un nombre infini d'autres qui pourroient tenir leur rang ici, mais qui multiplieroit trop notre objet ; nous nous contenterons de dire que l'on a vû, dans tous les siécles, sortir de ce respectable Chapitre de l'Eglise de Paris, beaucoup de Personnes, dont les lumieres & la piété ont illustré les premieres places de l'Eglise & de l'Etat.

L'ARCHEVÊCHÉ DE PARIS.

L'Evêché de Paris a été érigée en Archevêché, sous l'Episcopat de François de Gondy, par le Pape Grégoire XV, le 13 Novembre 1622, à la réquisition du Roi Louis XIII.

Depuis S. Denis, qui a été le premier Evêque de Paris, jusqu'à Jean-

François de Gondy, il y a eu cent dix Evêques, & depuis l'Erection de l'Evêché en Archevêché, il y a eu neuf Archevêques.

Aujourd'hui le Siége de Paris est occupé par Mr Christophe de Beaumont, 9e. Archevêque de Paris, qui a pour Suffragans, les Evêchés de Meaux, Chartres, Orléans & Blois.

Cet Archevêché est composé de sept Doyennés, vingt-trois Chapitres, dont treize sont dans Paris; trente-une Abbayes, dont quatre d'Hommes & six de Filles dans Paris; soixante six Prieurés, desquels il y en a onze dans la Ville, Fauxbourgs & Banlieue de Paris; cent quatre-vingt-quatre Monasteres, ou Communautés séculieres, ou réguliéres, dont cent vingt-quatre sont dans la Ville, Fauxbourgs ou Banlieue de Paris; 474 Cures, dont 59 dans la Ville, Fauxbourgs & Banlieue de Paris; 256 Chapelles, dont 90 sont dans la Ville, Fauxbourgs & Banlieue de Paris, sans y comprendre celles de Notre-Dame; trente-quatre Maladreries, dont cinq sont dans la Ville, Fauxbourgs & Banlieue de Paris.

LES FILLES DE M. L'ARCHEVESQUE.

IL y a quatre Chapitres qui sont nommés les Filles de l'Archevêché, & qui accompagnent M. l'Archevêque à la Procession, le jour de l'Ascension, & dans les Cérémonies extraordinaires, lorsque M. l'Archevêque les mande.

Ces Filles sont S. Marcel, Saint Honoré, Sainte Opportune & Saint Germain l'Auxerrois. Ce dernier Chapitre est à présent réuni à Notre-Dame.

LA JURISDICTION DE M. L'ARCHEVESQUE.

LA Jurisdiction de M. l'Archevêque est l'*Officialité*, qui est composée d'un Official, d'un Vice-Gérent, d'un Promoteur, d'un Vice-Promoteur, & d'un Greffier, laquelle a son étendue sur tout le Diocèse de Paris. M. l'Archevêque de Paris a encore une autre Juſtice qu'on appelle *la Temporalité*. Elle eſt exercée par un Juge qui connoît des Appellations des Sentences rendues en matiere civile, par les Officiers des Juſtices des Terres dépendantes de l'Archevêché.

PROCÈS-VERBAL

DE CE QUI S'EST TROUVÉ, TANT dans le Sanctuaire que dessous & autour du grand Autel de l'Eglise de Paris, lors de la démolition, qui sous le Pontificat de Monseigneur l'Illustrissime & Révérendissime Louis-Antoine de Noailles, Archevêque de Paris, Duc de S. Cloud, Pair de France, Commandeur de l'Ordre du Saint-Esprit, (à présent Cardinal de la Sainte Eglise Romaine) en a été faite par l'ordre de Louis XIV, surnommé le GRAND, *Roi de France & de Navarre, pour construire un nouvel Autel plus élevé & plus magnifique, en exécution de la Déclaration du Roi Louis XIII, de triomphante mémoire, dit le* JUSTE, *donnée à Saint Germain-en-Laye, le 10 Février 1638, par laquelle Sa Majesté pour monument & pour marque immortelle de la consécration qu'elle a faite à Dieu de sa Personne, de sa Couronne, de son Sceptre & de ses Sujets, sous la protection de la Sainte Vierge, a promis de faire construire de nouveau le grand Autel de l'Eglise Cathédrale de Paris. Cette Déclaration confirmée par celle de Louis XIV son Fils, donnée à Dijon le 25 Mars 1650.*

LE Mercredi vingt-neuf Avril mil six cens quatre-vingt-dix-neuf, on commença à travailler à la démolition de l'Autel. On ôta d'abord les quatre piliers de cuivre qui étoient aux quatre coins de l'Autel, sur le haut de chacun desquels il y avoit un Ange de pareil métal; ensuite on défit le devant du Contretable de l'Autel qui étoit fermé à deux serrures, & on ôta le bois qui étoit autour du même Autel.

Le Contretable qui avoit quatre pouces ou environ de profondeur, étoit plein de grands & de petits trous faits exprès, qui marquoient qu'on y mettoit autrefois quelques plaques ou embellissemens de métal qu'on y attachoit: & il y avoit des Chiffres depuis *un* jusqu'à *vingt-huit*.

Le grand Autel étoit composé de cinq pierres de taille, à l'une desquelles qui comprenoit tout le devant, il y avoit treize petits piliers joints par des ceintres à la Gothique, & de deux autres pierres aux deux côtés, qui avoient de petits piliers semblables.

La pierre de derriere avoit une ouverture d'environ 18 pouces de haut sur 12 de large, avec une petite porte de fer en treillis, qui étoit maçonnée.

On a trouvé sous le grand Autel, fait en forme de tombeau, une pierre cube d'environ un pied; & dans la pierre de dessus au milieu sur le devant, un petit tombeau de plomb avec son couvercle de même, long d'environ quatre pouces sur deux de large, dans lequel étoient cinq ou six petits ossemens, quelques morceaux de linge & d'étoffe de soye, quelques petits Ornemens, & un autre petit morceau d'étoffe de soye à l'antique, broché de petites fleurs d'or; avec une petite boëte de bois, grosse comme le bout du doigt, dans laquelle on n'a trouvé que des cendres, & rien qui pût désigner de quel Saint elles étoient.

Tout le cuivre qui servoit à porter la Châsse de Saint Marcel, avec ses quatre colomnes, & celui de la Suspension a été brisé & mis en piéces, n'ayant pu être conservé entier à cause du fer & du plomb qui étoient dedans.

La Châsse de Saint Marcel, de vermeil doré, faite en forme d'Eglise, avec deux bas côtés couverts de fleurs de lys cizelées d'applique dans des compartimens à lozange, dont les enfoncemens sont de lames d'or, enrichie tout autour de plusieurs figures d'or représentant la vie du Saint, & de vitrages d'or émaillé, avec un grand nombre de toutes sortes de pierres précieuses étoit placée derriere le grand Autel sur un palc de cuivre, soutenu de quatre colomnes aussi de cuivre d'environ quinze pieds de haut.

Au-dessus de l'Autel du fond, dit des Ardens, étoit un grand corps de menuiserie enfoncé dans l'arcade, fait en maniere de dôme, orné de moulures & de compartimens de bois doré, où il y avoit des niches, dans lesquelles étoient plusieurs Châsses en trois étages, contenant les Reliques ci-après expliquées.

1°. La Châsse de S. Gendou Evêque; dans laquelle se sont trouvés deux Procès-verbaux conçus en ces termes.

Premier Procès-verbal, 28 Juin 1449.

Anno Domini 1449, *die* 28 *mensis Junii,*

de l'Eglise de Paris. 355

edente in Sede Apostolica Domino nostro Nicolao Papâ quinto, regnante Carolo hujus nominis septimo, visitatæ sunt Reliquiæ hujus Ecclesiæ per Dominum Guillermum Parisiensem Episcopum. In hac Capsa fuit inventum corpus sancti Gendulphi Episcopi; integrum in ossibus, excepto capite, quod est in vase argenteo: astantibus Dominis Jo. Archidiatono, Jo Succentore, Jo. Cancellario, Rob. Pœnitentiario, Pet. de Chacy, Rad. Hanny, Canonicis Ecclesiæ Parisiensis, cum pluribus aliis Canonicis & Capellanis prædictæ Ecclesiæ Parisiensis, præsente me Notario Capituli Parisiensis. Ita est, G. de Rivery. Et me Dionysio le Herpeur, Secretario Domini Episcopi. Ita est, le Herpeur.

Second Procès-verbal, 8 Juin 1571.

Anno Domini 1571, die 8 mensis Junii, visitatæ sunt Reliquiæ retroscriptæ, cum ossibus sacri corporis sancti Gendulphi Confessoris, per Reverendum in Christo Patrem & Dominum, Dominum Petrum de Gondy, Parisiensem Episcopum.

2°. La Châsse de S. Severin de Paris; dans laquelle se sont trouvés deux Procès-verbaux en ces termes.

Premier Procès-verbal.

Anno Domini 1449, die 28 mensis Junii, vigiliâ Beatorum Petri & Pauli, sedente in Sede Apostolica Domino Nicolao Papâ quinto, regnante Carolo hujus nominis septimo, visitatæ sunt Reliquiæ hujus Ecclesiæ per Dominum Guillermum Parisiensem Episcopum; & in hac Capsa fuit inventum corpus integrum in ossibus sancti Severini, astantibus Dominis, Jo. Archidiacono, Jo. Succentore, Jo. Cancellario, Rob. Pœnitentiario, Pet. de Chacy, Rad. Hanny, Canonicis Ecclesiæ Parisiensis, cum pluribus aliis Canonicis & Capellanis ejusdem Ecclesiæ, præsentibus nobis Notariis. Ita est, G. de Rivery, Not. Capituli. Le Herpeur, Secretarius Domini Episcopi.

8 Juin 1571, second Procès-verbal.

Hîc sunt dentes cum minutis ossibus Sancti Severini.

Anno Domini 1511, die Veneris octavâ mensis Junii, retroscriptæ Reliquiæ visitatæ fuerunt per Reverendum in Christo Patrem & D. D. Petrum de Gondy, Episcopum Parisiensem.

3°. Une Châsse dans laquelle se sont trouvées des Reliques de plusieurs Saints, avec deux Procès-verbaux en ces termes:

29 Juin 1449, premier Procès-verbal.

Anno Domini 1449, die 29 mensis Junii, sedente in Sede Apostolica Domino Nicolao Papâ quinto, regnante Carolo hujus nominis septimo, visitata sunt Reliquiæ hujus Ecclesiæ per Dominum Guillermum Parisiensem Episcopum; & in hac Capsa fuerunt inventæ Reliquiæ Sanctorum plurimorum, cum pluribus aliis reliquiis ciliciorum & aliorum vestimentorum cum quibusdam phialis; astantibus

Jo. Archidiacono, *Jo.* Succentore, *Jo.* Cancellario, *Rob.* Pœnitentiario, *Theob.* de Vitry, & *Rad.* Hanny, *cum pluribus aliis Canonicis, & Capellanis Ecclesiæ Parisiensis, præsentibus Notariis infrascriptis.* Le Herpeur, *Secretarius Domini Episcopi.* G. de Rivery, *Not. Capituli.*

8 Juin 1571, second Procès-verbal.

Istæ Reliquiæ fuerunt visitatæ per Reverendum in Christo Patrem & Dominum, Dominum Petrum de Gondy *Episcopum Parisiensem, anno Domini* 1571, *die 8 mensis Junii.*

Dans la même Châsse s'est encore trouvée une Boëte d'yvoire, où sont trois fioles de sang de Martyrs, un morceau de cilice, & des linges ouvrés.

4º. La Châsse de S. Germain, Evêque de Paris ; dans laquelle s'est trouvée sa soutane de laine de couleur de musc, à laquelle il manque une manche entiere ; & sur la doublure du bord d'en bas de la même soutane, se sont trouvés écrits sur un petit parchemin ces mots en lettres Gothiques : *C'est la Robe Saint Germain.*

Plus s'est encore trouvé un Procès-verbal en ces termes, ainsi ortographiés.

25 Mars 1529, Procès-verbal.

Anno Domini 1529, *die Veneris 25 mensis Martii in Festo Annunciationis Dominicæ, Nos Franciscus, Dei & sanctæ Sedis Apostolicæ gratiâ Episcopus Parisiens Ad requisitam dilectorum fratrum nostrorum Decani & Capi-*

tuli Ecclesiæ nostræ Parisiensis, hanc Capsam intra Missarum solemnia benediximus, ac intra eam, tunicam beati Germani Parisiensis Episcopi & Confessoris, Deo annuente, honorificè reposuimus. F. E. Paris.

Cette Soutanne est de fil mêlé de laine, de la grandeur & de la figure d'une aube moyenne platte. Une manche en a été coupée. Il y a de petits lizerets de fil blanc de haut en bas de chaque côté, & un lizeret aussi blanc simple autour du poignet.

5°. La Châsse de Saint Justin Martyr, représenté en devant en bas-relief, portant sa tête ; dans laquelle se sont trouvés deux Procès-verbaux en ces termes, qui ne font presque point de sens.

4 Avril 1367, premier Procès-verbal.

Ista portio Capitis cum ossibus & reliquiis, utrum pertineat ad corpus Sancti Justini, in omni Capsa non est inventum (corpus), vel ad caput beati Cosmæ quod non est inventum in Ecclesia ejus, nescimus. Item tenui panno linco involutum nescimus undè sit, sed supponimus, quod fuerit terra tincta infrà cranium dicti Capitis, aut cum ossibus (Pongonis) prædictis. Scriptum anno Domini 1367, quartâ die mensis Aprilis.

28. Juin 1449, second Procès-verbal.

Ista Reliquiæ fuerunt visitatæ in vigilia beati Petri, anno Domini 1449, per Dominum Guillermum Parisiensem Episcopum, sicut & cetera.

8 Juin 1571, troisiéme Procès-verbal.

Anno Domini 1511, die octavâ Junii, istæ Reliquiæ fuerunt visitatæ per Reverendum Dominum Petrum de Gondy Parisiensem Episcopum.

6°. Une Châsse dans laquelle se sont trouvés plusieurs ossemens des Compagnes de Sainte Ursule, avec deux Procès-verbaux en ces termes.

28 Juin 1449, premier Procès-verbal.

Anno Domini 1449, die 28 mensis Junii, sedente in Sede Apostolica Nicolao Papâ quinto, regnante Carolo hujus nominis septimo, visitatæ sunt Reliquiæ hujus Ecclesiæ Parisiensis per Dominum Guillermum Parisiensem Episcopum, & in hac Capsa inventa sunt quamplurima ossa undecim millium Virginum. A la seconde il y a, *cum littera testimoniali, astantibus Jo. Archidiacono, Jo. Succentore, Jo. Cancellario, Rob. Pœnitentiario, Theob. de Vitry, Rad. Hanny, cum multis aliis Canonicis & Capellanis prædictæ Ecclesiæ Parisiensis, præsentibus Notariis infrà, & G. de Rivery. Not. Capituli. Le Herpeur, Secret. Domini Episcopi.*

8 Juin 1571, second Procès-verbal.

Anno Domini 1511, die 8 mensis Junii, suprascripta Reliquiæ visitata fuerunt per Reverendum in Christo Patrem & Dominum, D. Petrum de Gondy Parisiensem Episcopum, cum dicta Littera testimoniali.

Dilecto consanguineo suo P. Canonico majoris Ecclesiæ in Colonia, & Canonic. sanctarum Virginum ibidem; salutem & debitam dilectionem. De Reliquiis sanctarum undecim millium Virginum quas magnâ precum instantiâ obtinui, super cujus transmitto dilectioni, rogans devotionem vestram, quatenùs ad quemcunque vestrum deferri contigerit, hæ debitâ nostrâ ratione habeantur, ac ut eas de nostro Collegio sanctarum Virginum non esse dubitetis, Sigillo Dominæ meæ Abbatissæ volui affirmare. Avec un Sceau.

7°. Une Châsse marquée d'une Croix de Lorraine en relief, dans laquelle s'est trouvé un Procès-verbal, faisant mention de toutes les Reliques ci-devant énoncées du corps de Saint Lucain, & d'autres Reliques de plusieurs Saints, exprimées dans le même Procès-verbal, ainsi;

10 Juin 1571, Procès-verbal.

Consécration de l'Autel des Ardens.

Anno Domini 1571, Dominicâ decimo Junii, Festo Sanctissimæ Trinitatis, Altare Ardentium de novo elevatum, fuit consecratum per Dominum Petrum Gondium Episcopum Parisiensem, & feriâ sextâ antè, post Vesperas, recondidit Reliquias Sanctorum Cosmæ, Damiani, Pauli, Dionisii, Leodegarii, Crispini & Crescentis, in duabus Capsis æqualibus de novo reparatis; similiter Corpus Sancti Gendulphi in suâ Capsâ; in alia juxtà Sanctum Gendulphum Reliquias de pluribus Sanctis; Reliquias Sancti Justini in suâ Capsâ; in Capsâ sancti Germani pars ejus

jus vestis cum litterâ testificationis; Corpus Sancti Lucani in suâ Capsâ; Reliquias Sancti Severini in suâ Capsâ; duas Capsas ex Reliquiis ab Urbe Colonia allatis.

Derriere l'Autel des Ardens il y avoit un petit tableau de cuivre en quarré oblong, d'environ un pied de haut scellé en plomb, avec des attaches de fer, & encastré dans une pierre de taille, à la hauteur d'environ cinq pieds, sur lequel étoit en relief un Crucifix, accompagné des figures de la Sainte Vierge, & de Saint Jean l'Evangéliste, que le Diacre alloit encenser tous les jours à l'Offertoire de la Grande Messe.

Assez proche de ce Crucifix étoit une figure de pierre en bas-relief, représentant Pierre de Fayel à genoux, le visage tourné vers le Crucifix avec cette Inscription au bas:

Maître Pierre de Fayel Chanoine de Paris a donné deux cens livres pour aider à faire ces histoires, & pour les nouvelles voirrieres qui sont sur le Cuer de céans.

Ensuite en tournant du côté du Revestiaire étoit une figure de pierre en bas-relief, représentant la Sainte Vierge portant le petit Jesus, qui tenoit en sa main une Colombe, & devant elle étoit en relief à genoux la figure de Guillaume de Meleun, Archevêque de Sens, & auparavant Chanoine de l'Eglise de Paris, précédé de son Porte-Croix aussi à genoux, ayant une soutane rouge, & par-dessus un surplis long à manches fermées; tous lesquels bas-reliefs étoient sur une seule pierre de taille d'environ quatre pieds de haut sur trois de large, placés dans œuvre à environ quatre pieds de terre, sous la représentation du Martyre de Saint Etienne, qui étoit en personnages de pierre isolés; & sous les bas-reliefs de la pierre étoit gravée cette Inscription :

Noble homme Guillaume de Meleun, Archevêque de Sens, a fait faire cette Histoire entre ces deux piliers, en l'honneur de Dieu & de Monseigneur Saint Etienne.

Et au coin d'en bas de cette pierre, étoit un grand écusson *d'azur à la Croix d'argent cantonnée de quatre croissillons d'or adossés, qui est de Sens; écartelé de Meleun ancien, qui est de gueules à 9. bezans d'or, 3. 3. 3. au chef cousu de sable à la Croix d'argent latine, brochant sur le tout.* Cette pierre étoit fermée par dessus de deux battans-de-porte de fer à petits quarrés fermant à clef.

Il y avoit autour du Chœur les Histoires de l'Evangile & des Actes des Apôtres en statues de pierre isolées, avec des Inscriptions gravées au bas; & au-dessous étoient en petits bas-reliefs les Histoires de la Génese, avec pareilles Inscriptions gravées au bas.

Le Mardi 5 Mai 1699, devant le bas des dégrés du grand Autel, on leva une petite tombe de cuivre où étoient gravées les Armes de France & de Savoye, avec un cœur couronné qui représentoit celui de Louise de Savoye, Fille de Philbert, Comte de Bresse, & depuis Duc de Savoye, & femme de Charles, Comte d'Angoulême, mere du Roi François I, laquelle décéda le 22 Septembre 1531. On y lisoit cette Epitaphe :

Cor magnorum opifex, Francûmque & Viscera
 Regem portavere, hîc sunt ; Spiritus, in
  superis.

Sous cette Tombe de cuivre étoit un coffret de plomb de demi pied en quarré, qui enfermoit le cœur de cette Princesse.

Au bas des dégrés du grand Autel au milieu, sous une pierre quarrée de marbre noir, sont dans un barillet de bois les Entrailles de Louis XIII, dit le JUSTE, avec cette Inscription :

Viscera Ludovici XIII, Regis Christianissimi posuit Ludovicus de Bernage, Regis Eleemosynarius & Ecclesiæ Parisiensis Canonicus, anno Domini 1643. 14. Maii.

Derriere l'Autel, sous la Châsse de Saint Marcel, on trouva un Tombeau de plâtre, placé autrement que les autres, la tête tournée du côté droit, & les pieds du côté gauche. Il n'étoit couvert que d'une pierre de taille : & il n'y avoit dedans que la tête, quelques ossemens, des morceaux de pantoufles de cuir, & de petits pots de terre rouge, dans lesquels il y avoit des charbons & de l'encens.

Ce Tombeau est de Philippes, fils de Louis VI, dit le Gros, Roi de France, qui de Chanoine & Archidiacre de Paris fut élu Evêque en 1159, dont il céda le droit à Pierre Lombard, dit vulgairement *le Maître des Sentences*, qui avoit été son Précepteur.

Sur la pierre qui couvroit ce Tombeau étoient écrits ces mots :

Hic jacet Philippus, filius Ludovici Crassi, Regis Francorum, Archidiaconus Ecclesiæ Parisiensis, qui obiit anno 1161.

Le Mercredi sixiéme Mai 1699, on découvrit le Tombeau d'un Evêque inconnu, proche l'Autel du côté de l'Evangile. Il étoit d'environ un pied plus grand que les autres Tombeaux, & couvert d'une triple tombe; sçavoir, de deux grandes de pierres maçonnées; & d'une moindre de cuivre, d'un pouce & demi d'épaisseur, dont toutes les lettres de l'Inscription étoient effacées. Il y avoit quelques morceaux de bois de cedre qui avoient servi de biere, une bague d'or dont le chaton étoit d'un faux rubis de simple cristal rouge convexe, environné de fausses pierreries, représentant des rubis & des turquoises alternativement enchassées dans de petits chatons d'or, & plusieurs morceaux d'étoffe à demi pourris, qui paroissoient avoir été des Orfrois de chasuble brochés d'or.

Le même jour sixiéme Mai 1699, on ouvrit un Tombeau de marbre noir de huit pieds de long sur quatre de large, où étoit inhumé Pierre d'Orgemont, Evêque de Paris. Ce Tombeau étoit élevé d'environ trois pieds, & situé entre deux des gros piliers du Chœur du côté de l'Evangile; dessus étoit couchée sa statue de marbre blanc couverte d'une grille de fer à petits quarrés, & autour du bord supérieur du Tombeau étoient gravés ces mots:

Hic jacet Reverendus in Christo Pater Dominus Petrus de Ordeimonte, Parisiis oriundus; in utroque Jure licentiatus; olim Merinensis, postmodum verò Parisiensis Episcopus; qui obiit anno 1409, 16 die mensis Julii.

Sous cette pierre de marbre on trouva un cercueil de pierre en façon d'auge, où il n'y avoit ni oſſemens, ni habits, le tout étant pourri & réduit en cendres, hors une bague d'or, dont le chaton eſt d'un doublet vert, façon d'émeraude.

Le même jour ſixiéme Mai 1699, on ouvrit le Tombeau de Louis de France, Duc de Guienne, Dauphin de Viennois, fils de Charles VI, & d'Iſabeau de Baviere, âgé de 19 ans, qui mourut le Mercredi 18 Décembre 1415, & fut inhumé le Lundi 23 du côté de l'Epître au pied des ſiéges où ſe mettoient autrefois le Prêtre, le Diacre & le Soudiacre, durant la célébration de la Sainte Meſſe.

Dans ce Tombeau qui étoit à fleur de terre, on trouva un cercueil de plomb qui étoit enfermé d'un autre de bois, dans lequel ne ſe ſont trouvées que des cendres.

L'enterrement de ce Prince eſt marqué dans un Arrêt de la Cour du 23 Décembre de la même année 1415.

Le Jeudi ſeptiéme Mai 1699, on trouva derriere l'Autel du côté de l'Evangile un Tombeau ſix pieds en terre, fait d'une ſeule pierre, couvert d'une autre pierre concave, dans lequel étoient les cendres d'Etienne II, dit Tempier, Evêque de Paris, avec ſa croſſe de cuivre, & ſa bague d'or, le chaton d'un doublet blanc de nulle valeur, quelques morceaux d'étoffe, & une plaque de cuivre rompue en deux, où ſe liſent ces mots :

Hic jacet Stephanus de Aurelianis, quondam Pariſienſis Epiſcopus; qui deceſſit Dominicâ antè Nativitatem Beatæ Mariæ Virginis anno 1279. Anima ejus requieſcat in pace.

Le Vendredi huitiéme Mai 1699, on découvrit le Tombeau d'un Evêque inconnu, qui étoit environ quatre à cinq pieds en terre, dans une pierre fort étroite du côté des pieds, avec une crosse de cuivre & une bague d'or, le chaton d'un doublet bleu façon de turquoise, & une partie des ossemens en poudre. Il étoit au coin postérieur de l'Autel du côté de l'Epître. On ne sçait de qui il est, parce qu'il n'y avoit point d'Inscription dedans ni dessus la Tombe.

Le Samedi neuviéme Mai 1699, on découvrit le Tombeau de Denis du Moulin, Evêque de Paris, qui étoit à fleur de terre du côté de l'Epître, dans lequel étoit le haut de sa crosse de cuivre, & un très-gros Anneau pastoral d'or, le chaton d'un doublet blanc de simple cristal de nulle valeur; de plus une bille de Chappe couverte d'un doublet de cristal en forme de diamant, entouré de petites perles, quelques ossemens, des cendres & des piéces d'étoffe. Il étoit couvert d'une grande lame de cuivre autour de laquelle par-dessus étoient gravés ces mots:

Hic jacet recolendæ memoriæ Dominus Dionysius de Molendino, dum decessit Patriarcha Antiochenus, Episcopus Parisiensis, & perantea Archiepiscopus Tolosanus, de Foro Meldensi oriundus, Regis Caroli septimi Consiliarius famosissimus, Vir magni consilii, atque prudentissimus, probitatis eximiæ, & linguâ disertissimus; qui plures fecit fundationes hîc, Tolosæ ac Meldis; & obiit Parisiis die Veneris decimâ quintâ Septembris, anno Domini 1447. Anima ejus requiescat in pace. Amen.

Le même jour neuviéme Mai 1699, on démolit l'Autel de la Sainte Trinité, vulgairement dit *l'Autel des Ardens*, qui étoit derriere le grand Autel, entre les deux gros piliers du fond, au-dessus duquel étoit une figure de la Sainte Vierge de pierre d'albâtre, parfaitement bien travaillée. Cet Autel étoit élevé de telle sorte qu'on le voyoit des Stalles du Chœur par-dessus le grand Autel; dessous étoit le lieu dit *le Conditoire*, fermant à clef d'une porte de petits balustres à jour à deux battans, dans les Armoires duquel on serroit tout le Ministere de la Grande Messe, & au fond duquel dans le milieu étoit un petit Tabernacle doublé en dedans de brocard d'or & d'argent à fond rouge, où on mettoit le Saint Sacrement, qu'on y portoit en cérémonie par le côté de l'Evangile, les deux Thuriféraires l'encensant continuellement, marchant à reculons; le soir des deux premiers jours, lorsqu'il y avoit des Prieres de quarante heures pour quelque nécessité publique, & que l'on rapportoit le matin des deux derniers jours avec la même cérémonie par le côté de l'Epître. On montoit à cet Autel par deux rampes à balustres de cuivre, une de chaque côté.

Sous la grande pierre supérieure du même Autel, on découvrit un petit Sépulchre de plomb d'environ un demi-pied de long sur trois pouces de large, avec son couvercle, dans lequel il y avoit des Reliques enveloppées dans du taffetas rouge cramoisi; & sur ce petit Sépulchre de plomb étoit placé un vase de verre de composition en forme de Ciboire avec son couvercle, dans lequel étoient beaucoup de Reliques, & un morceau de Procès-verbal écrit fur du velin à demi pourri, où l'on peut feulement lire le nom de *Hatton*, Sécrétaire de l'Evêque de Paris.

Le Lundy onziéme Mai 1699, on trouva à cinq pieds en terre un Tombeau de pierre qui étoit d'Aymeric de Magnac, Cardinal & Evêque de Paris, à côté de celui de Pierre d'Orgemont, dans lequel étoit fon corps embaumé & enveloppé d'un Suaire dont il étoit couvert, ce qui tomba en pouffiere dès qu'on commença à le toucher. Sur le même Tombeau étoit enchâffée une grande plaque de cuivre, fur laquelle étoient gravés ces mots :

Hîc jacet in Chrifto Pater Reverendiffimus Dominus Aymericus de Magniaco, Natione Lemovicenfis in Villa Sancti Juniani, ex nobilibus parentibus, utriufqué Juris Profeffor, quondam Regum Joannis & Caroli quinti Confiliarius, & Magifter Requeftarum Hofpitii. Primò fuit Decanus Ecclefiæ Parifienfis nominatus, deindè ad Pontificalem affumptus eft Dignitatem: tandem factus fuit Tituli Sancti Eufebii, Sanctæ Romanæ Ecclefiæ Presbyter Cardinalis. Et autour il y avoit : *Obiit autem anno* 1384. *Avenione,* 20 *die Martii; ejus Corpus integrum Parifios afportatum, fub hac Tumba requiefcit. Anima ejus requiefcat in pace. Amen.*

Sa ftatue étoit élevée fur un pilier dans le Chœur, près la porte du côté de l'Evangile.

A côté du Tombeau de Pierre d'Orgemont étoit élevée fur une grande Colomne de pierre, adoffée à l'un des gros piliers du

Chœur, la Statue de Philippes Auguste, fils de Louis VII, dit le Jeune, & Grand-Pere de S. Louis.

Tous les ossemens énoncés au présent Procès-verbal, après avoir été portés décemment en dépôt dans la Chapelle de S. Leonard, ont été mis ensemble le six Juin 1699, dans un Tombeau de pierre de taille couvert de même, fait exprès, de cinq pieds de long sur deux de large, & de dix-huit pouces de profondeur, placé sous terre dans le Sanctuaire près le grand Autel du côté de l'Epître, vers l'endroit où le Célébrant dit le *De Profundis* à la Messe avant le *Lavabo*.

Est à noter que la fondation où sont les piliers qui portent les arcades & le mur au pourtour du Chœur de l'Eglise de N. D. a dix-huit pieds de profondeur au-dessous de leurs bases, qui sont enterrées six pouces plus bas que le rez de chaussée du pavé de la même Eglise, posées sur la glaise ferme, sans pilotis ni plateformes, construites par le haut au-dessous du rez de chaussée avec trois assises de pierres de taille dure dans tout le pourtour d'une égale hauteur, & faisant retraite les unes sur les autres, posées & taillées proprement, & le surplus au-dessous, de gros moilon & mortier de chaux & de sable, plus dur que la pierre.

La nouvelle fondation du grand Autel à pareille profondeur que celle du pourtour du Chœur ci-dessus énoncée, & contient toute la largeur du Chœur, entre les anciennes fondations sur six toises de longueur : elle est construite avec pierre dure des cinq à six à voie, que l'on appelle communément

Libages, picquées & posées par assises avec mortier de chaux & de sable de Riviere, jusqu'au rez-de-chaussée de l'Eglise, & deux assises au-dessus de pierre de taille dure d'Arcueil, coulées avec pareil mortier de chaux & de sable de Riviere.

Le Lundi 7 Décembre après-Midi 1699, entre Nones & Vêpres, Monseigneur l'Archevêque en Habits Pontificaux, accompagné de Messieurs du Chapitre & du Chœur, fit la Bénédiction de la premiere Pierre de l'Autel, comme il est marqué au Rituel pour la premiere Pierre d'une Eglise, changeant le mot d'*Ecclesiam*, en celui d'*Altare*.

Dans un creux d'un demi-pied en tous sens, taillé en quarré, dans le dessus de la plus haute pierre du fondement, on mit d'abord une couche de charbon broyé; & par-dessus une lame d'airain quarrée, où sont gravés ces mots:

LOUIS LE GRAND,
Fils de LOUIS LE JUSTE, & petit-fils d'Henri le Grand,
Après avoir dompté l'Hérésie,
Rétabli la vraie Religion dans tout son Royaume,
Terminé glorieusement plusieurs grandes Guerres par terre & par mer;
Voulant accomplir le Vœu du Roi son Pere,
Et y ajoûter des marques de sa piété,
A fait faire dans l'Eglise Cathédrale de Paris
Un Autel avec ses ornemens d'une magnificence
Au-dessus du premier projet,
Et l'a dedié au Dieu des Armées, maître de la

de l'Eglise de Paris.

Paix & de la Victoire,
Sous l'Invocation de la Sainte Vierge, Patrone
& Protectrice de ses Etats,
L'an de N. S. 1699.

Par-dessus cette lame on remit du charbon broyé, & sur ce charbon on mit quatre Médailles, sçavoir une d'or pésant un marc un gros, faite par *Besnard*, représentant d'un côté le Roi Louis XIII en Buste, avec cette Inscription autour, LUDOVICUS XIII, FR. ET NAV. REX ; & sur le revers est représenté une Notre-Dame de Pitié, qui tient Notre Seigneur mort sur ses genoux, & le même Louis XIII à genoux qui lui présente sa Couronne & son Sceptre, avec ces mots au bas, ARAM VOVIT, M. DC. XXXVIII, & cette Inscription autour, SE ET REGNUM DEO SUB B. MARIÆ TUTELA CONSECRAVIT : une autre Médaille d'or pésant un marc juste, faite par *Roussel*, représentant d'un côté le Roi Louis XIV en Buste, avec cette Inscription autour : LUDOVICUS MAGNUS REX CHRISTIANISSIMUS ; & sur le revers est représenté l'Autel comme il doit être, accompagné de quatre Colonnes Corinthiennes, torses & cannelées tout autour, posées en demi-cercle, sommées d'un demi-baldaquin, avec ces mots au bas, ARAM POSUIT M. DC. XCIX, & cette Inscription autour, VOTUM A PATRE NUNCUPATUM SOLVIT, & deux autres Médailles d'argent de la même grandeur, & représentant les mêmes choses que les deux d'or, pésant chacune, sçavoir celle de Louis XIII, cinq onces un gros, & celle de Louis XIV, cinq onces juste : sur ces quatre Médailles rangées à côté l'une de l'autre, les deux d'or vers l'Evangile, & les deux d'argent vers l'Epître, on remit du charbon broyé, & sur ce charbon on mit une plaque de plomb taillée en quarré, de la grandeur du trou, qu'on fit entrer un peu à force avec un marteau ; puis Monseigneur l'Archevêque prit du mortier avec une truelle d'argent dans une petite auge d'ébeine, & en remplit le trou par-dessus ladite plaque de plomb, ensuite les Ouvriers jetterent plusieurs sceaux de mortier à chaux & ciment, dont ils firent un lit de l'étendue de la premiere pierre ; & les Pseaumes & Oraisons étant finies, on fit tomber sur le ciment la premiere Pierre, qui étoit d'un pied & demi d'épais, & de sept pieds de long sur trois & demi de large, sur laquelle Monseigneur l'Archevêque aspersa de l'eau bénite en trois endroits, & après avoir tourné autour il s'en alla accompagné de Messieurs du Chapitre droit au Chœur commencer Vêpres, & les Ouvriers acheverent d'asseoir & de cimenter ladite premiere Pierre. Les quatre Pseaumes de cette Cérémonie qui sont : *Quam dilecta, Nisi Dominus, Miserere & Fundamenta*, furent chantées en Plain-chant, & leurs Antiennes en Contrepoint, pendant quoi on sonna les cinq coups de Vêpres. On avoit auparavant, pendant Nones, bourdonné toutes les Cloches des Tours, pour rendre cette Bénédiction plus solemnelle.

CE présent Procès-verbal a été dressé par Nous soussignés Chanoines & Fabriciers de l'Eglise de Paris, certifians véritable tout ce qui y est contenu. FAIT au Trésor de la même Eglise le vingt-troisiéme de Juin mille six cens quatreving-dix-neuf, *Signé* N. PETITPIED, Sous-Chantre, Chanoine & Fabricier de l'Eglise de Paris ; & Cl. CHASTELAIN, Chanoine & Fabricier.

EXTRACTUM È REGISTRIS CAPITULI Ecclesiæ Parisiensis de die trigesimâ Octobris 1699.

COmmissi sunt rogati *Domini Nicolaus* PETITPIED, *Succentor, & Claudius* CHASTELAIN, *Canonici Parisienses, & Fabricæ ejusdem Ecclesiæ Præpositi, ut curent Typis mandari descriptionem, eorum operâ factam, omnium monumentorum quæ reperta sunt tam sub quam circà majus Altare Chori nuper demolitum ; & hoc Capituli impensis.* DATUM *in Capitulo Ecclesiæ Parisiensis, anno & die quo suprà. Sic signatum,* SARRASIN, *Notarius Capituli.*

TOMBEAUX ET ÉPITAPHES
Qui étoient dans le Chœur avant sa nouvelle construction.

OUTRE les Tombeaux & Epitaphes qu'on trouva dans l'ancien Chœur, & qui sont décrits au Procès-Verbal que nous venons de rapporter, on en trouva encore plusieurs ; sçavoir,

Le Tombeau de Geoffroy, Duc de Bretagne, Comte de Richemont, 3e. Fils d'Henri, Roi d'Angleterre. Il fut enterré dans le Chœur en 1185.

Le Tombeau de la Reine Isabelle, premiere femme du Roi Philippe Auguste, enterrée dans le Chœur, le 22 Mai 1190.

Le Tombeau d'Eudes de Sully 74e. Evêque de Paris, enterré dans le Chœur en 1208.

Le Tombeau d'Etienne de Paris, 92e. Evêque de Paris, enterré dans le Chœur en 1378.

Le Tombeau de Jacques du Châtelier, 99e. Evêque de Paris, enterré dans le Chœur en 1438.

Le Tombeau de Guillaume Charier, 101ᵉ. Evêque de Paris, enterré dans le Chœur en 1472.

Le Tombeau de Louis de Beaumont, 102ᵉ. Evêque de Paris, enterré dans le Chœur en 1492.

Le Tombeau de Jean-Simon de Champigny, 103ᵉ. Evêque de Paris, enterré dans le Chœur en 1502.

Le Tombeau de Guillaume de Viole 108ᵉ. Evêque de Paris, enterré dans le Chœur en 1567.

Le Tombeau de Jean-Baptiste Castel, Nonce du Pape, enterré dans le Chœur en 1583.

Le Tombeau de Renaud de Beaune, Chanoine de cette Eglise, depuis Archevêque de Bourges, ensuite de Sens, enterré dans le Chœur en 1606. On lisoit cette Epitaphe sur une Tombe de marbre noir :

D. O. M.

Et æternæ memoriæ,
Viri immortalitæ dignissimi
Reignaldi de Beaune,
Qui sex Christianissimis Regibus,
Francisco I, Henrico II, Francisco II,
Carolo IX, Henrico III, Henrico IV,
Fidelem strenuamque narravit operam,

Francisci Andium & Alenconii Ducis
Cancellarius, in aulâ Palatinus, in Senatu
Parisiensi, sanctiorique Consilio Senator,
In Sacerdotum Conventu
Ecclesiasticis officiis, gloriosè perfunctus,
Primùm Mimatensis Episcopus,
Deindè Bituricensis Patriarcha
Archiepiscopus,
Aquitaniæ primas,
Posteà Senonum Archiepiscopus,
Galliæ & Germaniæ Primas ;
Magnusque Franciæ Eleemosinarius,
Plenus honoribus & annis,
Animam Scientiis omnibus,
Et virtutibus decoratam Deo reddidit,
Anno ætatis 79,
Reparatæ salutis 1606.

Carola & Maria de Beaune è fratribus
posuerunt.

Cy gyst *Renauld de Beaune*, homme digne de l'immortalité, qui a été employé sous les regnes de François I, Henri II, François II, Charles IX, Henri III & Henri IV. Il fut Chancelier du Duc d'Anjou & d'Alençon ; Conseiller au Parlement de Paris & Conseiller d'Etat. Il fut élevé à plusieurs Dignités Ecclésiastiques. Après avoir été Evêque de Mende, il fut fait Archevêque de Bourges & Primat d'Aquitaine, ensuite

Archevêque de Sens, & Primat des Gaules & de Germanie; puis grand Aumonier de France: comblé d'honneur de sciences & de vertus, il mourut en 1606, âgé de 79 ans.

Charlotte & Marie de Beaune ses Niéces, lui ont érigé ce Monument.

Le Tombeau de Pierre de Marca, 3e. Archevêque de Paris, enterré dans le Chœur le 29 de Juin 1662. Sur sa Tombe de marbre blanc étoit gravée l'Epitaphe suivante:

Petrus de Marca
Illustri & antiquâ Gente nobilis
Benearnus; moribus, virtutibus, pietate;
Rerum gerendarum peritiâ, Scriptis
Juris publici, divini & humani,
Ecclesiastici atque Civilis scientiâ;
Inter omnes perinsignis; ex Navarrâ
Parlamenti Præside, sacri Consistorii
Comes ordinarius, per Ruscinonem
Et Cataloniam Missus Dominicus,
Et Regis Visitator; à Conseranorum Episcopo,
Archiepiscopus Tolosanus:
Unus ex summis Regni Administris;
A Ludovico XIV,
Archiepiscopus Parisiensis nominatus;
Ab Alexandro VII confirmatus,

Obdormivit in Domino ;
Maximo hujus Sedis & totius
Ecclesiæ, Regni, Reip.
Luctu, die 29 Junii 1662.

Pierre de Marca, né en Bearn de parens nobles, illustre par ses mœurs, sa piété, ses vertus, son habileté dans le traitement des affaires; ses sçavans écrits, sa science consommée dans la Jurisprudence publique, divine & humaine, ecclésiastique & civile : après avoir été Président au Parlement de Navarre, il fut Conseiller & Intendant du Roussillon & de Catalogne : il fut Evêque de Conserans, puis Archevêque de Toulouse, & l'un des Ministres d'Etat. Louis XIV le nomma à l'Archevêché de Paris, & Aléxandre VII confirma cette nomination : la mort l'enleva au grand regret de sa Cathédrale, de toute l'Eglise & de l'Etat, le 29 Juin 1662.

Le Tombeau d'Hardouin de Perefixe. 4e. Archevêque de Paris, enterré dans le Chœur à main gauche, vis-à-vis la Chaire Archiépiscopale, en 1695.

Voici son Epitaphe :

Λ & Ω.

HIC JACET

Harduinus de Perefixe de Beaumont,
Ludovici XIV, Regum sapientissimi,
Sapientissimus Præceptor. Primùm
Episcopus Ruthenensis, deindè
Parisiensis Archiepiscopus,
Sorbonæ Provisor, Torquatorum
Equitum Ordinis Commendator,
Et Cancellarius : Vir corporis dignitate,
Ingenii præstantiâ, animi candore,
Morum & doctrinæ puritate,
Bonis omnibus Commendatus
Intuendis, repetendisque suæ Sedis
Et Ecclesiæ honoribus diligens,
Felix, modestus, sibi parcus,
Sibi severus ; erga cæteros liberalis
Et indulgens ; qui, dùm hanc Ecclesiam
Per septennium, piâ & assiduâ
Sollicitudine, regit, ornat, amplicat,
Tot tantis laboris non defessus,
Sed exhaustus, corpore deficiens, non
Animo, insperatâ morte suis ereptus est,
Dùm sese omnibus totum daret : sic
Deo plenus, cœlo maturus, obiit,
Ineunte anno 1671,
Ætatis 65.

A & Ω.

Ici repose *Hardouin de Perefixe de Beau-mont*, Précepteur de Louis XIV, le plus sage des Rois; il fut premierement Evêque de Rhodès, ensuite Archevêque de Paris, Proviseur de Sorbonne, Commandeur & Chancelier des Ordres du Roi. Il fut en vénération à tous les gens de bien, tant par la dignité de son extérieur & la supériorité de son esprit, que par la candeur de son ame & la pureté de ses mœurs. Egalement actif, heureux & modeste à revendiquer & défendre les droits de son Siége & de l'Eglise, austere & severe envers lui-même, mais libéral & indulgent envers les autres. Après avoir gouverné, orné & fait des augmentations à cette Eglise pendant sept ans, épuisé de tant de travaux, sans que ses fatigues eussent rien diminué de son zèle, mais conservant toute la présence de son esprit, il fut surpris par une mort inattendue, dans le tems même qu'il se livroit tout entier aux besoins des autres. Plein de bonnes œuvres devant Dieu, mûr pour l'éternité, il mourut au commencement de l'année 1671, agé de 65 ans.

Le Tombeau de François de Harlay, Archevêque de Paris, enterré dans le Chœur le 9 Août 1695.

La Maison de Harlay est très-ancienne, illustre & féconde en grands hommes; ce Prélat succéda à l'Archevêché de Rouen, après la mort de François de Harlay son oncle. Louis XIII le nomma à l'Archevêché de Paris en 1671. Il fut créé Duc & Pair de France en 1679, titre qui a passé depuis lui à ses successeurs, Archevêques de Paris. Il étoit Docteur & Proviseur de Sorbonne & de Navarre. Il avoit un génie vaste & heureux, non-seulement pour les Sciences, mais même pour les grandes choses; une grande pénétration d'esprit & beaucoup de jugement. Il prêcha un Carême entier aux Minimes de la Place Royale; il étoit de l'Académie Françoise. Le Roi l'avoit désigné pour être Cardinal, mais la mort lui enleva cette dignité. Quoique ce fut un des plus grands Prélats qui aient rempli ce Siége, il n'y avoit dessus sa Tombe, qui étoit dans le Chœur, qu'une Inscription fort simple; mais M. l'Abbé le Gendre, Chanoine de cette Eglise, lui a fait cette Epitaphe;

HIC JACET

Reverendissimus in Christo, Pater Franciscus
Ex antiquâ atque illustri Harlæorum gente,
Rhotomagensis primùm, deindè
Parisiensis Archiepiscopus,
Dux & Par Franciæ,
Regiorum Ordinum Commendator,
Vir magni nominis:
Formâ egregiâ, vivido sublimique
Ingenio: præcellenti Litterarum omnium
Notitiâ, facundiâ suprà fidem,
Eâque extemporaneâ: morum suavitate
Et elegantiâ
Incredibili de omnibus benè
Merendi studio: exquisitissimo rerum usu:
Singulari in pertractandis negotiis
Solertiâ: eximiâ in Regem fide:
Amplificandæ Religionis zelo
Longè clarissimus:
Rhotomagensis Archiepiscopatûs
Annis undè viginti sapientissimè
Administrato,
Ad Parisiensem Cathedram provectus est
A Ludovico XIV,
Regum Maximo,
Tum Regis voluntate omniumque
Existimatione, Ecclesiæ Gallicanæ
Arbiter, Controversias omnes pacis

Amantissimus, aut composuit,
aut dijudicavit :
Cleri Comitûs novies, quater solus
Præfuit : à Christianissimo Rege
Designatus est Cardinalis,
Purpuræ tamen caruit honoribus ;
Repentinâ quippe morte correptus,
Rebus humanis excessit ;
Septuagenarius, minus octo diebus,
VIII Idus Aug. ann. M. DC. XCV.
Pontificatûs Parisiensis ferè XXV.

Ici repofe très-Révérend Pere en Dieu, François, de l'ancienne & illuftre Maifon de *Harlay*, ci-devant Archevêque de Rouen, & enfuite Archevêque de Paris, Duc & Pair de France, Commandeur des Ordres du Roi ; homme de grande réputation, d'un extérieur plus qu'agréable, & d'un efprit auffi vif que fublime : il joignoit à une connoiffance fupérieure des Lettres, une éloquence & une douceur peu commune. Infatigable quand il s'agiffoit de faire du bien à fon prochain ; recommandable par fon difcernement & fa fagacité dans les affaires les plus difficiles, par fon amour & fa fidélité envers fon Roi, & par fon zele pour le maintien & l'augmentation de la Religion. Après avoir poffédé pendant vingt ans le Siége Archiepifcopal de Rouen, où il a laissé des monumens de sa sagesse. Louis XIV, le plus grand des Rois, l'éleva au Siége Archiépiscopal de Paris. Alors choisi par Sa Majesté, & du suffrage unanime de tout le monde, pour décider les différends qui agitoient l'Eglise Gallicane, il les a conciliés ou jugés suivant son amour pour la paix. Il a assisté neuf fois aux Assemblées du Clergé, & y a présidé seul quatre fois. Il fut désigné Cardinal par le Roi; mais une mort inopinée le priva de la Pourpre Romaine. Il mourut âgé de 70 ans, moins huit jours, le 6 Août 1695.

Tous les ossemens des Princes & Princesses du Sang & Prélats ci-devant nommés, ont été mis ensemble le 6 Juin 1699, dans un Tombeau de pierre de taille de cinq pieds de long, sur deux pieds de large & de dix-huit pouces de profondeur, placé sous terre dans le Sanctuaire, près le grand Autel, du côté de l'Epître, à l'endroit où le Célébrant dit le *De Profundis* à la Messe, avant le *Lavabo*.

TOMBES DE LA NEF.

ON voit dans la Nef, au bas de la grande porte du Chœur, trois Tombes de marbre noir, sur lesquelles sont gravées les Epitaphes suivantes.

Sur celle de M. de la Porte, Chanoine de l'Eglise de Paris, qui est au milieu, on lit :

Sta, Viator,
Adoratoque Deo,
Mireris commemorandam liberalitatem,
DD. Antonii de la Porte,
Parisiens. Sacerd. hujus Ecclesiæ Can. Jubilæi,
Cujus cineres
Hic beatam Resurrectionem expectant.
Hostiæ salutari Tabernaculum in Sole
Ex argento deaurato, pondo librarum C. L.
Posuit :
Tabulis octo egregiè pictis, hunc Chorum
Exornavit :
Reditu annuo 800 libellarum
Ecclesiam Parisiensem
Auxit :
Nosocomii verò pauperes hæredes ex asse

Instituit.
Quæ dona
Non mors extorsit exanimi,
Sed pietas imperavit incolumi, denique
Gravis annis, meritis gravior,
Quas Cœlo consecravit opes,
Multiplicato fænore percepturus.
Obiit XXIV Decemb. ann. Domini 1710;
Ætatis 83, Cano. 60.
Desiderium sui relinquens & exemplum,
Tot beneficiorum memor, Eccl. Parisiensis
SolemniSacrificio, quotannis 24 Decemb. die
Benefactori suo
Parentat.

Arrêtez-vous Passant, & après avoir adoré Dieu, admirez la générosité à jamais mémorable de M. *Antoine de la Porte*, Chanoine Jubilé de cette Eglise, dont les cendres attendent la Résurrection bienheureuse.

Il a fait présent à cette Eglise, d'un Soleil, pour l'exposition du Saint Sacrement, du poids de 300 marcs.

Il a enrichi le Chœur de huit Tableaux, peints par les plus habiles Maîtres.

Il a augmenté de 800 livres le revenu de l'Eglise de Paris.

Il a institué les Pauvres de l'Hôtel-Dieu de Paris, ses Légataires universels,

Toutes ces bonnes œuvres n'ont point été le fruit d'une débilité d'esprit, ni causées par les frayeurs de la mort, mais elles lui ont été dictées par une piété solide, dans le tems qu'il jouissoit d'une santé parfaite, & de tout son bon sens : le nombre de ses vertus surpassoit celui de ses années.

Il est allé recevoir dans le Ciel au centuple le prix des richesses qu'il a consacrées ici-bas à la gloire de Dieu.

Enfin généralement regretté, laissant à la postérité un si bel exemple, il décéda le 24 Décembre 1710, âgé de 83 ans, après avoir été 60 ans Chanoine.

L'Eglise de Paris, en reconnoissance de tant de bienfaits, célébre un Service solemnel pour le repos de l'ame de son bienfaiteur, tous les ans le 24 Décembre.

Sur celle de M. Hardouin de Perefixe, Archevêque de Paris, qui est à droite, on lit :

A & Ω

HIC JACET

Harduinus de Perefixe de Beaumont, &c. Voyez son Epitaphe que nous venons de rapporter ici page 379.

Sur celle de M. Petitpied, Chanoine & Sous-Chantre de l'Eglise de Paris, qui est à gauche, on lit :

D. O. M.

Hic jacet Corpus Nicolai Petitpied, *Presbyteri Parisini, Doctoris Theologi, Socii Sorbonici, Succentoris & Canonici hujus Ecclesiæ Parisiensis & Consiliarii Clerici Regis in Curiâ, Presidiali Parisiensi, qui obiit die* IX^a. *mensis Julii. Anno Domini* M. D. CC. V, *Ætatis suæ* LXXVII, *mensibus* VI, *diebus* XIV, *cujus anima requiescat in pace.*

Ici repose le Corps de *Nicolas Petitpied*, Prêtre de Paris, Docteur en Théologie de la Maison & Société de Sorbonne, Sous-Chantre & Chanoine de l'Eglise de Paris, Conseiller-Clerc au Parlement, lequel est mort le 9 du mois de Juillet de l'année 1705, âgé de 77 ans, 6 mois, 14 jours. Que son Ame repose en paix.

TOMBES ET ÉPITAPHES
Qui étoient dans la Chapelle de Saint Crépin.

LE Lundi 14 Août 1758, lorsqu'on a travaillé à rétablir la Chapelle de S. Crépin, & a y construire trois Caveaux pour servir de Sépulture à Messieurs les Chanoines, on a été obligé d'ôter les Tombes, Cercueils & Ossements qui étoient dans ladite Chapelle, & en même tems, on a fait copier les Epitaphes qui étoient sur les Tombes.

Sur la premiere Tombe, qui étoit de neuf pieds de long sur quatre pieds & demi de large, on lisoit autour ces mots :

Hic jacet Magister Petrus Barrerius, *Parisiensis Cancellarius,* Nivernensis, *& hujus Ecclesiæ Canonicus. Obiit anno Domini* 1350. *Die tertiâ Januarii, cujus anima requiescat in pace. Amen.*
    Orate pro eo.

Il est représenté sur ladite Tombe

Sur la seconde, qui étoit de six pieds de long sur trois pieds de large, de marbre noir & une Bande de marbre blanc, autour on lisoit ces mots :

Hic jacet venerabilis & scientificus vir Magister Stephanus de Montedidierum, *Canonicus Parisiensis, Regis in Parlamenti Curiâ Consiliarius, & in Camerâ Inquestarum dum viveret Præsidens primus, qui obiit die Lunæ 16ª mensis Maii, anno Domini* 1468. *cujus anima requiescat in pace.*

Aux quatre coins de la Tombe étoient représentés les quatre Evangélistes.

Sur la troisiéme Tombe, qui étoit de huit pieds de long sur quatre pieds de large, de pierre de liais, on lisoit ces mots :

Hic jacet circumspectus moribus, scientiâ & vitâ Præclarus Vir, Magister Martialis Gallichier, *Decretorum Doctor, hujus Ecclesiæ Canonicus & Meldensis Canonicus & Archidiaconus Proviensis, Privilegiorum Apostolicorum in Universitate Parisiensi, Conservator æquissimus ; qui obiit anno Domini millesimo quingentesimo trigesimo primo, tie verò secunda Septembris, cujus anima requiescat in pace.*

Il est représenté en qualité de Régent qui enseigne des Enfans.

Au bas de la Tombe, on lisoit ces mots :

Memor esto judicii mei sic erit & tibi ; mihi heri & tibi hodiè. Ecclesiast. 38.

Vir frugis & doctus, verax; affabilis, æquus.

Et pius & prudens Vir Gallichere *jaces.*

Sur la quatriéme Tombe, qui étoit de huit pieds de long sur quatre pieds de large, étoient gravés ces mots :

Cy gist noble & vénérable personne, Messire *Louis Dubellay,* en son vivant Conseiller du Roi notre Sire, en sa Cour de Parlement, grand Archidiacre, Chanoine en l'Eglise de céans, Archiprêtre & Curé de Saint Severin en cette Ville, Prieur de Loge, Trésorier d'Angers, Seigneur de Boisthibault, Chelle & Villeguer, lequel a été inhumé par Monseigneur Monsieur le Révérendissime Cardinal du Bellay, Evêque de

Paris, le cinquiéme jour de Janvier 1541 Priez Dieu pour son Ame.

Sur la cinquiéme Tombe, qui étoit de sept pids de long sur quatre pieds de large ladite Tombe de pierre de liais, étoit gravé:

Cy gist Maître *Nicolas Prévôt*, en son vivant, Chanoine de l'Eglise de céans, Docteur ès-Droits, Conseiller du Roi, & Président des Enquêtes en la Cour de Parlement de Paris, Seigneur de S. Germain-des-Prez-les-Condé, fils aîné de huit enfans mâles de feu Monsieur Messire *Jean Prévôt*, en son vivant, Conseiller du Roi en ladite Cour, & premier Président des Requêtes du Palais, lequel décéda en son hôtel en cette Ville de Paris, le 21 jour d'Octobre 1569.

Sur la sixiéme Tombe, qui étoit de huit pieds & demi de long sur quatre pieds & demi de large, ladite Tombe de pierre de liais, étoit gravé:

D. O. M. S.

Petri Dreux, *Pictaviensis Hammensis Cœnobii,* Abbatis hujus insignis Ecclesiæ Canonici

& majoris Archidiaconi, Religione, prudentiâ, doctrinâ morum suavitate ornatissimi, omnibus piis bonisque gratissimi & carissimi, qui dum tribus Parisiensibus Episcopis per annos 22, Vicariam operam summâ integritate eximiâque vigilantiâ impendit, generalemque Ecclesiæ Gallicanæ procurationem ad quam singulari omnium voto deligitur, maximâ fide, incredibili diligentiâ & admirabili dexteritate, miro Ecclesiastici Ordinis applausu per annos 12 obiit felicissimè. Dumque pertinaci studio & præstante animi magnitudine in Rempublicam incumbit, de privatis interim commodis & valetudine minus, quam diceret sollicitus in morbum incidit ex se non valdè lætalem, sed ex eventu languescentibus nimirùm & fatiscentibus, inde viribus corporis imbecillis, assiduis curis laboribusque fracti & morte placidâ, vitæque simillima suisque admodum luctuosa diem extremum constanti animo & æquo conficit anno ætatis 53, reparatæ salutis humanæ 1583, 15 Cal. Decembris. Fratris piissimi & liberalissimi optimi & optimè meriti sacris manibus Drusii fratres ut fraternæ benevolentiæ vicem quâ possunt rependant & grati animi memoriam posteris testatam relinquant.

H. M. M. M. D. D.

Drusus ego in pictis genitus, susceptus & auctus,
Parisiis non ipse mihi, sed publica natus,
Ad bona nullius vera nisi laudis avarus,
Strenuus ac solers, & rebus fortis agendis,
Integer atque doli purus fideique Satelles,
Veridicè vixi gratus Cleroque Deoque,
Et populo, Clerum rexi coluique tonantem,
Et populum pavi, nunc & me Clerus ademptum.
Et populus decorant lacrymis senique sepulchro,
Concelebrant fratres Cœlo Deus excipit alto.
Nulli vita unquam nocuit mea, mors nocet uno.
Omnibus excepto, lenis mihi vita sed O rem
Et veram & meram mors vitâ lenior ipsâ!
Sic sospes vive ac morere & me disce Magistro,
Quidquid id est homines terret quod nomine mortis,
Mitibus hoc animis atque Agni sanguine vivo.
Pariter ablutis nil præter Pascha beatum
Et lenem vitæ esse viam, mitemque meatum,
Divinas ad opes inconcussamque quietem.

Sur la septiéme Tombe, qui étoit de huit pieds de long sur quatre pieds de large, représentant un Chanoine, on lisoit au tour ces paroles :

Cy gyst noble & scientifique personne Maître *Antoine de Saveuse*, en son vivant Chanoine de l'Eglise de céans, Prieur de Montdidier, Conseiller du Roi en sa Cour de Parlement, Seigneur de Lozinchen, lequel décéda en son Logis Claustral le treiziéme jour d'Avril, l'an mil cinq quatre-vingt-dix. Dieu par sa grace en ait l'ame.
Amen.

Sur la huitiéme Tombe, qui étoit de dix pieds de long sur cinq pieds de large, ladite Tombe de pierre de liais, étoient gravés deux Religieux ; il y avoit autour de sa Tombe, une lame de cuivre, sur laquelle étoit une inscription ; mais ladite Lame de cuivre a été perdue par la longueur du tems.

Ensuite en fouillant dans lesdites Chapelles de S. Crépin, pour y faire trois Caveaux pour servir de Sépulture aux Chanoines, on a trouvé trois Cercueils de plomb, sur chacun desquels étoit une Plaque de cuivre, portant Inscription.

Sur la premiere étoient gravés ces mots :

Cy gist Messire *Louis Dubellay*, Conseiller du Roi en sa Cour de Parlement, Archidiacre & Chanoine de céans, Curé de Saint Severin, Prieur de la Loge, &c. mort le 5 Janvier 1541.

Orate pro eo.

Sur la seconde étoient gravés ces mots :

Cy gist Messire *Nicolas Prevost*, Chanoine de céans, Docteur ès-Droits, Conseiller du Roi, & Président ès Enquêtes en sa Cour de Parlement, décédé le 21 Octobre 1569.

Requiescat in pace.

Sur la troisiéme étoient gravés ces mots :

Hic jacet Petrus Dreux, *Pictavensis, Hammensis Canobii Abbas, hujus Ecclesiæ Canonicus & major Archidiaconus. Obiit anno 1583, ætatis 53.*

Requiescat in pace.

Le Lundi 21 Août 1758, on a transporté les trois Cercueils de plomb & tous les Ossements qui étoient dans la Chapelle de S. Crépin, dans la Cave qui est au dessous de la grande Sacristie, jusqu'à ce que la Chapelle de S. Crépin ait été entiérement accommodée, & lorsqu'elle l'a été, on a rapporté dans la Cave du milieu de ladite Chapelle de S. Crépin, les trois Cercueils de plomb, & les Ossements qu'on y avoit trouvé.

ÉPITAPHES

DE plusieurs Chanoines connus par leur esprit & par leur science.

CELLE de Paul Emile, Chanoine de l'Eglise de Paris, mort le 5 Mai 1539.

On lit sur sa Tombe, qui est dans la Nef, vis-à-vis la Chapelle S. Denis :

Paulus Æmilius *Veronensis, hujus Ecclesiæ Canonicus, qui præter eximiam vitæ sanc-*

titatem, quantâ quoque Doctrinâ præstiterit, index atque testis erit, Historia de rebus gestis Francorum posteris ab eodem edita.

Obiit anno 1529, die V mensis Maii.

Cy gist *Paul Emile*, natif de Veronne, Chanoine de cette Eglise, qui fut recommandable, non-seulement par la sainteté de sa vie, mais encore par l'étendue de son érudition, dont on peut juger par l'Histoire de France qu'il a laissée à la postérité. Il mourut le 5 Mai 1529.

Celle de Joachim du Bellai, Chanoine & Archidiacre de Paris, mort en 1590; il avoit été désigné Archevêque de Bordeaux. Il fit lui-même son Epitaphe, qui n'a point été gravée sur sa Tombe :

Clarâ progenie & domo vetustâ
(Quod nomen tibi sat meum indicavit)
Natus contegor hâc, Viator, urna;
Sum Bellaius, & Poëta jam me
Sat nosti, puta, non bonus Poëta,
Hoc versus tibi sat mei indicarint.
Hoc solum tibi, sed queam Viator,

de l'Eglise de Paris. 399

De me dicere, me pium fuiſſe,
Nec laſiſſe pios, pius ſi ipſe, es
Manes ladare tu meos caveto.

Paſſant, mon nom ſeul vous fera connoître que je ſuis iſſu d'une famille illuſtre & d'une ancienne Maiſon ; je ſuis enfermé dans ce Tombeau ; je m'appelle du Bellai, & j'étois Poëte ; je ne dis pas bon Poëte : quand cela ne ſuffiroit pas pour me connoître, ces vers ſeroient plus que ſuffiſans ; la ſeule grace que j'aie à vous demander, Paſſant, c'eſt de convenir que j'ai été pieux, & que je n'ai jamais offenſé ceux qui ont fait profeſſion de piété : ſi vous-même aimez la piété, gardez-vous d'offenſer mes mânes.

Vis-à-vis la Chapelle de S. Crépin, il y a deux Tombes, où ſont gravées les Epitaphes de deux vertueux Chanoines de cette Egliſe, originaires de Piedmont, & très-alliés à la Maiſon de Gondy, par Marie de Pierrevive, Gouvernante des Enfans de France, Epouſe d'Antoine de Gondy, Seigneur du Perron, dont en voici la premiere :

Cy gist Révérend en Dieu
Messire *Simon Pierrevive*,
En son vivant Conseiller & Aumônier ordinaire du Roi,
Abbé de Joug, & de Notre-Dame d'Hyvernaux,
Chanoine & Archidiacre de Brie, en l'Eglise de céans,
Qui décéda le troisiéme jour de Décembre, l'an 1568.
Dieu ait son Ame.

La seconde est de Messire Sylvius de Pierrevive, Docteur en Théologie, Chanoine & Chancelier de l'Eglise & Université de Paris, qui fut pendant 30 ans Vicaire général des Eminentissimes Cardinaux de Gondy & de Retz, Evêques de Paris, & de Jean-François de Gondy, Archevêque de la même Eglise, alors séant & Abbé de Noirmoutier, qui quoique de foible complexion, survécut ses trois Freres, & éteignit par sa mort, qui arriva le 9 Mars 1727 à l'âge de 70 ans, l'illustre nom de Pierrevive. Sur sa Tombe on lisoit :

ÆTERNÆ MEMORIÆ
Ac sapientissimo, & viro nobilissimo Domino,
Sylvio à Petravivâ, *Cheriopede montano,*
Doctori Teologo,
Hujus insignis Ecclesiæ Canonico,
Et Almæ Universitatis Parisiensis Cancellario;
Illustrissimorum Gondai, & Retzii *Cardinalium*
Parisiensium Præsulum,
Illustrimique D. Joannis-Francisci Gondæi,
Archiepiscopi Parisiensis, nunc feliciter sedentis,
Per annos 30 & plus,
Non sine laude & bonorum omnium incredibili gaudio
Vicario Generali;
Nec non Cœnobii in Insula Nigri Monasterii Olim Abbati dignissimo,
Qui tribus fratribus, adversâ licet valetudine,
Factus superstes,
Illustre Petravivorum nomen secum hoc tumulo,
Moriens condidit.
Ejus suprema voluntatis Curatores Hoc Monumentum posuere.
Obiit die mensis Martii anni 1627.
Anima ejus sit æterna requies.

A la mémoire perpétuelle de très-sage & très-noble Seigneur *Sylvius de Pierrevive*, de Quies en Piedmont, Docteur en Théologie, Chanoine de cette Eglise, & Chancelier de l'Université de Paris, Vicaire-général pendant plus de trente ans des Illustrissimes Cardinaux de Gondy & de Retz, Evêques de Paris, & d'Illustrissime Jean-François de Gondy, pour lors Archevêque de Paris. Pendant qu'il exerça cette pénible fonction, il s'attira les éloges & la confiance de tous les gens de bien. Il avoit été Abbé du Monastere de Noirmoutier. Enfin, après avoir, malgré sa foible complexion, survécu à ses trois freres, il éteignit par sa mort l'illustre nom de Pierrevive. Ses Exécuteurs testamentaires lui ont érigé ce Monument. Il mourut le 19 Mars 1617, âgé de 70 ans.

Que son Ame jouisse du repos éternel.

Devant la Chapelle des Gondy, est inhumé Jean de Bragelongne, Chanoine de Notre-Dame, qui choisit ce lieu pour Sépulture, par reconnoissance des bienfaits qu'il avoit reçu de Jean-François de Gondy, premier Archevêque de Paris, & de

de l'Eglise de Paris.

Jean-François de Gondy, son Successeur, qu'il aimoit tendrement, & sur-tout ce dernier qui lui donna son Canonicat le 15 Février 1645. Il se priva volontairement de sa propre liberté, pour soulager les ennuis, la solitude & les disgraces de ce Prélat, pendant sa détention au Château de Vincennes, où il s'enferma avec lui le 25 Avril 1653, & où il mourut le 30 Avril suivant, d'où son Corps fut enterré dans ce lieu, suivant les Conclusions de Messieurs du Chapitre, du 31 du même mois; en sa mémoire on a fait cette Epitaphe:

Antè Sacellum
Illustrissimorum Dominorum D. de Gondy,
Jacet corpus nobilis ac præclari Viri
Domini Joannis de Bragelongne,
Regis ab Eleemosinis,
Nec non insignis Ecclesiæ Parisiensis
Canonici,
Qui ob summa ab Illustrissimo & Reverendissimo
in Christo Patre
D. *Joan. Francisco* de Gondy, 1°. *Parisiens.*
Archiepiscopo,
Nec non ab Eminentissimo, Serenissimo &
Romano Patre,

Joan. Francisco-Paulo de Gondy, Cardinalis
de Retz,
Parif. Archiepifcopo. 2°. Accepta beneficia
Hic inhumari concupivit.
E vitâ difceffit die 29 Augufti,
Anno recuperatæ Salutis 1653,
Pace fruatur æternâ.

Vis-à-vis la Chapelle des Seigneurs de Gondy, repose le Corps de très-illustre & très-noble personne *Jean de Bragelongne*, Aumônier du Roi & Chanoine de l'Eglise de Paris; lequel par reconnoissance pour les bienfaits dont il étoit redevable à Jean-François de Gondy, Archevêque de Paris, & à Jean-François-Paul de Gondy, Cardinal de Retz, second Archevêque de Paris, a souhaité d'être inhumé ici. Il mourut le 29 Août 1653. Qu'il jouisse d'une paix éternelle.

Louis de Bragelongne, son Frere, Chanoine de la même Eglise, qui mourut le 15 Décembre 1682, repose aussi devant la même Chapelle, pour semblable considération.

Claude Joly, Chanoine & Chantre de cette Eglise, mourut en 1700, dans un âge fort avancé, après avoir mené une vie exemplaire, & très-laborieuse, par plusieurs Ouvrages sur la Religion qu'il donna au Public. Il donna de son vivant sa Bibliothêque au Chapitre, à condition qu'elle seroit publique, pour cette Compagnie. Cet illustre Chanoine a été inhumé à côté de Guy-Loisel, son Oncle, très-digne Magistrat par son intégrité, & très-recommandable par sa science & son érudition : sur la Tombe qui leur est commune, posée dans la Nef de cette Eglise, du côté de la Sacristie des Messes, on lit :

Widus Loisellus,
Resurrectionem hîc expectat,
XIII Kalendas Januarii
M. DC. XXXI.
Ejusque Nepos Claudius Joly,
Canonicus, Præcentor & Officialis
Parisiensis,
Qui obiit 15 *Januarii* 1700,
Ætatis suâ anno 93.

Cy gisent *Guy Loisel*, qui mourut le 20 Décembre 1631, & *Claudius Joly*;

son Neveu, Chanoine, Chantre & Official de Paris, qui mourut le 15 Janvier 1700 âgé de 93 ans.

Claude Châtelain, Chanoine honoraire de cette Eglise, mort en 1712. Il s'appliqua toute sa vie à l'Histoire du culte des Saints. Il fit imprimer en 1709 un Martyrologe universel romain, traduit en François avec les additions, à chaque jour, des Saints qui ne s'y trouvent point, tant de France que des autres Nations, avec un Catalogue des Saints dont on ne trouve point le jour. On lit sur sa Tombe, qui est du côté de la Porte rouge du Cloître pour aller au Chœur, cette Epitaphe:

HIC JACET

Claudius Chastelain, *Parisinus,*
Ecclesiæ Parisiensis Canonicus Presbyter,
Vir ingenio, doctrinâ, pietate, magnus,
Animi modestiâ & morum candore parvulus,
Antiquitatibus & Ritibus Ecclesiasticis,
Peritissimus ;
Rei privatæ nescius ;
Dilexit imprimis decorem Domûs Dei ;

Veri ubique sagax Indagator,
Linguæ Patriæ origines percalluit,
Sanctorum Acta,
Edito in lucem insigni Martyrologio,
Illustravit.
Quod sine fictione didicerat,
Sine invidiâ communicavit;
Consulentibus se satisfecit semper,
Et ex incertis certos dimisit;
Regni propè totius sacris in rebus
Oraculum.
Exhaustis labore viribus,
Obviam Christo praivit,
Dominicâ Palmarum, die 20 Martii,
Ann. M. D. CC. XII.
Ætatis LXXII, Canonicatus XLIX.
Hoc grati animi Monumentum.
Carissimo Patruo,
Steph. Marta Chastelain, Eccl.
Paris. Can.
Posuit.

Cy gist *Claude Chastelain*, natif de Paris, Prêtre & Chanoine de cette Eglise; grand par son esprit, sa science & sa piété, il voulut paroître petit par sa modestie & la candeur de ses mœurs. Il fut très-versé dans la connoissance de l'Antiquité des Rits Ecclésiastiques, & très-désintéressé. Il s'attacha entr'autres à l'embellissement de la Maison du Seigneur, il chercha la vérité dans sa source, & eut une connoissance particuliére de la Langue Hébraïque. Il a composé un sçavant Martyrologe; Il étoit sincere & d'un accueil prévenant. Il a toujours renvoyé ceux qui le consultoient, également satisfaits de sa sincérité & de son érudition. Il pouvoit être appellé l'Oracle de la France, pour la décision des Matieres Ecclésiastiques. Un long travail qui avoit épuisé ses forces, l'enleva de ce monde le Dimanche des Rameaux, deuxiéme de Mars 1712, à l'âge de 72 ans. Il avoit été Chanoine 49 ans. Etienne-Marie Chastelain, Chanoine de cette Eglise, plein de respect & de reconnoissance pour son Oncle, lui a fait ériger ce Monument.

CÉRÉMONIES

CÉRÉMONIES extraordinaires qui s'obfervent dans l'Eglife de Paris.

Le Roi & la Reine à Notre-Dame.

LOrsque le Roi & la Reine viennent à Notre-Dame, on fonne la veille les deux Bourdons, *Emmanuel* & *Marie*, depuis cinq heures jufqu'à cinq heures & demie, le matin on bourdonne à fept heures. Lorfque le Roi & la Reine font prêts d'arriver on fonne toutes les Cloches de l'Eglife. Tout le Chapitre, précédé de fes Suiffes, Huiffiers, du Spé portant la grande Croix, fe rend en Chappes à la grande porte de l'Eglife fuivi de M. l'Archevêque en Habits pontificaux. Le Roi & la Reine étant entrés dans l'Eglife, M. l'Archevêque leur préfente de l'eau bénite & enfuite les encenfe, puis le Roi & la Reine s'étant mis à genoux fur des carreaux qui leur font préfentés par les deux Chanoines Intendans de la Fabrique, M. l'Archevêque leur donne

S

la vraie Croix à baiser. Ensuite de quoi il leur fait un compliment, après lequel tout le Chapitre précéde le Roi & la Reine que M. l'Archevêque accompagne & conduit dans le Chœur sous un dais préparé au milieu du Chœur. Le Roi & la Reine, après avoir entendu la Messe, viennent faire leurs prieres à la Chapelle de la Sainte Vierge, & le Chapitre avec M. l'Archevêque les accompagnent jusqu'à la grande porte de l'Eglise, le tout au son des Orgues & de toutes les Cloches de l'Eglise. Ce jour-là l'Eglise est gardée par les Cent Suisses du Roi, & le Chœur par les Gardes du Corps.

TE DEUM.

Lorsqu'on chante à Notre-Dame un *Te Deum*, on bourdonne la veille à cinq heures du soir, *Emmanuel* & *Marie*. Le jour, à sept heures du matin, à midi, à l'arrivée & à la sortie de chaque Cour. Le *Te Deum* se chante toujours en musique & symphonie. C'est M. l'Archevêque qui l'entonne dans son trône, étant revêtu de ses Habits pontificaux. Toutes les Cours invitées de la part du Roi par le Grand Maître des Cérémonies de France, assistent au *Te Deum*. Dans le Sanctuaire, à droite, sont placés les Archevêques & Evêques; au-dessous du trône de M. l'Archevêque le Chancelier de France accompagné de tout le Conseil; à droite, à l'entrée du Chœur, M. le premier Président, le Gouverneur de Paris, les Présidens & les Conseillers du Parlement, & dans les Stalles basses les Officiers du Parlement; à gauche à l'entrée du Chœur, le premier Président de la Chambre des Comptes; les Présidens & Maîtres des Comptes, ensuite le premier Président, les Présidens & les Conseillers de la Cour des Aides, le Prévôt des Marchands avec les Echevins, & dans les Stalles basses les Officiers de Ville. Les Dignités & Chanoines de l'Eglise de Paris occupent les six premieres places à droite, tant dans les Stalles hautes que dans les Stalles basses auprès du trône de M. l'Archevêque, & du côté gauche quatre Stalles hautes & basses, avec des Banquettes placées dans les Stalles hautes. A ces Cérémonies l'Eglise est gardée par les Cent Suisses du Roi, & le Chœur par les Gardes du Corps.

BÉNÉDICTIONS DES DRAPEAUX ET ÉTENDARTS.

ON fait à Notre-Dame tous les trois ans la Bénédiction des Drapeaux des Gardes Françoises & Gardes Suisses, des Etendarts & Guidons des Mousquetaires & des Gendarmes.

La veille de la Bénédiction on bourdonne à cinq heures du soir, *Emmanuel & Marie*. Le jour, à sept heures du matin, à l'arrivée & à la sortie de la Troupe. Toute la Troupe étant arrivée, l'Etat-Major va chercher M. l'Archevêque pour le conduire à la Sacristie pour y prendre ses Habits pontificaux. M. l'Archevêque étant arrivé au bas de l'Autel, & s'étant assis sur un fauteuil, bénit les Drapeaux ou Etendarts, & ensuite monte dans son trône, pendant qu'on chante le *Sub tuum*, &c. *Domine salvum*, &c. après quoi il donne la

Bénédiction, & l'Etat-Major le reconduit dans la Sacristie pour quitter ses Habits pontificaux, & ensuite dans son Palais Archiépiscopal, le tout au son des Tambours & Instrumens.

INSTALLATION DE M. L'ARCHEVÊQUE.

LA veille de l'Installation de M. l'Archevêque on sonne les deux Bourdons, *Emmanuel & Marie*, depuis cinq heures jusqu'à cinq heures & demie. Le matin on bourdonne à sept heures. On s'assemble après la grande Messe au Chapitre, & on députe quatre Chanoines pour aller chercher M. l'Archevêque, & l'accompagner au Chapitre. M. l'Archevêque en Rochet & Mozètte violette étant entré au Chapitre, Mr. le Doyen lui fait un compliment, après quoi M. l'Archevêque lui ayant répondu, se met à genoux devant le Bureau du Chapitre, & prête entre les mains du Doyen le Serment accoutumé sur les Saints Evangiles qu'il baise. Après quoi lecture étant faite d'un Acte par-devant Notaire, par lequel M. l'Archevêque s'engage de conserver & maintenir Messieurs du Chapitre en l'ancienne possession de leurs Droits, Jurisdiction, Franchise, Liberté, Priviléges, Immunités, Exemptions, Coutumes & Usages, M. l'Archevêque le signe en présence des Notaires, & de Messieurs du Chapitre.

Ce qui étant fait on commence Sexte au Chœur, & M. l'Archevêque étant sorti du Chapitre accompagné des Chanoines, se rend par la Porte Septentrionale à la Chapelle Saint Denis, & ayant quitté sa Mozette, prend l'Habit Canonial d'hyver, pendant lequel tems les Chanoines se placent au Chœur dans leur Stalles. Ensuite de quoi Mr. le Doyen vient rejoindre Mr. l'Archevêque, & étant entré avec lui dans le Chœur, ils saluent tous les deux l'Autel au rond qui est derriere la Banque, ensuite le Chœur. Puis Mr. le Doyen conduit M. l'Archevêque au bas des marches de l'Autel, où s'étant mis à genoux tous les deux, & ayant adoré quelque tems le S. Sacrement, ils montent à l'Autel & le baisent. Ensuite

Mr. le Doyen conduifant M. l'Archevêque à fon trône l'y inftalle, & s'en retourne à fa Stalle Décanale. Sexte étant finie, Mr. le Doyen entonne le *Te Deum* que tout le Chœur continue en chant fur le Livre, & dans l'inftant on fonne toutes les Cloches de l'Eglife, qui ne ceffent qu'à la fin du *Te Deum*. Après le *Te Deum*, Mr. le Doyen ayant chanté à l'Aigle l'Oraifon, le Théologal monte au Jubé, & étant accompagné du Secrétaire du Chapitre, publie à haute & intelligible voix la prife de poffeffion de M. l'Archevêque, & montre fes Bulles au Peuple. Ce qui étant fait, M. l'Archevêque donne la Bénédiction Pontificale, & s'en retourne accompagné de Mrs. les Chanoines dans la Sacriftie, pour y quitter l'Habit Canonial, & reprendre fa Mozette. M. l'Archevêque va enfuite, accompagné de Mr. le Doyen & de Mrs. les Chanoines, à l'Officialité, où Mr. le Doyen l'inftalle, & on plaide une caufe en préfence de M. l'Archevêque. Après quoi, Mr. le Doyen, accompagné de Mrs. les Chanoines, conduit M. l'Archevêque dans fon Palais Archiépifcopal, & l'y ayant installé lui fait un Discours auquel M. l'Archevêque répond, & ensuite reconduit Messieurs du Chapitre au bas de la derniere marche du grand Escalier, & les embrasse les uns après les autres; ensuite de quoi il donne à dîner le même jour à tous Messieurs les Chanoines.

ÉLECTION ET INSTALLATION
du Doyen.

Le jour de l'Election du Doyen on sonne la Cloche du Chapitre, depuis six heures du matin jusqu'à sept heures, pour annoncer l'Election du Doyen. A sept heures on commence Prime, ensuite Tierce, & après on chante la grande Messe, qui est une Messe du Saint-Esprit de Rit Solemnel Mineur. Après la grande Messe on chante Sexte, & on sort processionnellement par la grande porte du Chœur, & on va par la porte septentrionale au Chapitre, en chantant un Répons de la Sainte Vierge. Tout le Chœur étant entré dans le Chapitre on chante à genoux le *Veni Creator*, lequel étant fini tout le bas Chœur se retire, & il ne reste dans le Chapitre que les Chanoines, & ceux qui sont nécessaires à l'Election. Ensuite on procéde à l'Election suivant les formes ordinaires. L'Election étant faite on ouvre sur le champ les portes du Chapitre, dans lequel entre tout le bas Chœur; le Trésorier met une Chappe au Doyen nouvellement élu, & le Chantre entonne le *Te Deum* que tout le Chœur continue en chant sur le Livre, & dans l'instant on sonne toutes les Cloches de l'Eglise, qui ne cessent qu'à la fin du *Te Deum*, & tout le Clergé sort processionnellement du Chapitre pour aller au Chœur par la grande porte du Cloître & le Parvis, Mr. le Doyen étant en Chappe à la suite du Clergé, entre le Chantre & le Sous-Chantre. Tout le Clergé étant entré dans le Chœur, M. l'Archevêque en Rochet & Aumusse, qui s'est rendu à la grande porte du Chœur, entre avec Mr. le Doyen, qui est à sa gauche, salue l'Autel au rond, qui est derriere la Banque, ensuite le Chœur; puis M. l'Archevêque conduit Mr. le

Doyen au bas des marches de l'Autel, où s'étant mis à genoux tous les deux, & ayant adoré quelque tems le Saint Sacrement, ils montent à l'Autel & le baisent. Ensuite M. l'Archevêque retournant avec Mr. le Doyen au Chœur, l'installe dans sa Stalle Décanale & de Dignité, & après dans l'autre Stalle qui n'est point de Dignité. Ce qui étant fait, M. l'Archevêque retourne dans la Stalle qui est auprès de son Trône. Mr. le Doyen de son côté retourne dans sa Stalle de Dignité, & y demeure revêtu de sa Chappe jusqu'à la fin du *Te Deum*, après lequel M. l'Archevêque ayant chanté l'Oraison, donne la Bénédiction Episcopale, puis le Théologal monte au Jubé, & étant accompagné du Secrétaire du Chapitre & des Notaires qui ont assisté à l'Election, annonce à haute & intelligible voix à tout le peuple l'Election du Doyen. La publication étant ainsi faite & personne ne réclamant, M. l'Archevêque s'en retourne chez lui, & Mr. le Doyen ayant quitté la Chappe dont il étoit revêtu, s'en retourne par la grande porte du Chœur au Chapitre, accompagné de tous les Chanoines, Secrétaire & Notaires. Les Chanoines étant assis à leur place, Mr. le Doyen se met à genoux au Bureau du Chapitre, & prête le Serment qui a coutume d'être prêté par les Doyens de l'Eglise de Paris ; après avoir lu auparavant la Bulle du Pape Boniface VIII, & après le Serment prêté Mr. le Chantre installe Mr. le Doyen dans sa place Décanale, en présence des Chanoines, du Secrétaire du Chapitre, des Notaires, Témoins & Promoteur. Ce qui étant fait tout le monde sort du Chapitre.

CATAFALQUES.

Lorsqu'il y a un Catafalque à faire à Notre-Dame, on ne le fait jamais que par un ordre du Roi, notifié par le Grand-Maître des Cérémonies de France. Tout étant disposé dans la Nef pour le jour que le Roi a déterminé, on bourdonne la veille à midi, *Emmanuel* & *Marie*. A quatre heures on sonne toutes les Cloches pour les Vêpres des Morts, que le Chapitre va chanter dans le lieu du Catafalque. A sept heures du soir on sonne le Couvrefeu avec toutes les Cloches, de même que pour les Laudes des Morts qui se chantent après les Laudes de la nuit. Le jour du Service on sonne à six heures du matin toutes les Cloches, & ensuite vers les onze heures pour la Messe Solemnelle des Morts, ainsi qu'à l'*Offertoire* & au *Libera*. Cette Messe est célébrée par M. l'Archevêque, & chantée en musique à grande symphonie par la Musique de l'Eglise. Ce sont des Princes & Princesses qui vont à l'Offrande, accompagnés de Mr. le Grand-Maître des Cérémonies de France. Après l'Offrande on prononce l'Oraison funebre, c'est ordinairement un Evêque qui la prononce. Toutes les Cours, invitées de la part du Roi par le Grand-Maître des Cérémonies de France, assistent à ce Service.

 Dans les premieres Stalles à droite, du côté du Sanctuaire, sont placés les Princes du Sang, ensuite le premier Président, le Gouverneur de Paris, les Présidens & les Conseillers du Parlement ; le Recteur de l'Université avec les Doyens des Facultés &

les Procureurs des Nations, & dans la premiere Stalle à droite, à l'entrée du Chœur, Mr. le Doyen & les Chanoines de l'Eglise de Paris. Dans les premieres Stalles à gauche, du côté du Sanctuaire, sont placées les Princesses, ensuite le premier Président de la Chambre des Comptes, les Présidens & Maîtres des Comptes; le premier Président, les Présidens & les Conseillers de la Cour des Aydes; le Prévôt des Marchands avec les Echevins, & dans les Stalles basses les Officiers de Ville, & dans les Stalles à gauche à l'entrée du Chœur, les Chanoines de l'Eglise de Paris. Dans le Sanctuaire à droite, le Clergé de France, & à gauche, les personnes de la premiere condition. A cette Cérémonie l'Eglise est gardée par les Cent Suisses du Roi, & l'intérieur du Catafalque par les Gardes du Corps.

ENTERREMENT
de M. l'Archevêque.

Lorsque M. l'Archevêque meurt on sonne au moment de sa mort le gros Bourdon, appellé *Emmanuel*, pendant une demie heure, & six Bénéficiers de l'Eglise vont prier Dieu auprès du Corps du Défunt, jour & nuit, jusqu'au moment de l'Enterrement. Peu de tems après la mort le Chapitre va processionnellement précédé de ses Suisses, Huissiers, dans la Salle où est le Corps de M. l'Archevêque; on y chante le *De profundis* en fauxbourdon, Mr. le Doyen dit l'Oraison, puis jette de l'eau bénite, & successivement tout le Clergé de l'Eglise. Le Corps de M. l'Archevêque est exposé la face découverte sur un lit de parade, en Soutanne, Rochet & Camail violet, avec la Croix Pastorale; à sa droite est sa Croix Archiépiscopale, à sa gauche sa Crosse, & sur sa poitrine un Christ. Le lit est entouré d'une grande quantité de Cierges. Depuis le moment de fa mort jufqu'à celui de l'Enterrement, les Paroiffes & les Couvens viennent lui jetter de l'eau bénite.

La veille de l'Enterrement on chante les Vêpres & les Matines des Morts. Après les Laudes de la nuit on chante les Laudes des Morts. Le jour de l'Enterrement les quatre Ordres Mendiants, les Capucins & les Eccléfiaftiques de la grande Confrérie, avant que de fe rendre à l'Eglife de Paris pour affifter à l'Enterrement, vont à l'Archevêché dans la Salle où eft le Corps, & y chantent le *De profundis* avec l'Oraifon. Vers les neuf heures on chante les *Commendaces*, après lefquelles on va faire la levée du Corps. Le Convoi, précédé des Capucins, des quatre Ordres Mendians; fçavoir, les Cordeliers, les Jacobins, les Auguftins & les Carmes; du Clergé de la grande Confrérie, du Clergé de l'Eglife de Paris, & des Jurés-Crieurs avec leurs Sonettes, paffe par le Parvis, la rue Neuve Notre-Dame, la rue du Marché-Palu, la rue de la Juiverie, la rue des Marmouzets, le Cloître & le Parvis. Le Corps étant arrivé à la grande Porte de l'Eglife, les Francs-Sergens le prennent pour le porter fous un Dais préparé au milieu du Chœur. Enfuite on chante la grande Meffe, après laquelle on defcend le Corps dans la Cave qui eft dans le milieu du Chœur.

On fonne pour les Offices qui fe chantent pour l'Enterrement de M. l'Archevêque toutes les Cloches des deux Tours, & les quatre Cloches du petit Clocher.

A la mort des Archevêques de Paris la Garniture de fon Trône Epifcopal, avec toutes fes dépendances appartient, fuivant l'ufage immémorial, à la Fabrique de l'Eglife de Paris, indépendamment du Droit de Chapelle qu'ils font obligés de payer pour leur joieux Avénement.

ENTERREMENT DU DOYEN.

LORSQUE le Doyen de l'Eglife de Paris meurt, on fonne au moment de fa mort un des Bourdons, appellé *Marie*, avec la Cloche du Chapitre, pendant une demie heure, & quatre Bénéficiers de l'Eglife vont prier Dieu auprès du Corps du Défunt, jour & nuit, jusqu'au moment de l'Enterrement. La veille de l'Enterrement on chante les Vêpres & les Matines des Morts. Après les Laudes de la nuit on chante les Laudes des Morts.

La veille de l'Enterrement les Religieuses de l'Hôtel-Dieu viennent en Habit de Chœur dans la chambre du Défunt, étant accompagnées d'un Chanoine Visiteur de l'Hôtel-Dieu, qui commence le *De profundis*, que toutes les Religieuses étant à genoux continuent, le Chanoine dit l'Oraison & jette de l'eau bénite sur le Corps du Défunt, toutes les Religieuses de l'Hôtel-Dieu jettent pareillement de l'eau bénite; ensuite vont à Notre-Dame à la Chapelle de la Vierge pour y faire leurs priéres, & s'en retournent à l'Hôtel-Dieu. Pendant ce tems la Mere Prieure de l'Hôtel-Dieu, la Sous-Prieure & deux autres Religieuses restent dans la Chambre du Défunt pour ensévelir son Corps.

Le jour de l'Enterrement les quatre Chapitres dépendans de l'Eglise de Paris, & les quatre Ordres Mendians, avant que de se rendre à l'Eglise de Paris pour assister à l'Enterrement, vont à la Maison du Défunt & y chantent le *De profundis* avec l'Oraison. Vers les dix heures on chante les *Commendaces*, après lesquelles on va faire la levée du Corps. Le Convoi, précédé des quatre Ordres Mendians ; sçavoir, les Cordeliers, les Jacobins, les Augustins & les Carmes, ensuite du Clergé de l'Eglise de Paris, avec ses quatre Filles, des Jurés-Crieurs avec leurs Sonnettes, du Bailli du Chapitre avec les autres Officiers du Chapitre, passe la grande Porte du Cloître, les rues S. Christophe, du Marché Palu, rue Neuve Notre-Dame & le Parvis. Lorsqu'il est arrivé devant l'Eglise de l'Hôtel-Dieu, deux Prêtres de l'Hôtel-Dieu en Chappes noires, accompagnés de tout le Clergé & des Religieuses de l'Hôtel-Dieu, jettent de l'eau bénite sur le Corps & l'encensent, pendant lequel tems on sonne toutes les Cloches de l'Hôtel-Dieu. Le Corps étant arrivé à la grande Porte de l'Eglise, les Francs-Sergens le prennent pour le porter sous un Dais préparé au milieu du Chœur. Ensuite on chante la grande Messe à laquelle assistent les quatre Filles de Notre-Dame. Ce sont les quatre plus dignes du Chœur qui portent les quatre coins du Poële.

On sonne pour les Offices qui se chantent pour l'Enterrement du Doyen toutes les Cloches des deux Tours, les quatre Cloches du petit Clocher, & la Cloche du Chapitre.

ENTERREMENT
d'un Chanoine.

Lorsqu'il meurt un Chanoine de l'Eglise de Paris, on sonne au moment de sa mort la Cloche appellée *Gabriel*, pendant une demie heure, & deux Bénéficiers de l'Eglise vont prier Dieu auprès du Corps du Défunt, jour & nuit, jusqu'au moment de l'Enterrement. La veille de l'Enterrement on chante les Vêpres & les Matines des Morts. Après les Laudes de la nuit on chante les Laudes des Morts. Le jour de l'Enterrement on chante à dix heures les *Commendaces*, après lesquelles on va faire la levée du Corps, & ensuite on chante la grande Messe. Ce sont les quatre plus dignes du Chœur qui portent les quatre coins du Poële.

On sonne pour les Offices qui se chantent pour l'Enterrement d'un Chanoine toutes les Cloches des deux Tours, & les quatre Cloches du petit Clocher.

REMARQUES

Sur la Mort des Archevêques & des Chanoines.

DEPUIS l'an 1168, le Lit de l'Evêque, avec ses dépendances, appartient après sa mort aux Pauvres de l'Hôtel-Dieu. Ce fut Maurice de Sully 73e Evêque de Paris, Père des Pauvres, qui le premier, en ce tems-là, du consentement de son Chapitre, le donna à cette Maison, & le Chapitre suivit son exemple en donnant de même, après la mort des Chanoines, leur Lit, traverſin & draps. Ce pieux établiſſement a toujours été exécuté. Mais y ayant eu quelques conteſtations entre les Créanciers de François de Gondy, Archevêque de Paris, & les Adminiſtrateurs de l'Hôtel-Dieu, il fut dit par un Arrêt du Parlement du 18 Juillet 1654, que les Créanciers de François de Gondy ſeroient tenus de donner le Lit du Défunt Archevêque, avec tout ce qui en dépend, aux Adminiſtrateurs de l'Hôtel-Dieu. Ceux qui ont été Chanoines doivent pareillement leur Lit à l'Hôtel-Dieu, & ceux qui ſont Chanoines & Dignitaires doivent deux Lits avec toutes leurs Garnitures. Ce qui a été confirmé par pluſieurs Arrêts du Parlement des 3 Décembre 1660, 31 Décembre 1661, 2 Août 1662, 8 Avril 1683, 26 Août 1690, 8 Août 1691, 3 Septembre 1691, & 20 Janvier 1759.

DIFFÉRENTES OBSERVATIONS.

Parmi les différentes Fondations qui ont été faites à l'Eglise de Paris, il y en a une de Louis XII qui est plus connue que les autres, & qu'on nomme *l'Obit Salé*, parce qu'on donne deux Minots de Sel à chaque Chanoine qui assiste à l'Anniversaire qui se célèbre tous les ans le 4 Janvier.

Indépendamment des Sermons du Carême, il y a trois Sermons que le Théologal prêche dans le courant de l'année, vers les neuf heures & demie du matin, avant la grande Messe ; sçavoir, le premier & le quatriéme Dimanche de l'Avent, & le Dimanche de la Septuagésime. Il est aussi le Maître de prêcher, s'il veut, le Sermon du quatriéme Dimanche de Carême.

Le Mardi de la Semaine Sainte, se tient dans le Parvis la Foire au Lard & aux Jambons ; elle se tenoit autrefois le Jeudi Saint, mais le jour en a été changé par le Chapitre en 1686, suivant le désir de M. de Harlay, Archevêque de Paris.

Le 17 Octobre, fête de S. Cerboney, le Chapitre prend les Habits de Chœur d'hyver, qui sont le Camail long & la Chappe, jusqu'au Samedi-Saint à Complies, qu'il prend les Habits de Chœur d'Eté, qui sont l'Aumusse & le Bonnet quarré.

Avant la construction du nouveau Chœur on tendoit quatorze piéces de Tapisseries magnifiques qui représentoient la vie de la Sainte Vierge. Elles avoient été exécutées d'après *Philippe Champagne*, qui en avoit fait les Tableaux en 1636, dont plusieurs font l'ornement de la Salle du Chapitre.

Le Chapitre de Saint Germain-l'Auxerrois a été uni au Chapitre de l'Eglise de Paris, en vertu des Lettres-Patentes du Roi en date du mois de Juillet de l'année 1740, enregistrées en Parlement le 12 Août 1744, sous l'Archiépiscopat de M. de Vintimille. Les Chanoines de Saint Germain-l'Auxerrois sont entrés au Chœur de l'Eglise de Paris, pour la premiere fois, le jour de l'Assomption de l'année 1744, & ont pris place parmi les Chanoines de l'Eglife de Paris, chacun fuivant la date de leur réception dans l'Eglife de Saint Germain-l'Auxerrois.

De tous les Ornemens qui font confervés au Tréfor, & dont nous avons parlé page 304, le plus riche & le plus curieux eft celui qui fert le jour de la Trinité. Cet Ornement eft compofé d'une Chafuble & de deux Tuniques, dont le fond de velours cramoifi eft rehauffé par plufieurs figures en or & en foie. Les Connoiffeurs ne fe peuvent laffer d'en admirer l'art, beaucoup plus encore que la richeffe. Ils penfent qu'il eft forti des mains des meilleurs Artiftes de la Perfe. Cet Ornement eft très-ancien. On lit fur deux banderolles qui font au bas de la Chafuble cette Infcription :

Hoc opus infigne fecit fieri Domnus Henricus Keddekin de Wefalia, per Magiftrum Jacobum, anno 888.

NOMS DES EVÊQUES ET ARCHEVÊQUES.

Depuis S. Denis, jusqu'à François de Gondy, on compte cent dix Evêques, dont il y en a six que l'Eglise révère comme Saints, neuf qui ont été Cardinaux de l'Eglise Romaine, & quelques-uns qui ont été Chanceliers de France.

L'Evêché de Paris, a été érigé en Archevêché, sous l'Episcopat de François de Gondy, par Grégoire XV, le 13 Novembre 1622, à la requisition du Roi Louis XIII.

Depuis l'érection de l'Evêché en Archevêché de Paris, il y a eu jusqu'à présent neuf Archevêques.

1 S. Denis, mort vers l'an 275.
2 Mallon.
3 Massus.
4 Marcus.
5 Adventus.
6 Victorin, Evêque en 347.
7 Paul, Evêque en 360.
8 Prudent, mort en 400, & enterré dans l'Eglise de Sainte Geneviéve.

9 S. Marcel, mort en 436.
10 Vivien.
11 Felix.
12 Flavien.
13 Urſicin.
14 Apedemius, ou Apedinius.
15 Heraclius, Evêque en 523.
16 Probat.
17 Amelius, Evêque en 541.
18 Saffarac, Evêque en 549.
19 Euſebe I, Evêque en 555.
20 S. Germain, mort le 28 Mai 576, âgé de 80 ans, & enterré dans la Chapelle de S. Symphorien, qu'il avoit fait bâtir à l'entrée de l'Egliſe de S. Vincent, aujourd'hui l'Abbaye S. Germain-des-Prez.
21 Ragnemode, mort en 591.
22 Euſebe II.
23 Faramonde.
24 Simplice, Evêque en 601.
25 S. Ceraune, mort le 27 Septembre 615, & enterré à Sainte Geneviéve.
26 Leudebert, Evêque en 625.
27 Audobert, Evêque en 644.
28 S. Landry, mort en 656, & enterré en l'Egliſe de S. Vincent, aujourd'hui S. Germain l'Auxerrois.
29 Chrodobert, Evêque en 663.

de l'Eglise de Paris.

30 Sigobaud, Evêque en 664.

31 Importun, Evêque en 666.

32 S. Agibert, ou Aglibert, mort à Jouarre en Brie, en l'an 680, & enterré dans l'Abbaye de Jouarre.

33 Sigofroid, mort en 693.

34 Turnoalde, Evêque en 696.

35 Adulphe.

36 Bernechaire.

37 S. Hugues, mort à l'Abbaye de Jumieges, le 9 Avril 730, & enterré dans ladite Abbaye.

38 Merseide.

39 Fédole.

40 Ragnecapt.

41 Madalbert.

42 Deodefroid, Evêque en 767.

43 Erchenrade I., mort le 15 Mars 795.

44 Ermenfrede, mort en 810.

45 Inchade, mort le 3 Mars 831.

46 Erchenrade II, mort le 9 Mai 857.

47 Enée, mort le 26 Décembre 871.

48 Ingelvin, mort en 883.

49 Gozelin, mort au mois de Mai 886.

50 Anscheric, mort au mois de Juin 911.

51 Théodulfe, mort le 22 Avril 922.

52. Fulrade, mort en 927.

53 Adelhelme, Evêque en 927.

54 Gaulthier I, mort le 13 Juin 941.

55 Albéric.

56 Constant.

57 Garin.

58 Renauld I, Evêque en 980.

59 Eliziard, mort le 18 Avril 988.

60 Gislebert, mort le 3 Février 991.

61 Rainauld II, mort le 14 Septembre 1016.

62 Azelin, mort dans le Diocèse de Gand, & enterré dans l'Abbaye de S. Pierre de Gand, dans la Chapelle de Notre-Dame.

63 Francon, mort le 22 Juillet 1030.

64 Imbert de Vergy, mort le 22 Novembre 1060, âgé de 80 ans.

65 Gaufroid de Boulogne, mort le premier Mai 1095.

66 Guillaume I, de Montfort mort le 27 Août 1102.

67 Foulques I, mort le 5 Avril 1104.

de l'Eglise de Paris. 437

68 Galon, mort le 22 Février 1116, & enterré à S. Denis.

69 Girbert, Mort le 2 Février 1123.

70 Etienne I, de Senlis, mort au mois de Mai 1142, & enterré dans le milieu du Chœur de S. Victor.

71 Thibaud, mort le 8 Janvier 1158, & enterré dans le Chœur de S. Martin-des-Champs.

72 Pierre I, Lombard, mort le 20 Juillet 1160, & enterré dans le Chœur de l'Eglise de S. Marcel.

73 Maurice de Sully, mort le 11 Septembre 1196, & enterré au milieu du Chœur de S. Victor.

74 Odon, ou Eudes de Sully, mort le 14 Juillet 1208, & enterré dans le Chœur de Notre-Dame.

75 Pierre II, de Nemours, mort le 7 Décembre 1219, & enterré dans le Chœur de Notre-Dame.

76 Guillaume II, de Seignelay, mort à S. Cloud le 23 Novembre 1223, & enterré dans l'Abbaye de Pontigny.

77 Barthelemi, mort le 20 Octobre 1227, & enterré dans le Chœur de Notre-Dame.

78 Guillaume III, mort le premier

T iij

Avril 1248, & enterré à S. Victor dans la Chapelle de S. Denis.

79. Gaultier II, de Château-Thierry, mort le premier Octobre 1249, & enterré dans le Chœur de Notre-Dame.

80 Raynault III, de Corbeil, mort le 7 Juin 1268, & enterré à Saint Victor, dans la Chapelle de Saint Denis.

81 Etienne II, Tempier, mort le 3 Septembre 1279, & enterré dans le Chœur de Notre-Dame, derriere le grand Autel.

82 Renoulf d'Homblieres, mort le 12 Novembre 1288, & enterré dans le Chœur de Notre-Dame.

83 Simon Matifas, dit de Bucy, mort le 3 Juin 1304, & enterré dans la Chapelle de S. Nicaise.

84 Guillaume de Baufet, dit Daurillac, mort le 30 Décembre 1320, & enterré à S. Victor, dans la Chapelle de l'Infirmerie.

85 Etienne III, de Bourret, mort le 25 Novembre 1325, & enterré dans le Chœur de Notre-Dame.

86 Hugues II, de Besançon, mort le 29 Juillet 1332, & enterré dans le Chœur de Notre-Dame.

de l'Eglise de Paris.

87 Guillaume V, de Chanac, mort le 3 Mai 1348, âgé de près de cent ans, & enterré à S. Victor dans la Chapelle de l'Infirmerie.

88 Foulques II, de Chanac, mort le 25 Juillet 1349, & enterré à Saint Victor dans la Chapelle de l'Infirmerie.

89 Audouin ; Ouen Aubert, mort à Avignon, le 10 Mai 1363, & enterré au milieu du Chœur des Chartreux de Villeneuve.

90 Pierre III, de la Forêt.

91 Jean I, de Meullent, mort le 22 Novembre 1363, âgé de quatre-vingt ans.

92 Etienne IV, de Paris, mort à Avignon, le 16 Octobre 1373, rapporté à Paris, & enterré dans le Chœur de Notre-Dame.

93 Aimeric de Magnac, mort à Avignon, le 20 Mars 1384, rapporté à Paris, & enterré dans le Chœur de Notre-Dame.

94 Pierre IV, Dorgemont, mort le 16 Juillet 1409, & enterré dans le Chœur de Notre-Dame, près le grand Autel.

95 Gérard de Montaigu, mort le

25 Septembre 1420, & enterré dans l'Eglise de Marcoucy.

96 Jean II, de Courtecuisse, mort le 4 Mars 1422.

97 Jean III, de la Roche taillée, mort à Boulogne, le 24 Mars 1426, & enterré dans l'Eglise de Lyon.

98 Jean IV, de Nant, mort le 7 Octobre 1427, & enterré dans l'Abbaye de Belleval, Ordre de Citeaux.

99 Jacques du Chastellier, mort le 2 Novembre 1438, & enterré dans le Chœur de Notre-Dame.

100 Denis II, Dumoulins, mort le 15 Novembre 1447, & enterré dans le Chœur de Notre-Dame, près le grand Autel.

101 Guillaume VI, Chartier, mort le premier Mai 1472, & enterré dans le Chœur de Notre-Dame.

102 Louis de Beaumont, dit de la Forêt, mort le 5 Juillet 1492, & enterré à la Porte du Chœur de Notre-Dame, sous le Crucifix.

103 Jean V, Simon de Champigny, mort le 23 Décembre 1502, & enterrré dans le Chœur de Notre-Dame.

104 Etienne V, de Poncher, mort à Lyon le 4 Février 1524, &

enterré dans l'Eglife Cathédrale de Sens. Son Cœur eft enterré dans le Chœur de l'Eglife de Paris.

105 François I, de Poncher, mort le premier Septembre 1532, & enterré dans le Chœur de Notre-Dame.

106 Jean VI, du Bellay, mort à Rome le 17 Février 1560, âgé de 68 ans, & enterré dans l'Eglife de la Sainte Trinité.

107 Euftache du Bellay, mort au mois de Septembre 1565, & enterré dans l'Eglife de Gizeux, Diocèfe d'Angers.

108 Guillaume Viole, mort le 4 Mai 1568, & enterré dans le Chœur de Notre-Dame.

109 Pierre V, de Gondy, Cardinal, mort le premier Mars 1616, âgé de 84 ans, & enterré à Notre-Dame dans la Chapelle de S. Louis & Saint Rigobert, lieu de la Sépulture de la Famille de Gondy.

110 Henri de Gondy, Cardinal de Retz, mort le 2 Août 1622, au Camp devant Beziers, âgé de 50 ans, rapporté à Paris, & enterré le 7 Octobre 1622, à Notre-Dame dans la

T v

Chapelle de S. Louis, & de Saint Rigobert.

NOMS DES ARCHEVÊQUES.

1 JEAN-François de Gondy, mort le 21 Mars 1654, âgé de 70 ans, & enterré à Notre-Dame dans la Chapelle de S. Louis & de S. Rigobert.

2 Jean-François-Paul de Gondy, Cardinal, mort le 24 Août 1679, âgé de 66 ans, & enterré à S. Denis en France, dont il étoit Abbé Commendataire. Son Cœur est au Calvaire du Marais à Paris.

3 Pierre VI, de Marca, mort le 29 Juin 1662, âgé de 68 ans, & enterré dans le Chœur de Notre-Dame devant la Chaire Archiépiscopale.

4 Hardouin de Peréfixe de Beaumont, mort le premier Janvier 1671, âgé de 65 ans, & enterré dans le Chœur de Notre-Dame.

5 François de Harlay de Chamvalon, mort à Conflans, près Paris, le 6 Août 1695, âgé de 70 ans,

rapporté à Paris, & enterré dans le Chœur de Notre-Dame, devant la Chaire Archiépiscopale.

6 Louis-Antoine de Noailles, Cardinal, mort le 4 Mai 1729, âgé de 78 ans, & enterré dans l'Eglise de Notre-Dame, devant la Chapelle de la Sainte Vierge. Son Cœur est dans une Urne à la Chapelle de Noailles.

7 Charles-Gaspard-Guillaume de Vintimille du Luc, mort le 13 Mars 1746, âgé de 90 ans, & enterré dans le Chœur de Notre-Dame.

8 Jacques-Bonne Gigault de Bellefont, mort le 20 Juillet 1746, âgé de 48 ans, & enterré dans le Chœur de Notre-Dame.

9 Christophe de Beaumont, Archevêque de Paris, pris possession le 7 Novembre 1746.

―――――――――――

DOYENS DE L'EGLISE DE PARIS.

1 HYLAIRE, Doyen en l'année 992.
2 Maldaguin, en l'année 1000.

3 Garin.

4 Albéric.

5 Francon, en l'année 1019. Il fut fait ensuite Evêque de Paris, & mourut l'an 1030.

6 Ingélard.

7 Hizierne, en l'année 1036.

8 Odon, en l'année 1067.

9 Milon, en l'année 1071.

10 Jean I, de Grand-Pont, en l'année 1083.

11 Fulcon, en l'année 1090, & ensuite Evêque.

12 Bernier, en l'année 1105; mort le 21 Octobre 1146.

13 Barthelemi, de Senlis, en l'année 1146, & ensuite Evêque de Châlons.

14 Clément, en l'année 1148.

15 Barbedor, en l'année 1168.

16 Hervé de Montmorency, de Marly, en l'année 1184, mort le 25 Mars 1192.

17 Michel de Corbeil, en l'année 1192, ensuite Archevêque de Sens, mort en l'année 1199.

18 Hugues I, en l'année 1195, mort le 7 Janvier 1216.

19 Etienne I, en l'année 1216.

de l'Eglise de Paris. 445

20 Gaultier, en l'année 1221, ensuite Archevêque de Sens.

21 Huges II, en l'année 1225.

22 G., en l'année 1226.

23 Ernaud de Courveville, en l'année 1226, mort le 24 Février 1227.

24 Philippe de Nemours, en l'année 1227, & ensuite Evêque de Châlons.

25 Jean II, de Provins, en l'année 1227.

26 Giraud, en l'année 1228, ensuite Evêque d'Agen.

27 Luc de Leudeve, en l'année 1231, mort le 26 Février 1260. Il étoit Conseiller au Parlement.

28 Guillaume I, de Valgrigneuse, en l'année 1260.

29 Godefroi I, de Pontchevron, en l'année 1264, ensuite Archevêque de Bourges en 1264, mort le 24 Décembre 1274.

30 Godefroid II, en l'année 1273, ensuite Cardinal, mort le 21 Août 1287, à Rome, & enterré dans l'Eglise de S. Praxéde.

31 Nicolas I, en l'année 1288.

32 Jean III, en l'année 1297.

33 Pierre I, de Belleperche, en l'année 1305, ensuite Evêque d'Auxerre, mort le 17 Janvier 1308, & enterré dans le milieu du Chœur devant l'Aigle.

34 Roger d'Arminiac, en l'année 1308.

35 Simon de Guiberville, en l'année 1308, mort dans le mois de Juillet de l'année 1320.

36 Amisius, le Ratif, en l'année 1321, mort le 20 Janvier 1331. Il étoit Maître des Requêtes.

37 Guidon de Baudet, en l'année 1332, ensuite Evêque de Langres en 1336.

38 Olivier Saladin, en l'année 1335, il avoit été Recteur de l'Université en 1318.

39 Pierre II, de Cros, en l'année 1342, ensuite Evêque de Senlis & après d'Auxerre. Il avoit été Proviseur de la Maison de Sorbonne en 1340.

40 Firmin de Coquere, en l'année 1344, ensuite Evêque de Noyon, en 1348, nommé par le Roi Philippe IV, Chancelier de France.

41 Vital de Pruilly, en l'année 1349.

42 Raimond Salga, en l'année 1350.

43 Pierre III, de Monterevelle, en l'année 1358.

44 Etienne II, de Paris, en l'année 1362, ensuite Evêque de Paris.

45 Ayméric de Magnac, en l'année 1364, ensuite Evêque de Paris.

46 Jacques le Riche, en l'année 1364, mort le 3 Janvier 1385, & enterré dans l'Eglise de Paris. Le Parlement assista à son Enterrement. Il étoit Maître des Requêtes.

47 Pierre IV, de Pacy, en l'année 1385, mort le 9 Octobre 1402.

48 Jean IV, Chanteprime, en l'année 1402, mort le 14 Juillet 1413, & enterré dans l'Eglise de Paris. Il étoit Conseiller au Parlement, Président de la Cour des Aydes.

49 Jean V, Tudert, en l'année 1414, mort le 9 Décembre 1439, & enterré dans le Cloître de l'Eglise

de Paris, près le Chapitre. Il avoit été Maître des Requêtes, & Conseiller au Parlement en 1402. Il fut nommé Evêque de Châalons, au au mois de Mai 1439.

50 Guillaume II, Cottin, en l'année 1441, mort le 9 Mars 1461; & enterré dans l'Eglise de Paris. Il avoit été Maître des Requêtes & Conseiller au Parlement.

51 Albert de Rouvoy de S. Simon, en l'année 1457, mort le 23 Novembre 1467, & enterré dans l'Eglise de Paris. Il avoit été Conseiller au Parlement.

52 Thomas de Courcelles, en l'année 1458, mort le 23 Octobre 1469, âgé de 69 ans, & enterré dans la Chapelle de S. Martin & Sainte Anne.

53 Jean VI, l'Huillier, en l'année 1469, ensuite Evêque de Meaux, en l'année 1483. Il avoit été Aumônier & Confesseur du Roi Louis XI.

54 Jean VII, l'Huillier, en l'année 1484, mort le premier Novembre 1510, & enterré dans la Nef, devant la Chapelle Saint

Julien & Sainte Marie Egyptienne.

55 David Chambellan, en l'année, 1511, mort le 21 Décembre 1517.

56 Guillaume III, Huë, en l'année 1517, mort le 31 Juillet 1522.

57 Jean VIII, du Drac, en l'année 1522, ensuite Trésorier de la Sainte Chapelle en 1543, il mourut le 30 Janvier 1544.

58 Jean IX, Jouvenel des Ursins en l'année 1543, mort le 26 Octobre 1548. Il fut nommé Evêque de Tréguier, au commencement de l'année 1548.

59 Antoine Cirier, en l'année 1548, mort le 17 Janvier 1575, & enterré dans le Chœur de l'Eglise de Paris. Il fut nommé Evêque d'Avranches en 1561. Il avoit été Conseiller au Parlement.

60 Augustin le Cirier, en 1575, & ensuite nommé la même année Evêque d'Avranches. Il étoit Chanoine de Notre Dame & de la Sainte Chapelle & Conseiller au Parlement.

61 Louis Séguier, en l'année 1575, mort le 9 Septembre 1610,

& enterré dans le Chœur de l'Eglise de Paris. Avant la construction du nouveau Chœur, on lisoit sur sa Tombe :

Cy gist *Louis Seguier*, quand il vivoit Conseiller au Parlement de Paris, a été Chanoine de cette Eglise 48 ans, Doyen 35. Il décéda le 9 du mois de Septembre, l'an 1610, âgé de 60 ans. Son innocence, sa candeur, & la dignité qui étoit naturelle en sa personne, l'ont rendu agréable à un chacun. Les siens, auxquels il étoit très-cher, vivant pour toujours en leur mémoire, ont couvert son Corps de ce marbre, bien fâchés que le lieu & ses défenses ne leur ont permis de l'honorer d'un monument plus relevé.

L'Ame en soit en repos.

62 Jean-François de Gondy, en l'année 1610, nommé premier Archevêque de Paris, en 1623, mort le 22 Mars 1654, & enterré dans la Chapelle des Gondy.

63 Dominique Séguier, en l'année 1623, ensuite Evêque d'Auxerre & de Meaux. Il avoit été Conseiller au Parlement & premier Aumônier du Roi.

64 Nicolas II, Tudert, en l'année 1632. Il avoit été Conseiller à la Grande Chambre du Parlement 25 ans, & Doyen pendant 15 ans. Il a quitté le Doyenné en l'année 1647, & est mort à Poitiers, le 20 Mars 1651.

65 Jean-Baptiste I, de Contes, en l'année 1651, mort le 4 Juillet 1679, âgé de 78 ans, & enterré dans la Chapelle de Saint Eutrope.

On lit sur sa Tombe, cette Epitaphe.

Cy gist Messire *Jehan-Baptiste de Contes*, vivant Doyen & Chanoine de cette Eglise, Prieur de Sainte Honorine de Conflans, Conseiller ordinaire du Roi en tous ses Conseils d'Etat & privé ; lequel ayant été 52 ans Chanoine, & 32 Doyen de cette Eglise, est décédé en sa Maison, au Cloître d'icelle, le 4 jour de Juillet 1679, âgé de 78 ans.

66 Jean-Baptiste II, de Bongueret le Blanc de Bouchardieres de Mony, en l'année 1679, mort le 9 Décembre 1702, âgé de 73 ans, enterré

dans la Chapelle de S. Nicaise. Il avoit été Abbé Commendataire de l'Abbaye de Misseray, Prieur de Sainte Honorine de Conflans, Chanoine pendant 36 ans, & Doyen pendant 26.

On lit sur sa Tombe, cette Epitaphe.

Hic jacet Joannes-Baptista de Bongueret le Blanc, *Ecclesiæ Metropolitanæ Parisiensis Decanus ac Canonicus,* Joannis-Baptistæ de Contes, *Parisiensis Decani, ac Canonici, nec non Comitis Consistoriani ex Matre Nepos; diem obiit 9 Decembre, anno reparatæ Salutis 1702, ætatis 73, Decanatûs 26, Canonicatus 36; propinquo optimè merito grati animi Monumentum posuit* Joannes-Baptista-Corolus de Brasseuse de Presseigny, *ejusdem Ecclesiæ Decanus Canonicus.*

67 Jean-Baptiste-Charles Desfriches de Brasseuse de Presseigny, en l'année 1702, le 12 Décembre. Il a été fait Prêtre le 23 Décembre 1702. Il est mort le 28 Juin 1717, & enterré dans la Chapelle de S. Eutrope.

de l'Eglise de Paris. 453

Il avoit été Prieur de Sainte Marie de Merlou, de Sainte Honorine de Conflans, Chanoine pendant 39 ans & Doyen pendant 15 ans.

68 Jacques-Alain, de Gontaut, en l'année 1717, mort le 15 Décembre 1732, âgé de 67 ans, & enterré devant la Chapelle de la Vierge. Il étoit Abbé Commendataire de S. Ambroise de Bourges & de Saint Pierre de Lagny.

69 Louis-Abraham de Harcourt Beuvron, en l'année 1733, mort le 27 Septembre 1750, âgé de 56 ans, & enterré dans la Chapelle de Saint Pierre & S. Etienne, lieu de la Sépulture de la Famille d'Harcourt. Il étoit Commandeur de l'Ordre du Saint-Esprit, Duc & Pair de France, Abbé Commendataire de Notre-Dame de Signy & de Saint Taurin d'Evreux.

70 Jean-Cyprien de S. Exupery, en l'année 1747, mort le premier Février 1758, âgé de 57 ans, enterré dans le Chœur dans la Cave qui est au pied de l'Aigle. Il étoit Abbé Commendataire de Saint Denis de Rheims.

71 Jean-Antoine Dagoult, Doyen le 13 Mars 1758, Chanoine le 29 Novembre 1728, Abbé Commendataire de Bonneval, en 1745.

En finissant ce petit Ouvrage nous nous flattons que le Public nous sçaura quelque gré de faire connoître un homme rare, qui de son vivant a été très-lié avec les Sçavans, & ne doit pas être oublié du monde littéraire; quoique ses travaux immenses ne soient pas connus du Public, & soient enfermés dans les Archives de l'Eglise de Paris; nous voulons parler de feu *Jean-Claude Sarrazin*, Diacre du Diocèse d'Autun, reçu Chanoine de l'Eglise de Paris le 26 Juin 1715, par la résignation de *Jean-Baptiste Sarrazin*, son Oncle, & mort le 30 Août 1756, il a été non-seulement un modéle de régularité & d'exactitude dans sa conduite, mais encore un prodige de constance à lire, extraire & compiler les Manuscrits & Registres de sa Compagnie. On compte plus de cent volumes *in-folio*, tous écrits de sa main. Il les a donnés au Chapitre en 1733 ; & le Chapitre pour lui témoigner sa reconnoissance, a ordonné par Conclusion du 30 Août 1756, que son nom seroit inséré dans le Nécrologe, parmi les Bienfaiteurs de l'Eglise, & recommandé à perpétuité au *Memento* des Morts, par le Spé des Enfans de Chœur, le jour de son Anniversaire.

Voilà à peu près ce que nous pouvons dire en abrégé de l'Eglise & du Chapitre de Paris, dont on croit n'avoir rien obmis pour la satisfaction du Public, & procurer aux Etrangers la connoissance & l'explication de tout ce que cette Eglise renferme de curieux, & les mettre à même de voir avec plaisir ce beau & vaste Edifice.

N.

TABLE

De ce qui est contenu dans ce Volume.

Antiquité de l'Eglise de Paris, page 5
Description générale de l'Eglise Notre-Dame, 17
Extérieur de l'Eglise. Le grand Portail & les Tours, 19
Le Portail Méridional du côté de l'Archevêché, 30
Le Portail Septentrional du côté du Cloître, 31
Arcboutans & Galleries, 34
Charpente, 36
Cloches & petit Clocher, 37
Intérieur de l'Eglise, 42
Pierres antiques trouvées dans le Chœur, 43
Proportions de l'intérieur de l'Eglise, 54
La Construction du Chœur, 55
Les Curiosités du Chœur, 60

Le

TABLE.

Le Maître Autel.	page 62
Vertus à la droite près de l'Autel.	64
A la gauche de l'Autel.	65
L'Autel des Féries.	66
Proportions du Chœur.	69
La Boiserie du Chœur.	70
Description des Cartouches de la Boiserie.	71
Les Tableaux du Chœur.	73
L'Aigle.	76
Cave dans le milieu du Chœur.	78
Grilles du Chœur.	ibid.
Les Curiosités de la Nef.	80
Vitreaux.	ibid.
Roses.	84
S. Christophe.	ibid.
Epitaphe d'Etienne Yver.	90
La Statue Equestre de Philippe le Bel.	92
L'Orgue.	95
Les Tableaux de la Nef donnés par le Corps des Orfèvres de Paris.	101
Les Tableaux de la Nef, en entrant sous l'Orgue.	104
A côté sur la droite.	ibid.
De l'autre côté, à gauche.	105
A l'entrée de la Nef, à droite.	ibid.
En tournant dans la Croisée, du côté de l'Archevêché.	108
De suite sur la même hauteur.	109

V

Au-dessus de la Chapelle. page 110.
Plus bas, à côté de cette Chapelle & de suite. ibid.
En recommençant par le bas de la Nef à gauche. 111.
En tournant dans la Croisée du côté du Cloître, vis-à-vis la Chapelle de S. Denis. 114.
Au-dessus de la Chapelle. 116.
A côté de la Chapelle. ibid.
De l'autre côté. ibid.
Dans les bas côtés de la Nef, à droite. 117.
De l'autre côté, à gauche. 118.
Sur les bas côtés du Chœur, du côté de l'Archevêché. ibid.
En tournant du côté du Cloître. 119.
Des Chapelles. 121.
La Chapelle de la Vierge. 122.
La Chapelle de S. Denis. 127.
La Chapelle de Sainte Anne. 131.
La Chapelle de S. Barthelemy & de S. Vincent, ou autrement la Chapelle des Chapelains de l'ancienne Communauté. 138.
La Chapelle de Saint Jacques & Saint Philippe. 143.
La Chapelle de Saint Antoine & de Saint Michel. 144.

La Chapelle de S. Thomas de Cantorbéry. *page* 145
La Chapelle de S. Augustin qui fait partie de la Sacristie des Messes. 147
La Chapelle de Sainte Marie Magdelaine, qui fait l'autre partie de la Sacristie des Messes. 148
La Chapelle de Sainte Marie & Saint Aignan, qui est dans la Croisée du côté de l'Archevêché. 150

Autour du Chœur.

La Chapelle de S. Pierre & de S. Paul. 151
La Chapelle de S. Pierre le Martyr, qui fait à présent partie de la grande Sacristie du Chœur. 151
La Chapelle de S. Denis & S. Georges. 152
La Chapelle de S. Géraud. 159
La Chapelle de S. Remy, dite des Ursins. 160
La Chapelle de S. Pierre & S. Etienne, dite d'Harcourt. 168
Les Chapelles de S. Jacques, S. Crépin, S. Crépinien, & S. Etienne. 173
La Chapelle S. Nicaise. 175
Les Chapelles de S. Louis & S. Rigobert, dite des Gondy. 179

La Châsse de S. Marcel. page 212
La Chapelle de la Décollation de Saint Jean-Baptiste. 214
Les Chapelles de Sainte Eutrope & Sainte Foye, dite de Vintimille. 215
Les Chapelles de S. Martin, Sainte Anne & S. Michel, dites de Noailles. 221
La Chapelle de S. Ferreol & S. Ferrutien. 232
La Chapelle de S. Jean-Baptiste & la Magdelaine. 236
La Chapelle de S. Eustache. 243
La Chapelle de S. Jean l'Evangéliste & Sainte Agnès. 247

En descendant, les bas côtés du Chœur dans la Croisée, du côté du Cloître.

La Chapelle de S. Marcel, autrefois de S. Julien du Mans. 248

En suivant, les bas côtés de la Nef.

La Chapelle de S. Nicolas, actuellement la Chapelle du Grand Pénitencier. 248
La Chapelle de Sainte Catherine. 249
La Chapelle de S. Julien le Pauvre & Sainte Marie Ægyptienne. 252
La Chapelle de S. Laurent. 253
La Chapelle de Sainte Geneviève. 254

TABLE.

La Chapelle de S. George & S. Blaise.
page 254
La Chapelle de S. Léonard. ibid.
Le Trésor & la grande Sacristie. 255
Le Trésor. 267
S. Jean-le-Rond. 307
S. Denis-du-Pas. 309
S. Aignan. 313
Des Confréries de l'Eglise de Paris. 313
De l'Office Divin. 317
Des Processions annuelles du Chapitre. 323
Le Chapitre de Notre-Dame. 331
Les Filles de Notre-Dame. 335
Jurisdiction du Chapitre. 337
Jurisdiction du Chantre. 339
Des Officiers de l'Eglise. ibid.
L'Hôtel-Dieu. 343
Les Hommes illustres de l'Eglise de Paris. 344
L'Archevêché de Paris. 349
Les Filles de M. l'Archevêque. 350
La Jurisdiction de M. l'Archevêque. Ibid.
Procès-Verbal de ce qui s'est trouvé dans le Sanctuaire & le Chœur, &c. 352
Tombeaux & Epitaphes qui étoient dans le Chœur avant sa nouvelle construction. 374

TABLE.

Tombes de la Nef. page 385
Tombes & Epitaphes qui étoient dans la Chapelle de S. Crépin. 389
Epitaphes de plusieurs Chanoines connus par leur esprit & par leur science. 397

Cérémonies extraordinaires qui s'observent dans l'Eglise de Paris.

Le Roi & la Reine à Notre-Dame. 409
Te Deum. 410
Bénédiction des Drapeaux & Etendarts. 412
Installation de M. l'Archevêque. 413
Election & Installation du Doyen. 416
Catafalques. 419
Enterrement de M. l'Archevêque. 422
Enterrement du Doyen. 424
Enterrement d'un Chanoine. 427
Remarques sur la mort des Archevêques & des Chanoines. 428
Différentes Observations. 430
Evêques & Archevêques de Paris. 435
Doyens de l'Eglise de Paris. 445

Fin de la Table.

Les Personnes qui sont possesseurs de quelque titre ancien & remarquable sur l'antiquité de l'Eglise de Notre-Dame de Paris, sont priés d'en faire part au Public, en les communiquant au Libraire qui vend cette Description, qui se fera un plaisir de les mettre à la suite de cet Ouvrage.

APPROBATION.

J'AI lû par ordre de Monseigneur le Chancelier, un Livre qui a pour titre *Description Historique des Curiosités de l'Eglise de Notre-Dame de Paris*, je n'y ai rien trouvé qui puisse en empêcher l'impression, à Paris ce 27 Juin 1763.

DE LIGNAC.

PRIVILEGE DU ROI.

LOUIS par la grace de Dieu, Roi de France & de Navarre : A nos amés & féaux Conseillers, les Gens tenans nos Cours de Parlement, Maître des Requêtes ordinaires de notre Hôtel, Grand-Conseil, Prévôt de Paris, Baillifs, Sénéchaux, leurs Lieutenans Civils, & autres nos Justiciers qu'il appartiendra, Salut. Notre amé CLAUDE PIERRE GUEFFIER, Pere, Libraire à Paris, Nous a fait exposer qu'il désireroit faire imprimer & donner au Public un Ouvrage qui a pour titre : *Description Historique des Curiosités de l'Eglise de Paris*, s'il Nous plaisoit lui accorder nos Lettres de Permission pour ce nécessaires. A CES CAUSES, Voulant favorablement traiter l'Exposant, Nous lui avons permis & permettons par ces Présentes, de faire imprimer ledit Ouvrage autant de fois que bon lui semblera, & de le vendre, faire vendre & débiter par tout notre Royaume pendant le tems de trois années consécutives, à compter du jour de la date des Présentes. Faisons défenses à tous Imprimeurs, Libraires, & autres personnes, de quelque qualité & condition qu'elles soient, d'en introduire d'impression étrangere dans aucun lieu de notre obéissance ; à la charge que ces Présentes seront enregistrée tout au long sur le Regître de la Communauté des Imprimeurs & Libraires de Paris, dans trois mois de la date d'icelles ; que l'impression dudit Ouvrage sera faite dans notre Royaume, & non ailleurs, en bon papier & beaux caractères, conformément à la feuille imprimée, attachée pour modèle sous le contre-scel des Présentes, que l'Impétrant se conformera en tout aux Reglemens de la Librairie, & notamment à celui du dix Avril 1725; qu'avant que de l'exposer en vente, le Manuscrit qui aura servi de copie à l'impression dudit Ouvrage, sera remis dans le même état où l'Approbation y aura été donnée, ès mains de notre très-cher & féal Chevalier Chancelier de France, le Sieur DE LAMOIGNON; & qu'il en sera ensuite remis deux Exemplaires dans notre Bibliothèque publique, un dans celle de notre Château du Louvre, un dans celle dudit Sieur DE LAMOIGNON, & un dans celle de notre très-cher & féal Chevalier Garde des Sceaux de France le Sieur FEYDEAU DE BROU, le tout à peine de nullité des Présentes. Du contenu desquelles nous vous mandons & enjoignons de faire jouir ledit Exposant, & ses ayant causes, pleinement & paisiblement, sans souffrir qu'il leur soit fait aucun trouble ou empêchement. Voulons que la copie des Présentes, qui sera imprimée tout au long au commencement ou à la fin dudit Ouvrage, foi soit ajoutée comme à l'original. Commandons au premier notre Huissier ou Sergent, sur ce requis, de faire pour l'exécution d'icelles tous actes requis & nécessaires, sans demander autre permission, & nonobstant Clameur de Haro, Charte Normande & Lettres à ce contraires. Car tel est notre plaisir. DONNÉ à Paris, le dix-septiéme jour du mois d'Août, l'an de grace mil sept cent soixante-trois, & de notre regne le quarante-huitiéme.

Par le Roi en son Conseil.

LEBEGUE.

Regiſtré ſur le Regiſtre XV. de la Chambre Royale & Syndicale des Libraires & Imprimeurs de Paris; N°. 1060. fol. 459. conformément au Reglement de 1723. A Paris, ce 26 Août 1763.

LE BRETON, Syndic.

FAUTES A CORRIGER.

Page 12, l. 25, soixante & dixiéme, *lisez* soixante-treiziéme.
P. 26, l. 4, le Saignant, *lisez* le Féneant.
P. 37, l. 13, 9e. Evêque, *lisez* 95e. Evêque.
P. 39, l. 22, *Guillemus lisez Guillelmus.*
P. 42, l. 16, jusqu'à tête, *lisez* jusqu'à la tête.
P. 62, l. 11, Bastin, *lisez* Bastin.
P. 69, l. 2, M. DC. XLII. *lisez* M. DC. XLIII.
P. 88, *Clamabant alterutrum*, lisez *Clamabant alter ad alterum.*
P. 90, l. 17, M. CCCC. LXXII, *lis.* M. CCCC. LXVII.
P. 92, l. 26, qu'ils, *lisez* qu'il.
P. 94, l. 13, *propritiæ*, lisez *propitiæ*.
P. 101, l. 15, au lieu d'Antoine Crépin, 97e. Evêque, *lis.* Guillaume VIe. Chartier 101e. Evêque de Paris.
P. 105, l. 11, Jean Morier, *lisez* Jean Morien.
Ibid. l. 22. de Cestin, *lisez* de Lestin.
P. 110, l. 17, Robelay, *lisez* Robertet.
P. 111, l. 2, après le mot le Brun, *mettez* en 1647.
P. 114, l. prem., Germain Goain, *lisez* Godin.
P. 115, l. 20, nommé par Barjesu, *l.* nommé Barjesu.
P. 151, dern. l., Jean Verre, *lisez* Jean Verret.
P. 171, dern. l., quod possis, lisez *quod poscis.*
P. 213, l. 6, l'an 1262, *lisez* 1242.
P. 217, l. 2, Compte de Luc, *lisez* Comte du Luc.
Ibid. l. 13, novito, lisez novo.
Ibid. l. 18, *Massiliensi*, lisez *Massialensi.*
Ibid. l. 21, *Medio lanensis*, lisez *Mediolanensis.*
P. 220, l. 6, *Vintimilli*, lisez *Vintimillianæ.*
P. 222, l. 14, Renier, *lisez* René.
Ibid. l. 23, Bourseau, *lisez* Ronsseau.
P. 223, l. 24, *imposterum*, lisez *in posterum.*
P. 224, l. 11, *Ædiculum* lisez *Ædiculam.*
P. 231, l. 14, en Embrie, *lisez* en Brie.
P. 232, l. 13, en 1735, *lisez* 1755.
Ibid. l. 25, S. Férutien, *lisez* Férutien.
P. 237, l. 21, *Pænitentiarum*, lisez *Pænitentiarium.*
P. 238, l. 24, Carmes, *lisez* Carmélites.
P. 240, l. 8, Aggrégé de Sorbonne, *lisez* de la Maison & Société de Sorbonne.
P. 245, l. 23, & *Palias orbis lagas*, lis. & *alias orbis plagas.*
P. 251, l. 8, *Beneficæ*, lisez *Beneficâ.*
P. 258, l. 11, *Legiarum*, lisez *Regiarum.*
P. 343, l. 14, qu'ils, *lisez* qu'il.
P. 375, l. 25, *Reignaldi*, lisez *Reginaldi.*
Ibid. dern. l. *narravit*, lisez *navavit.*
P. 292, l. 4, sept pids, *lisez* sept pieds.

Catalogue des Livres qui se trouvent chez le même Libraire.

Tarif du prix des Glaces de la Manufacture Royale, avec l'Explication de la maniere de s'en servir, en petit caractere, très-portatif, *in-*32 relié en veau, 1 l. 5.
Le même, avec l'Ordinaire de la Messe, &c. 1 l. 10.
Le même en gros caractere, augmenté de celui de la Vaisselle d'argent platte, poinçon de Paris & des autres Provinces de France, Jettons or cassé, &c. Relié en veau. 1 l. 15.
Le même avec l'Ordinaire de la Messe, &c. 2 l.
Description des Curiosités des Eglises de Paris & des Environs, en forme de Dictionnaire, *in-*12, relié en veau. 2 l.
La Nouvelle Athènes, ou Paris le Séjour des Muses. 1 l. 10.
Ancienne Liturgie de la Messe par Gran-Colas, 3 vol. *in-*8°. relié. 6. l.

La fréquente Communion, *in-8°*. relié. 4 l.

Dictionnaire Comique, *in-8°*. relié. 6 l.

Les Loix des Bâtimens par Desgodets, *in-8°*. 5 l.

Dictionnaire de Richelet, *in-8°*. 4 l.

Les Cas de Conscience de Sainte Beuve, 3 vol. *in-4°*. 15 l.

Le même, *in-8°*, 3. vol. 9 l.

Défense des Prophéties du P. Baldus, 3 vol. *in-12*, reliés en un. 2 l.

Le Voyage du jeune Cyrus, 1 vol. *in-12* relié. 2 l.

Le Pharmacien Moderne, *in-12*. 2 l.

Les Sermons du P. Hubert, 6 vol. *in-12*. 12 l.

Les Devoirs des Personnes de qualité, 2 vol. *in-12*. 3 l.

Les Devoirs du Citoyen, 2 vol. *in-12* relié. 4 l.

Les plantes de Bauhin, *fig.* 2 vol. *in-12* reliés. 5 l.

La Philosophie occulte, *ou* Baguette Divinatoire, *fig.* 2 vol. reliés en un. 2 l.

Réfléxion Critiques sur les Saignées, par M. Chevalier, *in-12* relié. 1 l. 10.

L'Office de la Semaine Sainte, latin-françois, à l'usage de Paris & de Rome, *in-8°*. relié en veau. 4 l.
Le même *in-12*. 2 l.
Le même *in-18*. 1 l. 10.
Le même *in-24*. 1 l.
Epîtres, Evangiles *in-12*, avec Réfléxions. 2 l.
Le même *in-18*. 1 l. 5.
Nouveau Testament *in-12*. 2 l.
Imitation de Jesus, *petit-format in-12*. 1 l. 5.
Idem. in-24. 15 f.
La Messe des Fidéles, *in-12*, *petit-format*. 1 l. 5.
L'Office de Noël, latin-françois, à l'usage de Paris & de Rome, *in-12* broché. 10 f.
Instruction de Pénitence, dédiée à Madame de Longueville. 2 l.
Le Concile de Trente en françois, par l'Abbé Chanut. 2 l.
Le même en latin. 2 l.
Les Amusemens d'un Prisonnier, broché. 1 l.
Thamas, Prince de Perse. Nouvelle Historique & Tragique, ornée de Figures *in-12*, brochée. 15 f.
L'Office de l'Eglise, & Heures nouvelles à l'usage de Paris & de Rome, de différentes grandeurs.

www.ingramcontent.com/pod-product-compliance
Lightning Source LLC
Chambersburg PA
CBHW071622230426
43669CB00012B/2032